나는
왜 자꾸
바보짓을
할까?

'생각의 사각지대'를 벗어나는
10가지 실천 심리학

나는
왜 자꾸
바보짓을
할까?

매들린 L. 반 헤케 지음 | 임옥희 옮김

다산
초당

·

생각의 사각지대에서 벗어나는
희망의 심리학을 꿈꾸며

고속도로에서 차선을 변경하려고 자동차의 사이드미러를 들여다보는 상황을 상상해보자. 옆 차선으로 옮겨가려는 찰나 난데없이 차 한 대가 나타나 추월해서 지나간다.

'아니, 어디서 나타난 거야? 전혀 못 봤는데······.'

이런 상황이 발생하는 것은 사이드미러에 포착되지 않는 좁은 영역이 있기 때문이다. 이처럼 자동차 사이드미러에 보이지 않는 영역을 '맹점Blind spots'이라고 한다. 맹점이란 분명히 물체가 있는데도 볼수 없는 좁은 영역이다.

자동차 사이드미러의 맹점을 예로 든 것은 누구에게나 정신적인 맹점이 있다는 사실을 말하기 위해서다. 보이지 않던 차가 갑자기 자기 자동차 옆으로 지나쳐 가는 것을 보고 깜짝 놀라는 운전자처럼 우리는 문득 낯설게 느껴지는 다른 관점을 발견하고는 화들짝 놀라곤 한다. 그러면서 누군가가 자신과 관점이 확연히 달랐음에도 지금까지 어떻게 전혀 모르고 있었는지 의구심을 품게 된다.

아시아인과 서구인이 보여주는 맹점의 차이

인지심리학자 리처드 니스벳Richard Nisbett은 《생각의 지도: 동양과 서양, 세상을 바라보는 서로 다른 시선The Geography of Thought: How Asians and Westerners Think Differently... and Why》에서 서로 다른 두 문화권의 세계관과 사고방식이 어떻게 다른지 보여준다. 이 책에서 그는 정신적인 맹점의 적절한 사례를 제시했는데, 다음은 그중 하나다.

회사에 이런 사람이 있다고 상상해보자. 과거 15년 동안 일을 잘해왔지만 작년에는 실적이 영 만족스럽지 않았던 직원이 있다. 그 직원의 실적이 앞으로도 나아질 가능성이 없다고 판단될 경우 어떻게 해야 할까? 그의 나이나 이전 업무 수행 능력과는 상관없이 전적으로 현재의 업무 수행 능력만 보고 해고해야 할까, 아니면 그냥 남겨두어야 할까? 직원의 생계를 책임져야 할 회사의 의무를 고려해 볼 때 과거 15년 동안 그가 회사에 공헌한 것을 무시하는 것이 잘못된 일일까?

니스벳의 연구에 따르면, 찰스 햄프던-터너Charles Hampden-Turner와 알폰스 트롬페나르Alfons Trompenaars는 이런 딜레마를 제시하면서 중간 관리자를 대상으로 설문 조사를 실시했다. 설문에 응답을 한 미국인 중 75퍼센트 이상이 그 직원을 내보내야 한다는 데 동의한 반면, 한국인은 불과 20퍼센트만 동의했다.

니스벳은 대다수 미국인의 가치판단 기준을 이해하면 이처럼 확연히 다른 반응이 나오는 이유를 알 수 있다고 말한다. 그리스 철학의 영향을 받은 문화권에서 성장한 미국인들은 논리적인 분석을 중시하기 때문에 추상적인 원리를 특별한 사례에 적용하는 성향이 있다. 그러므로 특별한 개인이나 특수한 상황과는 무관하게 판단하곤 한다. 만약 회사 규정이 업무 수행 능력으로 직원을 판단하도록 되어 있어서 1년 동안 근무한 신규 직원을 업무 실적이 불만족스러워서 해고했다면, 아무리 오래 근무한 직원이라도 같은 사유에 해당한다면 해고하는 것이 형평성에 맞다.

이것이야말로 미국인들의 '맹점'이다. 이 경우 맹점은 개별적인 요소를 전혀 고려하지 않은 채 옳다고 생각하는 대로 결정해버리는 것이다. 즉, 심사하는 사람은 눈가리개를 한 것처럼 해당 직원의 나이나 생계 등 개인과 관련된 구체적인 사항을 전혀 고려하지 않은 채 객관적인 심사 규정만 적용한다. 서구적인 사고방식에 따르면 규정에 특별한 예외를 두는 것은 정당하지 않을 뿐 아니라 비도덕적인 것으로 간주되기도 한다.

이와는 달리 동양인의 눈으로 볼 때 "모든 사례에 동일한 규정을 적용하는 것은 둔감하고 경직된 일이며, 극단적으로 보면 잔인한 짓이다"라고 니스벳은 지적한다. 역사적, 철학적으로 공동체와의 조화를 중시하고 보다 넓은 맥락에서 세부 상황을 고려하도록 권장하는 문화권의 관점에서 보면 서구식 사고방식은 비윤리적이다.

이 사례를 통해 주장하고자 하는 점은 어떤 문화는 옳고 우월한 반면, 다른 문화는 잘못되었고 열등하다고 할 수 없다는 것이다. 오히려 각 문화권의 관점에서 볼 때 어떤 것은 분명히 드러나지만, 다른 측면은 가려진 채 보이지 않을 수도 있다. 이처럼 각 문화권의 관점에서 놓치고 있는 것이 그 문화권의 맹점인 셈이다.

타인의 관점을 통해 깨닫는 맹점

우리는 자신과 다른 관점을 가진 사람과 마주칠 때 곤혹스러워 한다. 동양적인 사고방식을 가진 사람은 "미국인들은 어떻게 제반 상황도 전혀 고려하지 않은 채 그처럼 단순하고 융통성 없는 규정을 곧이곧대로 적용하려는 걸까?"라고 의아해할 것이다. 이와 달리 서구적인 사고방식을 가진 사람은 "특별한 사례에 예외적인 대우를 해주면서 부당하게 편애하는 것을 어떻게 못 본 척할 수 있지?"라고 생각할 것이다. 모두 제각기 한쪽 측면은 바로 보고 있지만, 다른 측면은 제대로 보지 못하는 맹점이 있다. "어떻게 저런 생각을 할 수 있지?" 혹은 "어떻게 저런 식으로 믿을 수 있지?" 의아해하다가 "아하! 저 사람이 왜 그렇게 생각했는지 이제야 알겠어"라고 생각을 전환하는 순간 우리의 시야를 가리고 있던 맹점을 한순간에 극복할 수 있게 된다.

누구에게나 맹점이 있다는 사실을 일단 인정하자. 그러면 누군가가 자신과 전혀 다른 생각을 하고, 그 생각이 설령 불완전하더라도 단순한 관점상의 차이를 넘어서서 그 관점을 통해 배울 점이 있음을 인정하게 된다. 상대방의 견해가 우리와 다르고, 나름대로 한계가 있다 할지라도 그들의 관점으로 보면 자신이 놓치고 있는 부분을 볼 수 있기 때문이다. 바로 이 점이 이 책을 통해 독자들에게 전달하고자 하는 핵심 내용이다.

숲을 보지 못하는 맹점: 한국 사례

이 책에서 전달하려는 두 번째 메시지는 우리가 각자의 맹점을 극복하면 더 나은 의사 결정을 할 수 있고, 타인과의 관계가 개선되며, 창조적인 문제 해결에 도움이 되는 사고방식을 배울 수 있다는 것이다. 이 책에서는 누구에게나 영향을 미치는 열 가지 맹점을 제시하고자 한다. 예를 들어 '빅픽처를 놓치거나' '나무는 보되 숲은 보지 못하는' 등 이미 우리에게 익숙한 맹점들이다. 이런 맹점들은 너무 세부적인 사항에만 초점을 맞춤으로써 비롯된 현상이다. 이런 현상이 발생하는 이유는 보다 큰 차원의 시스템 특성상 각 개인들의 시야가 좁아지기 때문이다.

한국 문화에서 나무는 보되 숲을 보지 못하는 맹점의 대표적인 사례로는 어떤 것이 있을까? 한국 엄마들이 자녀 교육에 할애하는 엄청난 시간과 돈, 열정을 들 수 있다. 일본 〈마이니치신문〉에 '대치동 엄마들'에 관한 기사가 실린 적이 있다. 이 기사에서는 대치동 부모들이 학력을 너무 중시한 나머지 아이들을 유치원 때부터 밤 11시까지 공부를 시킨다고 밝혔다.

엄마들은 자녀가 대학 입시를 잘 치를 수 있도록 경쟁력을 키우기 위해 어릴 때부터 그렇게 공부를 시킨다. 이런 엄마들을 너무 극성스럽다고 부정적으로 생각하기 쉽다. 특히 극단적인 사례를 제시하면 더욱 그런 생각을 하기 쉽다. 일례로 한 극성스런 엄마는 두 자녀에게 학교 수업 외에 스물세 가지나 되는 과외 수업을 시키는 것으로 밝혀졌다. 〈마이니치신문〉은 이런 극단적인 사례를 들며 '교육에 미친 엄마들'이라며 머리기사로 게재했다.

하지만 아이들에게 영향을 미치는 더 큰 시스템을 보지 않고 이런 엄마들만 비난하는 것은 핵심을 놓치는 일일 수도 있다. 빅픽처를 보려면 엄마들이 그런 식으로 행동할 수밖에 없도록 몰아가는 다른 요소들을 고려해야 한다. 교육에 높은 가치를 두는 오래된 전통, 극심한 대학 입시 경쟁, 일류 대학을 나와야만 전문직에서 성공할 확률이 높다는 확신 등과 같은 요소를 전부 고려해본 사람이라면 아이에게 주어진 과중한 부담을 효과적으로 해소하는 방법은 보다 큰 시스템 차원에서의 변화를 통해 이루어져야 한다는 결론에 이를 것이다.

집단에까지 영향을 미치는 개인의 맹점

이 책에서 전달하고자 하는 마지막 요점은 맹점이 개인 차원을 훨씬 넘어서까지 영향을 미친다는 것이다. 개인뿐 아니라 집단, 즉 국가나 종교 집단, 민족이나 인종 집단, 회사나 학교 등도 맹점이 있다. 맹점에 관한 국가적, 국제적인 딜레마의 사례를 다시 한 번 니스벳의 책에서 인용해보자.

2001년 4월 1일, 중국의 전투기가 미국의 정찰기와 충돌했을 때 미국 정찰기 조종사들은 중국 당국의 허락을 받지 않은 채 중국의 한 섬에 착륙했다. 중국은 이 조종사들을 구금한 채 무단 착륙한 데 대해 사과하라고 미국에 요구했다. 미국은 중국 전투기 조종사가 실수를 해 충돌 사고가 발생했다면서 중국의 요구를 거부했다. 미국인들이 보기에는 미국 정찰기가 중국의 섬에 착륙한 것은 중국 전투기 조종사의 무책임하고 무모한 비행 때문이었으므로 미국이 사과를 할 이유가 없다고 생각할 수도 있다. 미국인들이 이렇게 생각하는 것은 최초의 '원인'을 제공한 사유에 집착하는 서구인들의 기본적 성향 때문이다. 미국인들의 맹점은 다양한 원인들이 서로 복잡하게 상호작용한다는 점을 자주 잊어버린다는 점이다.

하지만 어떤 사건이든 항상 무수히 많은 복합 요인이 상호작용해 발생한다는 동양의 인과론적 사고방식에 따르면 이 같은 불행한 사고에 대해 일단 유감을 표하는 것이 양식 있는 행동일 것이다. 동양적 사고방식을 가진 사람들은 우연한 실수로 상대방에게 상해를 입힌 경우 직접적인 책임이 없다 할지라도 우선 사과부터 하는 것이 양식 있는 행동이라고 생각한다고 니스벳은 말한다. 미국과 중국 사이에 발생한 이 사건은 미국이 무단 착륙한 데 대해 유감을 표시하는 것으로 일단락되었다. 이렇듯 국가나 종교, 인종, 민족 간에 생긴 오해 때문에 이들 사이의 관계에 긴장감이 돌았던 예는 수없이 많다.

한국의 독자들에게

맹점 극복을 통한 새로운 희망 찾기

나는 맹점을 극복하면 좀 더 나은 관계를 정립하고 훨씬 수월하게 문제를 해결할 수 있으며, 개인적인 삶과 개별적인 일, 공적인 생활 모두에서 좀 더 나은 해결책을 찾을 수 있다고 믿는다. 이 책이 개인적인 문제로부터 전 지구촌의 문제에 이르기까지 서로 다른 입장을 가진 조직과 국가들 간의 관계를 올바르게 이해하고 판단할 수 있는 능력을 높이는 데 일조했으면 하는 것이 나의 바람이다. 그뿐 아니라 우리의 맹점을 극복함으로써 자신과는 극단적으로 다른 사람들과도 공감할 수 있는 공통의 기반을 찾는 데도 도움이 되었으면 한다.

도가의 가르침에 따르면 음의 어두운 소용돌이 속에는 양의 흰 점이 포함되어 있으며, 양의 흰 소용돌이 속에는 음의 검은 점이 있다고 한다. 동양인들은 각자 어떤 종교를 친근하게 느끼든 이러한 상호 연관성과 이를 인정하는 철학적 전통을 중시하는 것처럼 보인다.

이 책을 통해 한국의 독자들 또한 사람마다 갖고 있는 장단점에 대한 통찰력을 얻기 바란다. 이 책이 개인뿐 아니라 국가 차원에서도 유용하게 사용되고, 더불어 한국 독자들의 삶의 질까지 향상시킬 수 있다면 더할 나위 없이 감사할 것이다. 마지막으로 이 책이 개인적인 차원을 넘어 남북의 우호 관계를 증진시키고, 궁극적으로는 전 세계 평화에 기여할 수 있다면 기쁜 마음을 금치 못할 것이다.

매들린 L. 반 헤케

왜 똑똑한 사람들이
바보짓을 하는가?

누구에게나 존재하는 '생각의 사각지대', 맹점

미국에 처음 와보는 사위 살바도르를 차에 태우고 미국 중서부 지방이 어떤 곳인지 맛이라도 보여줄 참으로 고향 마을을 한 바퀴 돌았다. 마침 은행이 눈에 띄자 현금이 필요할 것 같아 자동현금입출금기^ATM^가 설치된 차선으로 들어섰다. 돈을 인출할 동안 나는 모니터를 가리키며 살바도르에게 말했다.

"미국은 장애인들의 고충을 세심하게 배려한다네. 여길 보게. 이렇게 친절하게 점자 사용설명서도 있잖나?"

미국 은행이 그런 특별한 것까지 배려하는 점을 내심 자랑스럽게 생각한 나는 우쭐한 기분으로 사위가 어떤 반응을 보일지 기다렸다. 내 딸이자 살바도르의 아내인 칼린이 통역을 해주자 사위가 뭐라고 중얼댔다. 그 말을 들은 칼린이 웃음을 터뜨리며 다음과 같이 말했다.

"이곳에 맹인 운전자가 과연 몇 명이나 될지 궁금하대요."

방금 전까지만 해도 뿌듯한 마음으로 자랑스러워했던 점자 사용설명서가 갑자기 부끄러워 견딜 수 없었다. 당황한 나머지 일반 운전자가 맹인을 데려올 수도 있을 거라며 궁색하게 변명을 늘어놓았지만 곰곰이 생각해보니 '자동차 전용' 현금입출금기에 점자 사용법이 무슨 소용이 있을지 의아해졌다. 미국 문화의 우월성을 자랑하려는 생각에 가득 차 그런 장치에 점자 사용법을 도입하는 게 얼마나 어리석은 짓인지 미처 깨닫지 못했던 것이다. 사위는 단번에 알아챈 사실을 나는 왜 몰랐던 것일까?

뻔한 것도 못 보는
어리석음

우리는 무엇인가에 대해 한 치의 의심도 없이 확신이 들 때 그렇지 않은 다른 사람을 어리석다고 치부해버리곤 한다. 사람들은 아인슈타인의 이론을 제대로 파악하지 못하거나 존 내시^{John Nash}의 경제학 개념을 이해하지 못하더라도 자신의 머리가 모자라다고 자책하지는 않는다. 이런 전문가들이 제안하는 개념은 복잡하므로 특별히 전문적인 배경 지식이 없으면 이해하기 쉽지 않다는 점을 잘 알고 있기 때문이다. 경우는 다르지만 지적 능력을 아예 상실한 사람에 대해서도 관대하다. 보통 사람이라면 쉽게 알 수 있는 개념도 뇌졸중으로 뇌에 손상을 입었거나 태어날 때부터 다운증후군을 앓는 사람들은 파악하기 어려울 수 있다고 인정한다. 하지만 평균적인 지능을 갖춘 사람이 너무나 어처구니없는 짓을 저지를 때 우리는 놀란 눈으로 그들을 바라본다.

사실 사람들은 바보 같은 짓을 해놓고는 곧바로 털어놓는다. 한 학생의 말처럼 바보 같은 짓은 '남을 재미있게 해주기' 때문이다. 만화와 농담은 대부분 이런 재미를 부각시킨다. 하찮은 전구 하나 갈아끼우는 데 몇 사람이나 필요할지 묻는 농담도 이런 유형에 속한다.

바보 같은 실수로 인해 의도하지 않은 자살을 함으로써 스스로를 제거해 후대의 '유전자 형질을 개선한' 사람들에게 주어지는 다윈상 Darwin Awards 이야기도 웹사이트[1]의 농담 목록에 올라 있다.[2] 다윈상 수상자 중에는 새해맞이 기념행사로 수류탄 뚜껑을 전기톱으로 잘라 폭죽에 불을 붙이려고 한 어처구니없는 사람도 있었다.

만화 〈딜버트Dilbert〉 같은 어이없는 사례 소개하기 대회에서 1등으로 뽑힌 작품의 내용을 살펴보자.

"내일부터 모든 직원은 개인 보안 카드를 소지해야만 이 건물에 출입할 수 있습니다. 카드용 사진은 다음 주 수요일에 촬영할 예정이고, 보안 카드는 2주 후에 발급됩니다."

이 이야기를 들은 사람이라면 누구든 고개를 절레절레 흔들면서 "저 친구 무슨 소릴 하는 거야?"라고 반문할 것이다.

호기심일까, 조롱일까?

위의 경우 사람들은 상대방이 무슨 말을 하는지 정말로 몰라서 묻는 게 아니라 "저 친구 도대체 제정신으로 말하는 거야?"라고 조롱섞인 어조로 반문하는 것이다. 사람들이 누군가에게 "도대체 그런 이 야기를 정말 믿었단 말이야?"라고 되묻는 말투와 같다.

만약 누군가가 바보 같은 짓을 한 사람에게 나무라는 어투로 어떻게 그런 짓을 할 수 있냐고 물었다면 어떨까? 아니면 같은 질문을 하더라도 왜 그랬는지 진짜 궁금해 알고 싶은 듯 물었다면? 사실 그런 어처구니없는 짓을 저지를 수도 있다면서 정말로 왜 그랬는지 궁금해서 묻는 경우는 극히 드물다. 설명할 필요도 없는 '바보 같은 짓'을 왜 했는지 퍼즐 정답을 찾듯 알아내려는 사람은 없기 때문이다.

어른보다 똑똑한 아이들

하지만 이 퍼즐의 정답이 밝혀졌다. 사람들의 사고방식을 연구하는 심리학자들이 지적 능력이 우수해 보이는 어른들에게 다양한 추론 문제를 제시하고 해결하도록 한 결과 이들이 명료하고 논리적으로 생각하지 못한다는 사실을 알아냈다.[3] 심리학자들은 실험을 시작할 때 피실험자에게 정보를 제공하고 삼단논법으로 추론하도록 하며 다음과 같이 말했다.

"존은 수요일마다 야구 연습을 합니다. 오늘은 수요일입니다. 그렇다면 존은 오늘 연습을 할까요?"

이것은 삼단논법의 한 가지 유형을 보여준 것으로 매우 쉬운 예에 속한다. 이 질문에 대한 답은 너무 뻔하다. "그렇다, 존은 오늘 연습을 해야 한다"이기 때문이다.

들어가며

하지만 삼단논법 형식을 조금 달리하면 문제는 생각만큼 만만치 않다. 사실 고등 교육을 받은 어른들이 특정한 형식의 삼단논법을 의외로 상당히 어려워한다는 연구 결과가 적지 않다. 곰곰이 생각해야 하는 상황일 경우와 질문에 대한 대답이 얼핏 보기에 너무 단순해 보일 경우 특히 이런 현상이 두드러진다.

한 가지 사례를 살펴보자. 한 연구원이 자기 무릎에 상자를 얹어놓고 "이 상자 안에 고양이가 있으면, 사과도 있을 수 있습니다"라고 피실험자에게 말한 다음 상자 안을 들여다보고는 "아, 고양이가 있네요!"라고 외쳤다. 그러고는 피실험자에게 "이 상자에 오렌지가 있을까요?"라고 물었다. 피실험자 중 절반이 처음에는 없다고 대답했다. 하지만 이들이 들은 정보에 의하면 상자 안에 오렌지가 들어 있지 않을 이유는 없었다. 하지만 같은 종류의 질문을 여러 차례 듣고 난 후에야 피실험자들은 비로소 자신이 들은 정보를 바탕으로 대답해야만 한다는 사실을 깨닫는다. 이럴 경우 상자 안에 오렌지가 있을지 없을지 대답하기가 불가능해지는데, 피실험자들이 이 점을 이해하기까지는 상당한 시간이 걸린다. 연구원들은 어른들 대부분에게 이 문제를 제대로 '이해시키기 위해' 유사한 문제를 여러 번 반복해서 내야만 했다고 말했다.[4]

반면 어린아이들의 사고방식을 연구한 결과에 의하면 유치원생들은 놀랄 만큼 우수한 추론 능력을 보여주었다. 간단한 삼단논법 질문을 받은 네 살짜리 어린이는 어른들과 마찬가지로 논리적 추론을 해냈다. 유치원생들에게 임의로 만들어낸 상상의 동물에 관해 "머즈는 기분이 좋으면 웃어요. 웃는 동물은 버섯을 좋아하지 않아요"라고 얘기해준 다음 "머즈는 버섯을 좋아할까요?" 라고 물어보았더니[5] 모두가 정확히 대답을 했다. 더구나 "어떻게 알았지?"라는 질문에 아이들이 제시한 대답은 어른들이 한 대답과 흡사했다.

심리 실험에서뿐만 아니라 일상생활에서도 어린아이들은 놀라운 추론 능력을 보여준다. 한 가지 사례를 보자. 어느 날 고모가 세 살짜리 조카의 발가락을 살짝 깨물며 장난을 쳤다.

"널 잡아먹을 테다, 어흥!" 하며 고모가 조카를 놀렸다.

그러자 조카는 "그렇게는 안 될걸? 내가 먼저 잡아먹을 거야"라고 응수했다.

"그렇게는 못할걸. 내가 너보다 크니까 내가 먼저 잡아먹을 거야."

고모가 다시 으르렁댔다. 그러자 아이가 눈빛을 반짝이며 맞받아쳤다.

"안 될걸! 내가 고모 입부터 먹어치울 거니까."

어린아이들의 뛰어난 능력과 어른들의 한계를 비교하다 보면 어른들이 어쩌다가 말도 안 되는 어처구니없는 생각을 하게 되었을까 의아해지곤 한다. 어른들의 어리석음과 어린아이들의 총명함을 잘 보여주는 연구 결과를 비교해보면 어떤 결론을 내릴 수 있을까? 한 심리학자는 "대체로 합리적인 사고가 절정에 달하는 게 다섯 살 무렵이고 그 이후로는 이런 능력이 급격하게 저하된다는 아이러니한 결론을 보여주는 것"이라고 농담을 하기도 했다.[6] 물론 이런 말을 곧이곧대로 믿을 사람은 아무도 없을 것이다. 아무리 자부심이 강한 부

들어가며

모라도 뛰어난 재능을 가진 자기 아이가 이미 지적으로 절정에 이르렀다고 생각하지는 않을 것이다. 일반적으로 아이들이 아무리 똑똑해도 나이를 먹을수록 추론 능력이 점차 더 발달할 거라고 믿기 때문에 네 살짜리 아이보다 어른의 추론 능력이 당연히 더 우수하다고 생각할 것이다. 그렇다면 그런 우수한 능력에도 불구하고 왜 어른들은 어처구니없는 짓을 저지르는 것일까?

맹점이 없는 사람은 없다

그 이유는 우리 모두에게 맹점이 있기 때문이다. 사람들이 사이드미러의 사각지대를 자연스러운 것으로 받아들이듯 이런 맹점은 은연중에 당연한 것으로 여겨진다. 사람들이 통상 '어처구니없다'고 말하는 수많은 행위는 대부분 정신적인 맹점으로 설명할 수 있다. 우리가 어처구니없는 짓을 했다고 느낄 경우 나중에 돌이켜보면 충분히 알 수 있었거나 한 번 더 생각하면 됐을 일인 경우가 대부분이다. 그런데 어떻게 그런 사실을 미처 깨닫지 못했을까? 우리가 보기에 너무 당연하고 명확한 사실을 제대로 파악하지 못하고 어처구니없는 실수를 하면 그 사람이 어리석어 보일 수도 있다. 바로 이런 점 때문에 사이드미러의 사각지대는 사람들의 맹점에 비유할 만한 적절한 예라고 할 수 있다. 자동차가 얼마나 큰지 생각해보면 이를 쉽게 이해할 수 있다. 그 정도 크기의 물체라면 너무나도 '눈에 잘 띄는' 대상이다. 도로에서 차를 멈추고 선 사람이라면 누구라도 다른 자동차가 자기 차

곁으로 다가오는 것을 놓칠 리 없다. 하지만 그 차가 사이드미러의 사각지대에 있다면 못 볼 수 있다.

머리 따로, 마음 따로

이 책을 쓴 첫 번째 목적은 우리 모두에게 맹점이 있다는 사실을 알리기 위해서다. 놀랍게도 사람의 마음은 80~90퍼센트 정도는 각자의 의지대로 움직이지만 나머지 10~20퍼센트는 다르게 작용하기도 한다. 예를 들어 사람들에게 다음과 같은 구절을 제시하고 'ㄹ'이 몇 개나 들었는지 세어보는 실험을 한다고 가정하자.

세탁을 하면서 사람들이 저지르기 쉬운 열 가지 실수를 피하는 법

맨 먼저 할 일은 세탁물을 분류하는 것이다. 우선 진한 색 옷과 흰색이나 밝은 색 옷을 별도로 분리해두어야 한다. 그런 다음 주머니를 뒤져 안에 든 것을 모두 빼낸다. 이 과정에서 종잇조각을 잊고 빼내지 않으면 나중에 옷에 온통 들러붙는다. 그럴 경우 세탁이 끝난 후 종잇조각을 모두 떼어내느라 아까운 시간을 낭비하게된다. 세탁기 다이얼을 제대로 맞추는 일도 중요하다. 드럼통이 회전이 멈춘 직후에 옷을 꺼내 주름이 생기기 전에 탁탁 털어 건조대에 펼쳐 너는 등 부수적으로 해야 할 일이 여러 가지 있다.

그런데 위 구절에 'ㄹ'이 몇 개나 있는지 세어보았는가? 사람들은 이상하게도 'ㄹ'의 개수를 잘못 세는 경우가 흔해 한두 개를 빠뜨리곤 한다. 실험을 주관한 측에서는 실험이 이렇게 간단한데도 참가자들이 실수하는 것을 보고는 마치 기다리기라도 했다는 듯 의기양양한 태도로 그들의 사소한 실수에 기뻐하는 모습을 보이기까지 한다. 하지만 이런 실험은 사람들의 읽기 능력조차 제대로 파악할 수 없을뿐더러 사람들의 전반적인 지능을·측정하기에는 결코 적합하지 않다. 글을 전혀 못 읽거나 이 구절의 의미를 조금도 이해하지 못하는 사람이라도 'ㄹ'이 몇 개 있는지 세는 데 아무런 문제가 없다. 이 실험의 목적은 세부적인 어떤 것에 주목하면서 이와 무관한 정보는 무시하는 능력을 시험해보기 위한 것이다. 일반적으로 우리는 읽고 있는 글의 내용에 관심을 집중하면서 의미를 이해하는 데 중요하지 않은 것들은 무시해버리는 경향이 있다. 사실 이런 습성 때문에 편안하게 독서를 할 수 있다. 다음의 엉터리 문장을 큰 어려움 없이 이해할 수 있는 것도 이 때문이다.

나는 내가 일근 내용이 이해가 된 게 믿지기 않았다. 인간 정신의 놀라운 능력 분덕이다. 케임브리지 대학교의 연구 결과에 의하면 한 단어 내의 철자 열배는 그다지 요중하지 않다고 한다. 중요한 것은 첫 번째 철자와 마즈막 철자만 올바른 자리에 있으면 되는 것이다. 나머지 철자가 엉망으로 뒤여섞 있어도 아무 문제 업시 단어를 일글 수 있다. 이것은 우리의 뇌가 모든 자철를 하나하나 낱개로 파악하지 않고 단어를 통째로 인식하기 때문이다. 정말

놀지랍 아는가?

단어들의 철자에 일일이 신경 쓰지 않고서도 위의 엉터리 문장을 이해할 수 있다는 것은 다행스러운 일이다. 하지만 위의 글은 이런 면을 다소 과장해 표현한 예다. 영국 케임브리지 대학교 인지과학부 뇌과학과 교수 맷 데이비스Matt Davis는 케임브리지 대학교에서 위와 같은 연구를 한 적이 없으며, 철자가 뒤섞인 단어가 쉬운 것인지 어려운 것인지에 따라 읽어낼 수 있는 정도도 달라진다고 말했다.[7] 그럼에도 이 글은 우리가 복잡한 정보를 효과적으로 처리하는 능력을 단적으로 보여주는 예로 인터넷을 타고 급속히 퍼져나갔다. 그런데 이처럼 세부적인 부분은 무시한 채 전체적인 맥락만 파악하는 성향은 교정 보는 사람들에게는 오히려 부정적으로 작용하지만, 반대로 글의 개략적인 내용만 이해하려고 할 경우에는 큰 도움이 된다.

우리의 사고방식도 이와 마찬가지로 때론 유리하게 때론 불리하게 작용한다. 인간에게는 무의식적으로 패턴을 추구해 찾아내려는 성향이 존재한다. 오래전 사람들이 하늘의 별을 관찰하고 북두칠성 같은 패턴을 찾아낸 일이나, 매년 일정한 시간 간격을 두고 계절이 바뀌는 패턴을 발견한 것 또한 이러한 성향 덕분이다. 수도사이자 과학자였던 멘델Gregor Mendel도 자신이 뿌렸던 강낭콩에서 일정한 패턴을 발견해 결국 우성과 열성 유전자의 존재를 밝혀냄으로써 근대 유전학의 시조가 되었다.

하지만 패턴을 파악하려는 성향이 때로는 불리하게 작용하기도

들어가며

한다. 사물이나 사건을 손쉽게 분류하는 데는 도움이 되지만, 일단 분류가 끝나면 그 이면에 존재하는 더 많은 특질에 관심을 두려 하지 않기 때문이다. 또한 실제로는 존재하지 않는 패턴을 잘못 식별해낼 경우 그릇된 시각으로 세상을 바라볼 수도 있다. 게다가 사람들은 특정한 세계관처럼 이미 발견된 패턴을 통해 세상의 모든 것을 바라보려는 성향이 있다. 이렇게 특정한 패턴에만 집착한 나머지 수많은 다른 가능성을 발견하지 못함으로써 시각을 조금만 달리해도 포착할 수 있었던 특이한 이론이나 또 다른 세계관을 파악하지 못한다.

우리의 탁월한 지적 능력은 쉽게 알아챌 수도 있는 일을 오히려 못 보게 만드는 단점이 있는데, 맹점은 바로 이 단점 때문에 생긴다. 하지만 각자가 스스로 맹점을 인식하면 그에 대한 대처 방법도 알 수 있다. 자동차의 사이드미러에 적힌 '사물이 거울에 보이는 것보다 가까이 있음'이라는 경고문처럼 일단 우리가 지닌 습관적 성향의 한계를 인식하면 충분히 보완이 가능하다.

사실 맹점은 우리의 사고방식 중 일부이기 때문에 완전히 없애기란 불가능하다. 하지만 일단 맹점을 파악하면 이로 인해 왜곡되는 인식을 최소화할 수 있다. 이 책에서는 먼저 정상적인 사람이 맹점 때문에 간혹 '어처구니없는 행동'을 할 경우 왜 다른 사람들이 그를 어리석다고 생각하는지 그 이유를 설명할 것이다. 그런 다음 누구에게나 존재하는 맹점을 보완할 세부적인 실천 방안을 제시할 것이다.

보편적인 세 가지 맹점

우리를 괴롭히는 맹점들은 무엇이 있을까? 다음은 이 책에서 언급할 열 가지 맹점 중 세 가지다.

[맹점 1] 뭘 모르는지 모른다!

얼마 전 파티 준비를 하다가 출장요리사협회에 전화를 걸어 담당 직원에게 문의를 한 적이 있다. 메인 요리 몇 가지를 주문한 뒤 담당 여직원이 상냥한 목소리로 말했다.

"저희 쪽에서 샤토브리앙도 제공하는데, 어떠신가요?"

"아, 그건 됐습니다. 와인은 저희가 직접 고를 겁니다."

이렇게 바로 대답을 하자 순간 왠지 모를 어색한 침묵이 흘렀다. 내가 큰 실수를 했던 것이다. 하지만 당시에는 내가 무슨 실수를 했는지 전혀 몰랐다. 나중에 그 여직원과 나눈 대화를 친구에게 들려주고 나서야 비로소 샤토브리앙이 와인이 아니라 특별하게 요리한 쇠고기 안심살이라는 걸 알았다.

남들은 다 아는 것을 나만 모르고 있었던 게 아닌가 싶어 부끄러워 견딜 수가 없었다. 하지만 샤토브리앙이라는 쇠고기 요리 이름을 몰랐다고 해서 내 지적 능력이 정말 낮다고 할 수 있을까? 내가 기존에 알고 있었던 정보나 경험과 관련이 없는 것이었기 때문에 몰랐던 것은 아닐까? 전화를 걸기 10분 전까지만 해도 출장요리사라는 직업이 있는 줄도 몰랐으니 제대로 된 대화를 나눌 준비가 전혀 되어 있지 않았다. 정보와 경험이 부족하면 다른 사람들에게 '어처구니없게' 보일 수도 있음을 그때 처음 알았다.

이런 무지 때문에 스스로 바보 같다는 생각이 든 데다 맹점까지 한 몫 거든 셈이었다. 이 경우 맹점은 샤토브리앙이 뭔지 몰랐다는 사실이 아니라 내가 무엇을 모르는지 몰랐다는 점이다. '샤토브리앙'이 브리앙이라는 가문이 소유한 성의 포도밭에서 만든 포도주가 아닐까 지레짐작했기 때문이다. 만약 샤토브리앙이 뭔지 내가 모르고 있다는 사실을 깨달았더라면 분명히 출장요리사에게 물어보았을 것이다.

[맹점 2] '전체'를 놓치고 부분만 본다

만화 〈딜버트〉에 보면 사장이 컴퓨터 화면의 커서를 제대로 움직이지 못하겠다고 투덜대는 장면이 나온다. 사장은 "마우스가 마우스 패드 가장자리까지 간 상태라 화면에서 내가 원하는 곳까지 커서를 더 움직이지 못한다니까"라고 불평한다. 컴퓨터 전문가는 더 큰 마우스 패드를 사용하는 방법밖에 없다고 일러준다. 사장은 알겠다고 대답하며 고개를 끄덕인다. 다음 칸에서 커다란 마우스 패드를 올려놓을 책상을 끙끙거리며 옮겨놓고 있는 일꾼들의 모습이 보인다. 이 장면에서는 결국 마우스 패드 크기에 맞춰 큰 책상을 들여놓으려다 보니 더 넓은 사무실이 필요해질 거라는 걸 암시한다. 이 만화는 사장이 마우스 패드와 컴퓨터 화면 커서 간의 관계를 제대로 이해하지 못하고 있다는 점을 재치 있게 표현한 것이다.

이 둘 사이의 관계를 이해하지 못한 사장은 '빅픽처^{big picture}'를 놓친 채 나무만 보고 숲을 보지 못한 셈이다. 이처럼 자명해 보이는 전체를 파악하지 못할 경우 딜버트의 사장처럼 어수룩한 행동을 하게 된다. 두 대상의 관계를 파악하지 못한다고 해서 그 사람을 어리석다고 말할 수 있을까? 오히려 마우스 패드의 크기 한 가지 사실에만 너무 집중하다 보니 마우스와 화면 커서 간의 더 근본적인 관계를 미처 생각하지 못한 맹점 때문은 아니었을까?

[맹점 3] 자신의 맹점은 보지 못한다

내 친구 한 명은 자기 사장이 부장들에게 잘한다고 격려하기는커녕 늘 나무라기만 한다고 투덜댔다. 그 사장은 부장들에게 이렇게 잔소리를 해대곤 했다.

"당신은 부하 직원에게 잔소리를 늘어놓는 것밖에 할 일이 없소? 당신의 그 잔소리 때문에 부하 직원들이 일할 의욕이 떨어지잖소. 정말이지 그렇게밖에 못하겠소?"

그 사장이 부장들에게 한 행동과 부장들이 부하 직원에게 한 행동이 뭐가 다른지 의아한 대목인데, 사장의 눈에는 부장들의 행동만 보였지 정작 자신의 행동은 보이지 않았던 것이다.

사람들은 대부분 자신의 맹점을 알지 못해 곤경에 처한다. 정말 친해지고 싶어 하는 동료를 오히려 멀어지게 만들거나 아이에게 자신감을 불어넣는다면서 기를 꺾어놓는 친구를 볼 때면 '자기가 무슨 짓을 하고 있는지 정말 모를까' 싶어 안타깝다. 그러다가 어느 순간 자기 아이가 다른 아이한테 자신과 똑같이 다그치는 모습을 보고서야 "내가 왜 그랬지?" 하며 후회할지도 모른다. 그동안 무슨 일이 있었는지 전혀 눈치 채지 못했다는 걸 깨닫고는 비로소 자신이 정말 어리석다고 느끼는 것이다.

위의 예들은 앞으로 이 책에서 논의할 열 가지 맹점 중 세 가지를 보여준 것으로, 나무에만 집착해 숲을 보지 못하거나 자기 자신의 맹점을 깨닫지 못해서, 또는 자신이 무엇을 모르는지조차 몰라서 문제가 되는 경우다. 이러한 맹점에 대처하는 방법은 각 장에서 다룰 맹점의 유형에 따라 달라진다.

'바보같이' 시작되는 놀라운 발견

하루는 일곱 살짜리 손녀 클라우디아가 학교에서 학생들이 사용하면 안 되는 '나쁜 말'이 있다고 말했다. "그래? 어떤 말일까?"라고 물었더니 잠시 망설이던 아이가 내 귀에 대고 속삭였다. 손녀는 'ㅁ'으로 시작되는 말이라고 했는데, 알고 보니 '멍청하다'의 'ㅁ'을 얘기한 것이었다. 클라우디아는 교실에서 다른 아이에게 멍청하다고 하는 것은 나쁘기 때문에 써서는 안 될 말이라고 했다.

손녀애가 나쁜 말이라고 일러주긴 했지만 어쩔 수 없이 이 책에서는 '멍청한', '바보 같은', '어리석은' 같은 말을 계속 사용할 것이다. 이런 말은 일상적인 대화에서 흔히 사용되지만 우리는 대부분 이를 거의 의식하지 못한다. 일상적인 대화나 라디오와 TV의 토크쇼, 편집장에게 보내는 편지 등을 일주일 정도 유심히 관찰해보면 이들 단어가 의외로 자주 사용되고 있음을 알게 될 것이다. 그런데도 이 사실을 알고서 깜짝 놀라는 사람을 아직 본 적이 없다. 하지만 나는 의도적으로 이런 단어들을 사용할 것이다. 사람들이 어처구니없는 타인의 행동을 보고 자신이 이런 말을 얼마나 자주 사용하는지 깨닫고, 상대에게 얼마나 큰 상처를 주는 말인지 다시 한 번 생각케 하기 위해서다. 사람들은 "도대체 누가 그런 짓을 하겠어요?"라고 묻고는 그 말이 채 입에서 떨어지기도 전에 "정말 멍청한 짓이에요!"라고 내뱉곤 한다.

내가 '어리석은', '멍청한' 같은 단어를 사용하는 이유는 각자에게 내재된 맹점을 스스로 발견할 수 있도록 돕기 위함이다. 이 책의 각 장에서는 누구에게나 바보 같은 짓으로 보일 만한 예로 시작해 그런 행동의 이면에 어떤 맹점이 감추어져 있는지 좀 더 자세히 살펴볼 것이다. 만약 어떤 사람이 "바보 같다"거나 "어처구니없다"는 말을 들을 때마다 하던 일을 잠시 멈추고 자신의 행동을 다시 한 번 생각하게 된다면 어떻게 될까? 다른 사람의 행동에 대해 바보 같다고 말한 것에서 끝내지 않고 그 사람이 왜 그런 어리석은 생각이나 행동을 했는지 생각해보면 어떨까? 또 자신이 그런 행동을 했을 때도 자책 대신 무슨 생각으로 그처럼 어리석은 짓을 하게 되었는지 돌이켜보는 건 어떨까?

자신이나 다른 사람을 "바보 같다"고 비난하는 대신 "가만, 어떻게 하다가 이런 일이 생겼지? 정말 이상하네"라면서 전혀 다른 접근 방식을 취해보자. 이런 식으로 묻다 보면 의외로 놀라운 발견과 변혁에 이르기도 한다. 플레밍Alexander Fleming이 박테리아 배양 접시 옆에 핀

곰팡이가 박테리아를 어떻게 죽였는지 의구심을 갖고 자문해보다가 페니실린을 발견한 것은 이런 과정의 대표적인 사례다. 스위스의 엔지니어 조르주 드메스트랄George de Mestral도 자기 바지에 들러붙는 잡풀이 무엇인지 궁금해하다가 벨크로(소위 '찍찍이'라는 접착포 - 옮긴이)를 발명했다. 우리가 미처 생각하지 못했던 것들을 다시 성찰해본다면 이 정도까지는 못 되더라도 우리 각자의 인생에 상당한 영향을 미칠 수 있을 것이다.

대중매체의 이분법적 맹점

다른 사람의 지적 능력을 조롱거리로 만드는 모습은 수많은 토크쇼에서 단골로 등장한다. 〈그림 1〉 만평에서 볼 수 있듯 정치 분야에서는 자신과 견해가 다른 사람들이 모두 바보처럼 보이는 경우가 많다.

하지만 그런다고 해서 이득이 될 것은 없다. 다른 사람들을 바보로 치부해봤자 자신이 납득할 수 없는 다른 사람의 관점이나 행동을 이해하는 데 아무런 도움이 되지 않을뿐더러 타인에게 자신의 생각을 이해시킬 수도 없다. 자신과 의견이 다르다고 다른 사람들의 사고방식을 비난하는 순간 본인의 의견을 피력하고 이해시키려던 상대방은 더 멀어지고 만다. 2004년 미국 대통령 선거가 끝난 후 민주당의 패인이 무엇인지 분석하는 과정에서 일부 정치평론가들은 자신과 견해가 다른 사람을 민주당의 들러리나 서는 바보로 취급했다.

사 설

당신의 의견에
동의하지 않는 사람들

사 설

멍청한 것들!

Streeter

©베치 스트리처

〈그림 1〉 맹점을 조롱하는 만평

〈시카고 트리뷴〉의 칼럼니스트 존 카스^{John Cass}는 도덕적 가치^{moral} value(미국 공화당의 캐치프레이즈)를 중시하는 유권자를 대변하듯 이렇게 썼다.

"공화당 지지자들은 말귀도 제대로 못 알아들을 만큼 멍청하다는 말에 신물이 났다. 이제 조롱당하는 것이 지겨워진 것이다. 이들은 자신들이 아직도 지구가 평평하다고 생각하는 비합리적인 농부 취급을 받는 데 화가 났다. 그래서 대선이 있던 화요일에 간단명료하게 의사를 밝혔다. 더 이상 무시하지 말라고."[8]

물론 자신과 견해가 다른 사람들의 사고방식을 무시하려는 성향은 비단 민주당 지지자에게만 국한된 현상이 아니다. '푸른 주^{Blue}

38

States(민주당을 지지하는 주), 동부 지성인들'이라는 표현에 모욕감을 느끼고 '도덕적 가치'를 대변하는 공화당 지지자 역시 자신을 비판하는 민주당 지지자를 무시하기는 마찬가지였다. 토머스 프랭크Thomas Frank는 《캔자스의 문제점은 무엇일까?What's the Matter with Kansas?》에서 '붉은 주Red States(공화당을 지지하는 주)' 주민의 대다수는 민주당 지지자들을 "라테를 마시고, 스시를 먹으며, 볼보를 몰면서, 〈뉴욕타임스〉를 읽는 엘리트들"이라고 비꼬았다. 또한 이런 엘리트들이 사실은 무식하기 짝이 없어 '진정한 미국'이 무엇인지도 모르고, 세계의 심장부에서 심장이 뛸 수 있게 하는 원동력에 대해 아는 바가 없다고 조소한다.[9] 중서부 지역의 일부 보수주의자는 자유주의자들이 미국의 심장부 주민들이 가족을 먹여 살릴 방법에는 무관심한 채 점박이올빼미를 보호하는 일 따위에 더 관심이 많은 속물적인 상아탑의 사상가라고 비난한다.

　　자유주의자들과 보수주의자들은 상대 진영이 품고 있는 불합리한 편견에 서로 놀라워한다. 〈시카고 트리뷴〉의 편집장 돈 위클리프Don Wycliff는 선거 유세 기간 동안 자기 앞으로 온 수백 통의 편지를 검토한 후 자신과 견해가 다른 독자들을 반박하며 "어리석은 것일까, 무식한 것일까?"라는 논평을 했다.[10] 이런 유형의 맹점은 한 개인을 넘어 다른 많은 사람에게까지 파급되어 그들의 사고방식에 영향을 끼칠 수도 있다.

　　사람들은 자기 눈에 '어리석어' 보이는 사람의 견해를 무조건 무시하는 성향 때문에 정작 타인과 나누어야 할 대화를 하지 못한다.

만약 미국인들이 〈런던 데일리 미러〉의 관점을 이후로도 계속 유지 했더라면 2004년 대선의 후유증으로 혼란에 빠진 양당 지지자 간의 분열을 어떻게 치유할 수 있었을지 상상하기조차 힘들다. 선거 직후 〈런던 데일리 미러〉는 조지 부시를 지지한 유권자들을 조롱하면서 "59,054,087명의 어리석은 선택"이라는 헤드라인을 실었다.[11] 어떻게 수백만 명의 동료 시민을 멍청한 바보로 치부하는 논조로 기사를 실 으면서 화합을 도출해낼 수 있단 말인가? 나는 이 책을 통해 독자들 이 자신의 맹점을 깨닫고 극복하는 일 말고도 우리와 타인의 맹점이 서로에게 얼마나 큰 반감을 불러일으킬 수 있는지 확실하게 깨닫기 를 바란다.

우리는 흔히 다른 사람의 결점에 대해 바보 같다고 쉽사리 판단하 면서도 정작 다른 사람이 누가 봐도 뻔히 드러나는 자신의 맹점에 대 해 뭐라고 얘기하면 쉽게 받아들이지 않는다. 하지만 다른 사람들이 왜, 어떻게 그런 어처구니없는 짓을 하게 되는지 제대로 이해하지 못 한다면 우리에게도 분명 맹점이 있는 것이다. 적어도 그들이 우리와 다른 관점을 가질 수 있다는 점을 깨닫지 못하도록 방해하는 모종의 맹점이 있는 것이다.

멍청한 것일까, 악의적인 것일까?

대부분의 사람들은 다른 사람이 어처구니없는 행동으로 당혹스럽 게 하거나 성가시게 한다고 해서 늘 그들을 바보 같다고 생각하지는 않는다. 작가이자 사업 컨설턴트인 바버라 패처Barbara Pachter는 앤 랜더에게 보낸 편지에서 재스민이라는 가명의 독자가 엘리베이터 안에서 겪은 일을 사례로 소개했다.[12] 사람들로 꽉 들어찬 엘리베이터에서 어떤 여자가 머리를 이리저리 계속 돌려대자 머리카락이 재스민의 얼굴을 찔렀다. 참다 못한 재스민이 마침내 화를 내며 말했다.

"한 번만 더 그 머리카락으로 내 얼굴을 치면 다시는 머리 자를 일이 없게 할 거예요."

재스민은 그 여자가 일부러 머리카락을 흔들어 자기 얼굴을 쳤다고 생각했다. 하지만 전혀 낯선 사람이 그렇게 고의로 다른 사람을 괴롭힐 까닭이 있을까? 자기 머리를 흔들면 다른 사람에게 피해를 줄 수 있다고 생각했을 수는 있지만 일부러 그랬을 가능성은 극히 희박하다. 조금만 더 생각해봤다면 이 사실을 쉽게 알 수 있었겠지만 우리는 대부분 재스민처럼 자기도 모르게 화를 내게 된다. 이럴 때 우리는 성가시게 하는 상대가 자기가 무슨 짓을 하고 있는지 모르기 때문에 멍청하다고 생각하거나 아니면 자기가 하고 있는 짓을 알면서도 남을 배려하지 않는 것이기 때문에 '잘못하고 있다'고 생각한다. 또는 맹점으로 인해 자신이 저지른 행동 때문에 남들이 불편할 수 있다는 점을 미처 깨닫지 못했을 수도 있다.

이와 마찬가지로 사람들은 대부분 상대방의 성향이 자신과 같지 않으면 어리석고 잘못됐다고 쉽게 판단한다. 보수주의자들이 자유주의자들을 도덕적 가치에 아랑곳하지 않는다고 비판하는 반면 자유주의자들은 보수주의자들이 사회 정의에 관심이 없다고 자의적으로 판단해버린다. 이런 판단을 바탕으로 우리는 특정 집단 전체에 민주당원이나 공화당원, 종교적 우익, 진보주의적 좌파, 현실주의자, 이상주의자 같은 꼬리표를 붙이고 그들이 윤리적으로 문제가 있다고 비난한다. 상대에게 가장 악의적인 특징을 부여한 채 그들을 무조건 부정적인 시각으로 바라본다. 이런 이분법적 사고방식은 두 정치 진영 사이의 틈새를 더욱 벌려놓는다. 상대 진영을 윤리적, 정치적으로 비난할수록 분열은 한층 더 치유하기 어려워질 뿐이다.

맹점은 면죄부가 아니다

만약 내가 강의 시간에 이 문제를 제기하면 학생들은 만만치 않은 반론을 제기할 것이다.

"교수님은 사람들을 너무 관대하게 보시는 것 같아요. 사람들이 어쩌다 보니 둔감해지거나 혹은 지적 능력이 딸려서 그렇게 행동한다고 생각하시잖아요. 교수님이 말씀하신 그 맹점 때문에 말이에요. 하지만 전 항상 그렇지는 않다고 생각해요. 때론 정말로 못되게 구는 사람도 있거든요. 진짜 무책임하고 이기적이면서 자기 욕심만 챙기려는 사람도 많아요. 그러니까 사람들이 저지르는 잘못된 행동을 모두 그들의 맹점 탓으로만 돌릴 수는 없다고 생각해요."

물론 이 말에 전적으로 동감한다. 나 역시 도덕적인 결함이 '오로지' 맹점 때문에 비롯된 것이라고 생각하지 않는다. 역사적으로 보아도 개인이나 집단이 별다른 동기 없이 도덕적으로 비난받을 만한 행

들어가며

동을 저지른 예가 적지 않다. 자신이나 다른 사람들의 맹점을 좀 더 의식하게 되더라도 이 세상의 죄악이 전부 사라지지는 않는다. 애초부터 악의를 품고 행동하는 사람들을 어떻게 대할 것인가는 이 책의 범위를 넘어서는 것으로, 전혀 다른 문제다.

그럼에도 나는 다른 사람의 잘못된 행동을 보고 무조건 도덕적으로 문제가 있다고 판단하기 전에 좀 더 신중하게 생각해볼 필요가 있다고 본다. 두 가지 이유 때문이다. 첫째는 탐욕이나 이기심, 게으름 때문으로 보이는 행동들도 찬찬히 살펴보면 얼핏 본 것과 달리 훨씬 더 복잡한 이면이 존재하기 때문이다. 둘째는 일단 상대방을 심각한 결함이 있는 존재로 대하면 그들을 좋은 방향으로 유도하기가 힘들어지기 때문이다.

간단한 예를 들어보자. 주변에 보면 관찰력이 매우 떨어지는 사람들이 있다. 이런 사람들은 배우자가 기쁘게 해주려는 마음에 방금 세차해놓은 사실도 모른 채 아무 생각 없이 차에 올라탄다. 그런가 하면 임부복을 입은 동료를 보고도 눈치를 못 채거나, 친구의 방 한쪽 벽면이 자기 사진으로 도배되어 있는 걸 보고도 그냥 우두커니 앉아 있기도 한다. 방금 설거지를 다 했다면서 부엌을 나갔지만 식탁에는 아직도 빵부스러기가 그대로 남아 있고, 가스레인지 위에는 지저분한 주전자와 냄비가 널브러져 있다. 이런 부주의함은 어느 정도 '아무것도 알아채지 못하는' 이들의 맹점 때문일 수 있다. 하지만 이런 경우에는 성격적인 결함 탓으로 여겨지곤 한다. 임부복 입은 동료를 보고도 임신한 줄 모른다든가, 친구의 방에 붙은 자기 사진을 보고도 아무 눈치도 채지 못하는 이들에게는 자기 일에만 도취된 사람이라는 딱지가 붙는다. 기껏 생각해서 깨끗이 세차해놓았더니 알아채지도 못하는 배우자는 감사할 줄 모르는 사람이 되고, 열심히 설거지를 한다고 해놓고는 지저분한 주전자와 프라이팬을 그대로 두었다면 게으르거나 덤벙거린다는 얘기를 들을 것이다. 이쯤에서 이렇게 반박할 수도 있을 것이다.

"그런 사람들에게 쉽게 면죄부를 줄 수는 없어요. '맹점'이 있다는 이유만으로 그들을 너무 두둔하는 게 아닌가요?"

맹점이 사람들의 행동에 어느 정도 영향을 미친다고 인정하는 게 쉽게 면죄부를 주는 것일까? 나는 오히려 그 반대라고 생각한다. 자신의 맹점이 무엇인지 파악해야만 비로소 그에 대해 어떤 조치를 취할 수 있기 때문이다. 친구의 방에 붙어 있는 자신의 사진을 보고도 아무런 변화를 눈치 채지 못해 친구가 마음에 상처를 입었다는 걸 깨달아야 다음번에 그 친구의 집을 방문했을 때 벽을 한번 훑어보려고 할 것이기 때문이다. 미안한 표정으로 어깨를 으쓱하며 "미안, 전혀 몰랐어. 내가 좀 둔하거든"이라고 변명하는 대신 자신의 맹점을 인식함으로써 보완하려고 노력하는 것이 더 낫지 않을까?

비판과 격려의 적절한 활용

일상생활에서는 선의로 한 행동이 좋지 않은 상황을 만들어내기도 한다. 대부분 악의로 저지른 행동보다는 맹점 때문에 저지르는 실

들어가며

수가 훨씬 더 많다. 다른 사람을 비난하기 전에 두 번만 더 생각해본다면 상대방이 스스로 잘못을 깨닫도록 도와줄 수 있을 것이다. 맹점 때문에 비롯된 잘못된 결과를 스스로 깨닫도록 도와주려면 교육가 아서 치커링Arthur Chickering이 이미 몇십 년 전 주장했듯이 적절한 비판과 격려를 조합할 필요가 있다. "그 친구 모르고 한 짓이라니까"라면서 계속 친구를 두둔하면 격려에만 치우쳐서 자신의 실수를 깨닫지 못할 것이다. 반대로 그 친구를 지극히 이기적이거나 둔감하다고 몰아붙이면 비판에 치우친 나머지 본인의 문제점을 파악게끔 만드는 격려가 부족해진다.

언젠가 동성애자이자 회사 중역인 한 여자의 이야기를 들은 적이 있다. 어느 날 그녀는 주요 간부들과 함께 회의에 참석했다. 회의 참가자 아홉 명 중 여자는 오로지 그녀뿐이었다. 그중 두 명은 흑인이었고 나머지는 전부 백인이었다. 중간 휴식 시간에 두 명의 흑인이 회의실에서 잠시 나갔다. 그러자마자 남아 있던 백인 중 데이브라는 직원이 다른 사람들을 보고 자기 쪽으로 몸을 기울이라고 손짓을 하고는 속삭였다.

"이제 두 사람이 나갔으니 농담 하나 할게요."

그가 두 흑인에 대한 농담을 하리라는 걸 눈치 챈 그녀는 어떻게 해야 할지 잠시 망설였다. 그러다가 용기를 내 데이브를 제지했다.

"저, 말이에요…… 농담 하지 말았으면 해요. 보나마나 흑인을 조롱하는 농담일 게 뻔하잖아요. 다른 농담을 해도 마찬가지일 거고요. 아마 다음엔 유대인에 대해 농담을 할 거고, 얼마 안 가 동성애자를 비하하는 농담도 하겠죠. 제가 바로 그런 동성애자이기 때문에 당신이 농담을 하지 못하도록 아예 이 방에서 나가는 게 좋을 것 같네요."

여자가 말을 마치고 밖으로 나가자 다른 백인들도 그녀 뒤를 따라 회의실을 나갔다. 회의실에 혼자 남은 데이브가 항의를 했다.

"이런 참, 내가 무슨 심한 짓을 한 것도 아니잖아요. 그냥 농담을 하려던 거잖아요. 내가 그렇게 나쁜 사람이 아니란 건 당신들도 잘 알잖아요."

나는 이 여자가 보여준 용기에 깊은 인상을 받았다. 그냥 침묵을 지키고 싶은 마음이 얼마나 컸을까? 그녀가 동성애자라는 건 겉으로 잘 드러나지 않았기 때문에 마음만 먹으면 얼마든지 감출 수 있었다. 하지만 감추는 대신 그녀는 농담을 하려는 동료에게 과감하게 맞섰다. 그러자 다른 동료들도 그녀를 따라 회의실을 나가며 이에 동참했다. 이 사례에서 보듯 데이브에게는 단지 회사 동료들로부터 잠시 인기를 잃는 게 아니라 자신이 잘못된 행동을 하려 했음을 깨닫게 해줄 강한 충격이 필요했다.

나쁜 행동을 고치는 좋은 충고

이 이야기를 들으면서 나는 한편으로 걱정이 되었다. 철학자 마사 너스봄Martha Nussbaum에 의하면 수치심과 윤리적 죄의식 사이에는 큰 차이가 있다. 윤리적인 죄의식은 속죄가 가능하지만 수치심은 어떤 방식으로도 속죄할 수 없고 철저하게 무시당했다는 느낌이 든다. 어

들어가며

린 남동생의 손에 있는 장난감을 빼앗아 찢어버린 아이를 상상해보자. 부모가 "넌 어떻게 그런 짓을 할 수가 있니? 넌 너밖에 모르니? 부끄러운 줄 알아야지" 하고 나무란다면 아이는 수치심을 느낄 것이다. 이 경우 부모는 아이에게 수치심을 주기보다 도덕적인 죄의식을 느끼도록 부드럽게 타일러야 한다.

"동생 장난감을 그렇게 뺏으면 안 되는 거야. 같이 갖고 놀아야지. 이번에는 동생 차례잖니. 봐, 동생이 저렇게 울고 있잖아. 어서 동생한테 미안하다고 하고 장난감을 돌려줘야지. 가서 한 번 꼭 안아주고."

어른들에게 속죄는 간단한 일이 아니지만 어린아이의 경우에는 도덕적인 수치심보다 윤리적인 죄의식을 느낄 때 '속죄'하는 법을 배울 수 있다. 아이는 좋은 충고를 통해 나쁜 행동을 속죄할 수 있다. 보다 나은 사람으로 자라기 위해 어린아이들은 사랑해줄 사람이 필요하다.[13] 아이들에게 불가능한 완벽을 요구하는 게 아니라 '아이들의 불완전함을 감싸안아주고' 세상은 언제든 아이를 용서와 자비로 대해줄 거라고 말해주는 사람이 필요한 것이다.[14]

맹점 때문에 타인에게 해를 끼칠 수도 있고, 제대로 생각하지 못해 실수하기도 하는 어른들 역시 이런 불완전함에도 불구하고 너그러이 포용해줄 사람, 언제든 용서를 받을 수 있다고 위로해줄 사람이 필요하다. 심지어 자신의 행동이 남에게 끼친 불편함까지 지적하면서 위로해줄 사람이 필요하다. 우리의 행동에 대해 비판과 동시에 격려를 해준다면 윤리적 죄책감을 쉽게 씻어낼 수 있을 것이다. 그래서 나는 데이브의 동료가 그를 한쪽 옆으로 데려가 이렇게 얘기해주었으면 좋았을 것 같다.

"당신이 나쁜 사람이 아니란 건 잘 알아요. 모두가 테레사를 비난할 때 혼자서 그를 두둔해주는 걸 봤어요. 아이들 야구단을 코치해주는 것도 봤어요. 교회에서 열심히 봉사하는 것도 알아요. 당신은 여러모로 정말 좋은 사람이에요. 하지만 당신은 별로 해롭지 않다고 생각하는 일이 그렇지 않을 수도 있다는 걸 알았으면 좋겠어요. 당신이 하는 농담 때문에 다른 사람의 감정이 상할 수도 있거든요."

이런 충고를 통해 데이브가 자신의 행동을 속죄할 수 있도록 격려해주면 너스봄의 표현처럼 "좋은 충고로 나쁜 행동을 바로잡을 수 있다". 이 책에 제시한 아이디어들을 통해 자신의 맹점을 이해하는 데 도움이 되고, 누구든 맹점 때문에 다른 사람에게 해를 끼쳤을 때 이 같은 이해를 바탕으로 적절한 비판과 격려를 병행하는 방법을 찾아내길 바란다.

어처구니없는 바보짓에서 벗어나는 법

차량 전용 자동현금입출금기의 점자 사용법 이야기는 나중에 돌이켜 생각해보면 너무나도 분명한 점을 당시에는 미처 보지 못하고 놓쳐버린 어처구니없는 실수의 한 예다. 이 책은 '어처구니없는' 실수들이 사실 맹점에서 비롯된 것이라는 나의 주장을 뒷받침하고 설명하기 위해 교육학, 인지심리학, 창조성 연구, 비판적 사고, 유아 발달, 철학 등 다양한 분야에서 종합적인 아이디어를 구해 쓴 글이다. 우리의 맹점은 자동차 사이드 미러의 사각지대처럼 은연중에 자연스레 형성된 것이어서 명확한 사실을 놓칠 수도 있다. 이 책의 첫 번째 목적은 우리 모두에게 내재된 열 가지 맹점을 제시하고, 이를 해결하는 데 도움이 될 만한 방법을 제공하는 것이다.

두 번째로는 우리가 자신과 견해가 다른 사람을 얼마나 자주 무시하는지 좀 더 명확히 인식하도록 해준다. 견해가 다른 타인의 생각과 행동을 어리석다거나 윤리적으로 문제가 있다고 간주하는 성향이 있음을 지적하고, 이를 극복할 대안을 제시할 것이다. 또, 타인의 납득할 수 없는 생각이나 행동을 지적 능력이나 윤리적 문제로 치부하지 않고 맹점을 통해 설명할 것이다. 그럼으로써 첨예한 정치 이슈 토론 방식이 더 긍정적인 방식으로 바뀌기를 바란다. 다른 사람이 맹점 때문에 해를 끼쳤을 경우에도 적절한 비판과 격려를 통해 이를 바로잡을 수 있기를 바란다.

1장

'생각'의 렌즈를
잃어버려 저지르는
멍청한 실수들

'생각하지 않는' 맹점

한 컴퓨터 전문가가 컴퓨터를 처음 이용하는 사람에게 전화로 프로그램 설치 방법을 설명하고 있었다. 전문가는 이 사용자에게 디스켓을 삽입하려면 드라이브를 열어야 한다는 안내를 하려고 "자, 이제 드라이브 문을 여세요"라고 말했다. 그러자 설명을 듣고 있던 사용자가 자리에서 벌떡 일어나 사무실 문을 열고 오는 소리가 들렸다.

"컴퓨터 드라이브를 열라는데 갑자기 사무실 문은 왜 연 건지 모르겠어요. 머리를 안 쓰니 그런 거예요!"

컴퓨터 초보 사용자는 왜 그렇게 생각 없는 행동을 했을까? 다른 시각에서 의문을 제기해보면 흥미로운 대답이 나올 수 있다. 분별력 있는 그 사용자는 분명 바보가 아니었음에도 어떻게 그런 행동을 하게 되었는지 밝혀내는 게 바로 이 책의 핵심 주제다.

생각하지 않아 저지르는
어처구니없는 실수

사무실 문을 열려는 그 컴퓨터 초보자에게 누군가가 "프로그램을 설치하는 게 사무실 문 여는 것과 무슨 상관이 있어?"라고 물었다면? 그는 즉각 자신이 얼마나 어처구니없는 짓을 하려 했는지 깨닫고는 "그냥 아무 생각 없이 그랬어요"라고 대답했을 것이다. 이 대답은 사람들이 좀처럼 생각해내지 못하는 문제의 핵심을 지적한 것으로 '생각하지 않으면' 바보 같은 짓을 하게 된다는 것을 보여준다.

비판적 사고라는 주제로 강의를 하면서 몇 사람과 커피를 마시고 있는데 한 남자가 수업을 들은 후의 변화에 대해 이렇게 말했다.

"이제 이전과는 일하는 방식이 전혀 달라졌어요. 결정하는 방식도 바뀌었고, 회의에서 말하는 방식도 달라졌어요. 분명 다른 사람들도 이전과 다르다고 느꼈을 거예요. 그저께는 사장과 내 아이디어에 대해 얘기를 나누었는데, 별다른 확신 없이 한 얘기인데도 사장이 깊은 인상을 받았다는 걸 알았어요."

수업 시간에 배운 어떤 점 때문에 그렇게 변하게 되었을까? "글쎄요……"라면서 그가 털어놓았다.

"수칙이 적힌 쪽지를 책상 위 벽에 테이프로 붙여두었어요. 그러고는 하루에도 몇 번씩 그 수칙을 되뇌면서 머릿속에 주입시켰어요. 저에게 필요한 게 무엇인지 그 수칙이 늘 일깨워줬거든요."

이쯤 되자 그 수칙이 도대체 무엇인지 궁금해졌다. 그런데 알고 보니 너무나도 간단한 것이었다. '먼저 생각하자!' 겨우 그 정도로 그 사람의 인생이 그처럼 변화되었다니 믿기지 않았다. 언뜻 보기에는 너무나도 간단하지만 이처럼 먼저 생각하는 습관이 얼마나 중요한지 깨닫기까지는 의외로 오랜 시간이 걸린다. 더구나 어떤 것이 '쉽다'는 생각이 들면 흔히 자신이나 타인을 모두 무시하게 된다. 그렇다면 지적 능력이 부족해서 행동하기 전에 한 번 더 생각하지 못하는 걸까? 아니면 이것이 또 다른 맹점은 아닐까?

'생각할 기회'를 놓쳐서는 안 되는 이유

하버드 대학교의 심리학자 데이비드 퍼킨스David Perkins는 그의 표현대로 '멈춘 채 생각하기 가장 좋은 때'인 '생각할 기회'를 인식하기가 생각만큼 쉽지 않다고 주장한다.[1] 퍼킨스는 한 연구에서 법대생들에게 "매사추세츠 주에서 '병 값 예치 제도'가 쓰레기를 줄이는 데 도움이 되었는가?"라는 첨예한 이슈에 대해 보고서를 작성하도록 했다.[2] 학생들은 이 제도가 내포하고 있는 두 가지 측면을 모두 주의 깊게 고려해야 했지만 그렇게 하지 못했다. 법정 변론에서 항상 원고와 피고 양측을 모두 고려해야 한다고 배웠음에도 학생들은 대부분 논문을 작성하면서 그렇게 하지 못한 것이다. 예를 들어 '병 값 예치 제도'에 찬성하는 한 학생은 자신의 입장은 탁월하게 피력했지만 이 법에 반대하는 사람들의 주장이나 우려에 관해서는 언급조차 하지 못했다.

퍼킨스의 연구에서 흥미로운 점은 법대생의 아이큐와 이 이슈의 양면을 고려한 정도 간의 상관관계를 분석한 것이다. 분석 결과 상관도는 '0'이었는데, 이것은 지능이 가장 높은 학생도 양측의 의견을 고려하는 데 있어서 지능이 낮은 학생과 별반 다를 바 없음을 보여준다. 퍼킨스는 생각할 기회를 잘 포착하는 게 합리적으로 행동하는 데 중요하다는 결론을 내렸다. 〈포춘〉 선정 100대 기업에 속하는 대기업 직원을 대상으로 실시한 조사에서 시간이 촉박할 때 사람들의 둔감한 시간 개념이 '의욕 부족이나 능력의 한계보다도 합리적인 행동을 하는 데 훨씬 큰 장애가 된다'는 결과가 나왔다.[3]

사람들은 대부분 이렇게 말하곤 한다.

"그때는 미처 그 점을 생각하지 못했어요. 그런데 이제는 알겠어요."

당시에는 좀 더 철저히 생각했어야 한다는 점을 몰랐다가 이제야 깨달은 것이다. 다음은 뒤늦게 깨달은 것들의 예이다.

- 그냥 하루만 더 머물렀더라면 여행 도중 눈보라를 만나 힘들지 않았을 것이다.
- 안건의 적절성보다는 회의에 강제로 참석시킨 데 대해 항의했어야 했다.
- 우리 회사가 변화하는 징후가 오래전부터 있었는데, 나는 전혀 그런 데 신경을 쓰지 않았다.
- 이 두 가지 과정을 그냥 합하기만 했어도 정말 멋지게 작동했을 것이다.
- 평소에 나를 전혀 의심하지 않던 사람에게 내 능력을 굳이 입증해 보이려 애쓰고 있었다.

잠시 멈춰 생각하지 못하는 이유

때론 하려던 일을 멈추고 다시 한 번 생각해봐야 하지만 우리는 그럴 필요성을 좀처럼 인정하지 않으려 한다. 늘 그런 식으로 일을 처리하는 데 익숙해졌기 때문이다. 정신적으로 스트레스를 받으면 사고 과정이 교란되기 때문에 위기 상황이나 최종 결정을 내려야 할 때 제대로 판단하지 못한다. 이럴 경우 어떻게 될까? '한 번 더 생각하지 않으면' 두 가지 상황에서 위기에 처할 수 있다. 첫째는 새로운 것을 배우고 있는 경우로, 처리해야 할 정보가 많아지면 매우 위험하다. 둘째는 일상적으로 너무 익숙해진 나머지 인식하지 못하는 경우다.

정보 과부하

우리의 뇌가 한 번에 처리할 수 있는 정보량은 한계가 있다. 인지 심리학자들은 일반인의 정보 처리 능력을 '7±2'라고 표현한다. 즉 우리의 뇌가 평균적으로 한 번에 입력된 정보량 중 5~7비트만을 처리할 수 있다는 의미다. 이 때문에 특정 상황에서 여러 가지 요소 중 몇 가지에만 초점을 둘 수 있다. 하지만 다양한 요소를 고려하려고 노력하지 않으면 결국 중요한 점을 간과하게 된다.

큰 수들끼리 뺄셈을 할 때 '한 자릿수를 올리고 내리는' 방법을 배우는 일곱 살짜리 아이나 확장 문서 구축 방법을 배우는 서른일곱 살짜리 어른이나 모두 각자 맞닥뜨린 상황에 압도당할 수 있다. 이때 학습자가 취할 수 있는 최선의 방법은 지시대로 문제 해결 방법을 단계별로 따르는 것이지만, 그렇게 하면 동시에 생각하고 분석할 수 없다. 다시 말해 각 단계의 의미가 무엇이고 단계 간에 어떤 관계가 있는지 분석하면서 동시에 생각할 여력이 없다는 것이다. 무언가를 처음에 배울 때는 모든 것을 철저하게 이해하려고 노력하면서 배우지는 않는다. 이 때문에 기계적으로 각 단계를 거치게 되고, 그러다 보니 컴퓨터 초보자가 드라이브 대신 사무실 문을 여는 어처구니없는 실수를 하게 된다. 낯선 새 정보를 받아들이는 데 압도된 나머지 정작 생각해야 할 것을 놓쳐버리는 것이다.

습관화된 생각

일상에 익숙해지다 보면 매일 하는 일들에 대해 다시 한 번 생각해보려 하지 않는다. '물이 있다는 사실을 가장 나중에 알게 되는 건 물고기'라는 중국의 속담처럼 일상의 흐름에 완전히 빠져 지내다 보면 우리 스스로 그런 일상에 빠져 있다는 사실조차 알지 못해 결국 한 번 더 생각하기가 힘들어진다.

손녀 클라우디아가 세 살 무렵 그림물감을 가지고 논 적이 있다. 아이는 물감 놀이에 푹 빠져 노란색 물감이 빨간색 물감 위에 떨어져도 모르고 있다가 주황색으로 변한 걸 보고는 놀라서 소리쳤다. 그러고는 자신이 저지른 일을 깨닫고는 당황해 뒷걸음질하며 물러섰다.

이것은 자기가 무슨 일을 했는지 불현듯 깨달을 때 보이는 반응이다. 자신이 하고 있던 행동이나 본 것, 생각하던 것을 갑자기 의식하고 놀라서 한 걸음 뒤로 물러나서 보면 비로소 전혀 다른 측면이 눈에 들어온다. 이처럼 자신이 무의식적으로 하고 있는 행동을 제대로 이해하려면 '한 걸음 물러나' 바라볼 필요가 있다.

내 친구 이블린의 딸 캐서린은 화가인데, 그녀는 작업할 때 그림에서 멀찍이 떨어져 안락의자에 앉은 채 그리고 있는 그림에 대해 이런저런 생각을 하곤 했다.

"이 그림의 주제에 어울리게 오른쪽을 좀 흐리게 칠하는 게 좋겠지? 그런 인상을 주려면 어떤 구도를 취하는 게 가장 좋을까? 차갑고 섬세하지만 좀 도드라져 보이는 요소를 여기에 넣어야겠어. 이 장면에서는 무엇이 효과를 낼까?"

캐서린처럼 우리도 자기가 하고 있는 것에서 거리를 두고 바라보며 생각할 곳이 필요하다. 심리학자 로버트 케건Robert Kegan은 우리가 하고 있는 일에서 거리를 둘 수 없을 때 어떤 대가를 치르게 되는지 다각도로 기술했다.[4] 자신의 관점에 갇혀 세상을 보면 타인의 생각이나 반응을 알아챌 수가 없다. 자기 관점이라는 렌즈의 초점을 어느 정도 거리를 둔 채 대상에 맞추어야 비로소 맹목적인 주관적 관점에서 벗어날 수 있다.

예를 들어 자기중심적으로 세계를 바라볼 경우 이렇게 생각할 수도 있다.

"난 혼자 일할 때 제일 일이 잘되는데 왜 부장님은 그것도 모르고 하는 일마다 미주알고주알 간섭을 하는 거야? 작업 속도가 떨어지니까 정말 짜증나."

자기중심적인 세계관, 즉 '난 혼자 일해야 해'라는 점을 이해하면 다른 관점도 인식하게 돼 부장의 생각을 참작할 수 있다. 아마도 부장은 내가 마감 시한을 지킬 수 있을지, 새로운 시스템을 이해할 수 있는지 확인하고 싶었을 것이다. 부장의 이 두 가지 요구를 놓고 다시 생각해보면 해결책을 찾을 수 있다. 이렇게 자문해보는 것이다.

"이 두 가지 요구를 어떻게 충족시킬 수 있을까? 부장에게 간섭을 덜 받으면서도 마감 시한에 문제없이 일을 마무리할 수 있다는 확신을 주려면 어떻게 해야 할까?"

이처럼 세상으로 향해 있던 렌즈를 스스로에게 돌리면 자신의 장점과 한계를 새로운 관점에서 파악할 수 있다.

필요할 때 바로 멈춰 생각하는 방법

사람들은 대부분 정신적으로 스트레스를 받고 빨리 행동하라는 압력을 받으면 정상적인 사고 능력이 저하된다. 그렇다면 위기 상황 속에서 어떻게 하면 보다 효과적으로 대처할 수 있을까?

[전략 1] 위기에 처했을 때 '잠깐' 다시 생각하기

위기 상황에서 무슨 일이 일어나고 있는지 제대로 파악하지 못하게 될 경우가 바로 다시 한 번 생각할 때다. 그렇다면 급박한 시간, 공포감, 혹은 좌절감으로 안절부절못하는 상황에서 과연 "잠깐!"이라고 외치며 생각할 시간을 확보할 수 있을까?

어떤 사람들은 위기에 처하더라도 매우 침착하게 반응한다. 이들은 마음속으로 "좋아, 잠시 생각 좀 해보자"라고 속삭인다. 그 결과 이런 사람들은 충동적으로 행동할 확률이 훨씬 줄어든다.

위기 상황에서 침착하게 대처하지 못하는 사람들은 충동적인 반응을 보이기 전에 한 번 더 생각해보는 연습이 필요하다. 먼저 과거의 경험을 떠올리며 앞으로는 비슷한 상황에서 어떻게 할지 생각해보는 게 중요하다. 외부로부터 압력을 받으면 공포에 질리거나 화를 내는 자신만의 스트레스 반응 성향을 인식하는 훈련을 서서히 해나갈 수도 있다. 공포나 분노가 무엇을 의미하는지 알면 바로 그런 순간이 우리가 행동하기 전에 잠시 멈추고 생각해봐야 할 중요한 시점임을 깨닫게 된다. 목숨이 오가는 급박한 상황만 아니라면 잠시 멈춰 생각하는 훈련을 통해 위기를 기회로 만들 수 있으며, 위기 상황에 보다 침착하고 신중하게 대처할 수 있다.

한번은 친구가 실수로 내 컴퓨터에 바이러스를 옮긴 것 같다는 다급한 이메일을 받고는 겁에 질린 적이 있다. 바이러스를 제거해야 한다는 심리적 압박감 때문에 나는 친구가 알려준 대로 내 컴퓨터에 주소가 저장된 100명도 넘는 사람에게 컴퓨터가 바이러스에 감염되지 않았는지 확인해보라고 이메일을 보냈다. 얼마 되지 않아 이메일을 받은 사람들이 답을 보냈는데, 그 바이러스는 악성 프로그램이어서 바이러스를 제거하려고 하면 필요한 프로그램들을 삭제해버린다는 것이었다. 나뿐만 아니라 내 컴퓨터에 주소가 저장돼 있던 수많은 사람까지 이 프로그램에 속아 시간을 낭비한 셈이 되어버렸다. 가짜 바이러스인 줄도 모르고 멀쩡한 프로그램을 삭제해버려 많은 사람들이 시간을 허비하게 만든 후 난 바보가 된 기분이 들었다.

경고를 받은 바이러스가 실제로 위험한 것인지 확인해볼 생각을 왜 전혀 하지 못했을까? 경험이 없다 보니 그런 메시지를 처음 받고 당황했기 때문이고, 또 지식이 부족해 특정 바이러스가 정말 위험한 것인지 알려주는 웹사이트가 있다는 사실을 몰랐기 때문이기도 하다. 하지만 경험이 없더라도 잠시만 생각해봤더라면 달리 대처했을 수도 있었을 것이다.

나는 이 가짜 바이러스 사건을 통해 '공포감'을 느낄 때가 오히려 잠시 모든 것을 멈추고 생각할 시간임을 배웠다. 시간에 쫓길수록 더 생각할 시간이 필요하다. "지금 내가 이용할 수 있는 시간이 얼마나 될까?" 즉시 행동으로 옮기는 대신 어떻게 해야 할지 10분 내지 15분 정도는 더 생각할 시간이 있었을 것이다. 대개 중요한 결정을 내리기 전에 몇 시간 혹은 며칠 간 시간적 여유가 있게 마련이다. 바로 이런 여유를 가지고 좀 더 숙고하는 자세가 필요하다.

[전략 2] 시간이 촉박할 때 좀 더 뜸 들여 생각하기

내 친구 마이라는 문득 자기가 하고 싶지도 않은 일들을 자청해서 하고 있음을 깨달았다. 자기 업무 외의 프로젝트를 떠맡기도 하고, 딸 아이 학교 행사에 쿠키를 구워 가져가는가 하면, 친구의 권유로 관심도 없는 강연회에 참석하는 등 하고 싶지 않은 일에 끌려 다녔다. 왜 그렇게 되었는지 곰곰이 생각해본 그녀는 두 가지 사실을 깨달았다. 첫째는 이런 내키지 않는 상황을 쉽게 식별해낼 수 있다는 것이었다. 이런 상황에는 늘 중요한 세 가지 특징이 있기 때문이다. 즉 어떤 사람이 무엇을 하자고 요구할 때, 당황해서 가슴이 철렁 내려앉을 때, 마음속으로는 그런 요청을 거절하면서도 상대방 기분을 거스르지 않을 만한 핑계를 찾아내려고 할 때다. 그녀는 이럴 때마다 '결정을 내리기 전에 먼저 생각해볼 시간이 필요해'라고 생각하기로 결심했다. 마이라가 깨달은 두 번째 사실은 결정을 하기 전에 시간을 좀 들일 필요가 있다는 것이다. 어느 정도 연습을 한 후 마이라는 이것을 매끄럽게 해결할 수 있는 세련된 방식을 찾아내 직장 상사에게 이렇게 말했다.

"정말 흥미 있는 프로젝트이긴 한데 지금 제가 하고 있는 업무에 지장을 주지 않으면서 병행할 수 있는 방법이 있을지 한번 생각해볼게요."

그녀는 지루한 강연회에 초대한 친구에게는 이렇게 말했다.

"시간이 날지 모르겠네. 내일 대답하면 안 될까?"

이렇게 해서 마이라는 다른 사람이 자기에게 좀 더 신중하게 요청하도록 하면서도 상대방이 요청한 것에 대해 충분히 생각해보고 있다는 인상을 주었다. 그와 동시에 자기가 정말 하고 싶은 것이 무엇인지 생각할 시간도 갖게 되었다. 예를 들어 다른 프로젝트를 맡는 대신 현재의 업무 부담을 줄이는 쪽으로 사장과 타협할 수도 있었다. 강연회에 함께 가자고 청한 친구도 강연이 듣고 싶어서가 아니라 외로워서 그랬다는 것을 알았다. 그래서 그 친구와 할 수 있는 다른 활동을 제안해 함께 즐기게 되었다. 이처럼 우리가 느끼는 공포감이나 압박감을 잠시 잊고 생각하는 계기로 삼음으로써 성급하게 결정 내리는 횟수를 줄일 수 있다.

[전략 3] 규칙적인 일상생활에서 '잠깐' 멈춰 생각하기

미처 생각하지 못해 실수하는 경우가 있지만 그렇다고 언제나 위기에 봉착하는 것은 아니다. 사실은 그 반대일 수도 있다. 익숙하고

규칙적인 일상에 빠져 있다 보면 그런 생각을 하지 못한다. 그렇다면 별다른 압박감도 없고 공포감을 느낄 만한 위기 상황이 아닐 때, 즉 일상생활에서는 어떻게 '생각할 기회'를 알아차릴 수 있을까?

동료 아몰은 자기 팀이 몇 주 동안 진행한 회의 방식에 대해 얘기해주었다. 이들은 매주 금요일 피자를 시켜놓고 휴대전화를 끈 다음 오랫동안 점심을 먹으면서 몇 달 동안 회사를 괴롭혀온 문제에 대해 열띤 논의를 했다. 하지만 최선을 다한 것 같은데도 방 안에 모인 똑똑하고 헌신적인 팀원들에게서는 아무런 결과도 나오지 않았다.

아몰은 "열띤 논의를 하다가 갑자기 맥이 빠지는 느낌이 들었어요"라고 말했다.

"회의가 진행될수록 처음의 열정은 점차 식어가고 감정이 메마르는 느낌이었어요. 내가 팀원들과 다소 거리를 두는 게 아닌가 싶어지면서 마치 영화를 보듯 회의가 나오는 아무 상관도 없는 것처럼 느껴졌거든요. 그러자 갑자기 헛수고를 하고 있음을 깨달았죠. 토론이 또다시 막다른 골목에 도달하자 저는 다음과 같은 질문을 던졌어요."

아몰이 제기한 질문은 간단했다.

"우리가 지금 하려는 게 뭡니까?"

아몰의 질문에 팀원들은 당혹스러워했고, 대부분 짜증을 냈다. 하지만 아몰은 회의에 참석한 팀원들에게 팀이 달성하고자 하는 목표가 무엇인지 적어보자고 고집했다.

"그런데 놀라운 결과가 나왔어요. 팀원마다 달성하려는 목표가 저마다 달랐던 것이죠. 하지만 더 놀라운 건 모두가 제각기 다른 생각을 한 게 아니라 그런 사실 자체를 몰랐다는 점입니다."

아몰은 진행 중인 일에서 어느 정도 거리를 유지한 채 다시 한 번 검토할 시간을 가져야겠다는 생각을 하게 되었다. 누구나 이런 경험이 있는지 한번 자문해볼 필요가 있다. 다음은 작업을 마무리할 때나 회의가 끝날 무렵, 혹은 가족 모임이나 공식적인 발표 후, 그리고 일과를 정리하는 시점에 가져볼 만한 의문이다.

- 진행하던 일은 어떻게 되고 있는가?
- 진행하던 일에서 무엇을 배웠는가?
- 진행하던 일을 보다 나은 경험으로 발전시킬 방법은 무엇인가?
- 원했던 바를 달성하고 있는가?
- 다음에는 지금과 다르게 할 수 있을 것인가?
- 진행하던 일에서 발견한 놀라운 점은 무엇인가?
- 현재의 일에 관여하지 않았더라도 결국 같은 일을 시작했을까?
- 현재의 일에 참여하겠다고 공언하지 않았어도 아직 이 일을 계속하고 있을까?

이미 일어난 일이라 어쩔 수 없더라도 한 걸음 물러서서 돌이켜보면 어떻게 될까? 만약 아이들을 데리고 동물원으로 나들이를 갔다고 상상해보자. 아기는 징징대며 보채고, 다섯 살짜리 아이는 원숭이를 보겠다고 펄쩍거리며 어린 여동생 앞을 가로막는다. 하지만 이런 사소한 문제에 짜증을 내기보다는 왜 그런 상황이 발생했는지 잠시 뒤로 물러나 살펴보면 어떨까? 아마도 자신을 포함한 가족 모두가 지치고 목이 말라 신경질이 난 상태임을 깨닫게 될 것이다. 생각보다 날씨는 춥고, 옷깃으로 파고드는 바람을 맞으며 야외에 서 있는 게 더 이상 재미있지 않음을 알게 된다. 나들이를 나온 목적이 '여러 가지 동물을 구경하면서 재미있게 즐기려던 것'이었지만 어느새 '동물원을 샅샅이 둘러보는 것'으로 바뀐 채 아이들이 한곳에 관심을 가질 만하면 다른 곳으로 급히 몰고 다녔다는 생각이 들 것이다.

판에 박힌 일상생활 속에서는 '잠깐 멈추고 생각해봐야 할 시간'이라고 경고해줄 만한 별다른 단서가 없기 때문에 늘 하고 있는 일에 대해 한 번 더 생각해보는 자세가 필요하다. 이처럼 생각할 기회를 놓치지 않으려면 틀에 박힌 일상생활을 돌아보는 시간을 가져야 한다. 복잡다단한 삶을 살아가는 와중에도 가족이나 친구와 함께 지내거나 운동할 시간을 따로 내는 등 '반성할 시간'도 미리 정해놓는 게 좋다. 주기적으로 세일을 검토하는 회사나 해마다 수련회와 교육에 간부들을 참석시키는 회사들처럼 우리도 일상생활에서 일어나는 일들을 성찰해볼 시간을 가져야 한다. 그래야만 자신이 물속에 있다는 사실을 깨닫지 못하는 물고기의 상황을 피하고 정기적으로 물 위로 뛰어올라 지금 헤엄치는 곳이 어디인지 살펴볼 수 있기 때문이다.

한 회사의 간부가 자기는 오후 휴식 시간에 20분간 커피를 마시는 대신 '생각하며' 산책을 하기 시작했다고 말한 적이 있다. 그는 매일 오후 3시쯤 공장 옆에 딸린 텅 빈 철골 창고의 복도를 오르내리면서 그날 흥미를 끌었거나 기분 나빴던 일들에 대해 생각했다. 그런데 놀랍게도 이렇게 하자 새로운 시각이 생기면서 미처 깨닫지 못했던 문제들을 볼 수 있게 되었다. "어제는 골머리를 앓던 문제의 해결책을 생각해냈어요"라고 그가 활짝 웃으며 말했다.

[시야 넓히기] 생각할 시간을 확보하는 데 필요한 용기

사람들이 이 간부처럼 하루에 일정한 시간을 할애해 생각하지 못하는 이유는 무엇일까? 그것은 생각하는 시간을 가질 때 받는 오해 때문이다. 한 회사의 직원이 자기 사장을 "테드 코펠(미국 ABC 뉴스 앵커)처럼 군다"고 흉보던 말이 생각난다.

"그게 무슨 소리죠?"라고 내가 물었더니 그 직원이 이렇게 대답했다.

"저, 있잖아요. 테드 코펠이 어떻게 말하는지 아시죠? '이럴 수도 있고, 어떻게 보면 저럴 수도 있고…….' 우리 사장이 그런 식이에요. 분명한 게 없어요. 결정을 못 내리고 늘 이랬다저랬다 한다니까요!"

그 직원에게는 ABC 뉴스 베테랑 앵커인 테드 코펠의 어조가 객관적이라기보다는 결단력이 부족한 것처럼 보였을지도 모른다. 그런 어조는 과감하게 어느 한쪽을 취하기보다는 양다리를 걸친 채 박력이 없는 것처럼 보여 단점으로 간주된다. 자기 사장이 "테드 코펠처럼 군다"고 한 그 직원은 지도자가 존경을 받으려면 결단력과 실천력을 갖춰야 한다고 생각한 게 분명하다.

일반적으로 '생각이 너무 많은' 사람은 환영을 받지 못한다. 사람

들은 대부분 사업이나 정치 분야 지도자들에게서 결단력을 기대한다. 사람들은 지도자가 '비 올 확률이 50 대 50'이라고 말하는 일기예보관처럼 말하는 걸 싫어한다. 어떤 정치가가 "좀 더 조사해봐야 알겠지만 지금까지의 자료로 볼 때 이 계획을 통해 최소 5만 개, 최대 50만 개의 새로운 일자리가 창출될 것으로 예상된다"고 말한다면 유권자의 표를 얻을 가능성이 적다. 정치적 이슈에 관한 토론을 들을 때 사람들은 대부분 정치가가 중간 과정은 생략하고 결과만을 얘기해주기를 바란다. 그가 제안하는 계획이 효과가 있는지 없는지 명확하게 제시하지 못하면 지지를 얻지 못할 가능성이 높다.

과감한 결단력이 요구되는 비즈니스계에서 너무 생각이 많은 지도자는 부정적인 평가를 받을 수 있다. 한 예로 새로 부임한 사장을 조롱하던 비서실장이 생각난다. 그녀는 자기 사장이 "사무실에 앉아서 하루 종일 생각만 한다"고 흉을 봤다. 사장이 이런 식으로 비난을 받는 마당에 부하 직원들에게 생각할 기회가 과연 주어질까? 이들이 생각하는 데 많은 시간을 보낸다면 시간을 낭비한다는 질책과 함께 '아무 일'도 하지 않는다는 소리를 듣게 될 것이다. 이런 상황에서 시간을 내 생각하려면 용기가 필요하다.

성찰을 통해 풍부해지는 인생

자신의 경험을 반성하느라 '뒤로 물러서 성찰하는 것'을 탐탁지 않게 생각하는 것은 행동 지향적인 사람만이 아니다. 성찰 자체를 내켜

하지 않는 사람도 있다. 맞닥뜨린 상황으로부터 거리를 유지할 생각이 없기 때문이다. 그들은 "평생 과거에만 매달려 분석하면서 살고 싶지는 않다. 인생을 분석하는 대신 느끼며 살고 싶다"고 말한다.

그들은 나름대로 신중할 권리가 있다고 생각한다. 과거 경험에 대해 심사숙고하다 보면 인생을 충만하게 살 기회를 어느 정도 잃을 수도 있기 때문이다. 초연한 관찰자가 되면 우리 인생에서 발생하는 사건의 질이 변화한다. 자기 아이가 주변과 어떻게 상호 작용하는지 앉아서 분석만 하고 있다 보면 해변에서 함께 모래성을 쌓거나 뒤뜰에서 공을 차며 함께 놀아주는 아빠가 되기 힘들다. 이런 아빠는 코앞에 고래를 두고도 사진 찍느라 정신이 없어 정작 고래를 제대로 보지 못하는 관광객과 같다.

사람들은 자기 경험을 분석하느라 자칫 인생에서 일어난 사건들을 좀 더 음미해볼 기회를 잃게 될까 봐 우려한다. 예를 들어 교향곡 연주에 사용되는 악기의 식별 방법을 몰라 연주를 듣는 동안 감흥이 줄어들까 봐 걱정하는 것과 같다. 이런 두려움 때문에 사람들은 시詩가 어떻게 구성되는지, 무지개가 어떻게 만들어지는지 연구하기를 꺼린다.

하지만 각 분야의 전문가들은 '좀 더 안다고 해서' 삶의 경이로움이 줄어드는 게 아니라 오히려 커진다고 주장한다. 리처드 도킨스는 저서 《무지개의 실체Unweaving the Rainbow》에서 무지개가 어떻게 생기는지 상세하게 묘사했다.[5] 각 물방울은 프리즘으로 작용해 빛을 분산시킴으로써 무수한 물방울이 띠를 이루며 푸른색이나 노란색, 또는 붉은색을 띤다. 그런데 이 물방울이 떨어지거나 바람에 흩날리면서 방금 전에 보여주었던 것과는 다른 색을 띠게 된다. 물방울이 떨어질 때처럼 지속적으로 급속히 변화가 일어나지만 우리 눈에는 그것이 정지된 채 움직이지 않는 무지개로 보이는 것이다. 이런 현상의 발생 원리를 이해하면 경이감은 오히려 더 커진다고 도킨스는 말한다.

도킨스의 주장처럼 '좀 더 알게 되면' 우리의 경험이 보다 의미 있고 인상적으로 바뀌는 경우도 있다. 민속학자 루이스 토머스는 투손 동물원에 갔을 때 유리 벽을 통해 물속에서 헤엄치고 있는 수달과 비버를 보며 느꼈던 황홀한 경험을 이렇게 묘사했다.

나는 잠시 동안 눈을 떼지 못한 채 경이감에 사로잡혀 서 있었다. 그 순간 수달과 비버가 어떻게 그런 경이로운 모습을 보여줄 수 있는지 과학적으로 분석해봐야겠다는 생각은 전혀 들지 않았다. 오직 수달과 비버가 불가사의할 정도로 조화를 이루며 사는 게 신기할 따름이었다. 하지만 그런 기분은 그리 오래가지 않았다. 몇 분 후 현실로 돌아와 행태과학자이자 민속학자로서의 본분을 되찾은 나는 조금 전의 경이감과 감동을 잊고 다시 무미건조한 기분이 되었다.[6]

성찰의 결과 삶이 무미건조하게 된다면 과연 누가 일상적으로 반성하는 습관을 기르려 하겠는가? 과연 누가 인생이 지닌 미학적, 정서적, 영적 측면을 상실한 채 지루하고 일차원적인 세계에서 살려고 하겠는가? 모든 경험을 분석하려다 보면 활동 범위가 축소되고 자칫 삶의 활기를 잃어버리는 문제도 발생한다.

이럴 때 화실에서 그림을 그리는 캐서린을 떠올리면 어느 정도 이런 문제에 대한 해결의 실마리가 보인다. 내 귀에는 캐서린이 자기 화실에서 실내화를 신고 왔다 갔다 하는 발소리가 들리는 것 같다. 그러면서 자기 그림에 몰입했다가 한 걸음 뒤로 물러서서 다시 살펴보는 모습이 눈에 선하게 떠오른다. 만약 우리가 '인생을 사는' 방식을 이처럼 의도적으로 습관화할 수 있다면 인생을 풍요롭게 할 수 있다고 생각한다. 실질적인 사회 활동에 몰입해 마주치게 되는 정보와 아이디어들을 적극적으로 수용하는 한편 일정한 거리를 두고 그런 정보나 아이디어를 성찰하는 방식을 습관화할 수 있다면 말이다.

필요할 때마다 바로 멈춰 사고하는 법

이 장의 첫 부분에 등장한 컴퓨터 초보자의 사례는 사람들이 잠시 멈추고 생각해보지 않으면 어처구니없는 실수를 저지를 수 있음을 보여준다. 하지만 '지금이 멈춰서 생각하기 좋은 시간'이라는 걸 깨닫기란 생각보다 훨씬 힘들다. 일상생활에 익숙해져 있다 보면 '멈춰서 생각해야 할' 타이밍을 놓치기 쉽기 때문이다. 따라서 시간적으로 압박을 받을수록 오히려 '생각해야 할 시간'임을 알아챌 수 있는 훈련과 연습을 해야 한다. 정기적으로 성찰하는 시간을 정해놓고 틀에 박힌 활동도 다시 생각해봐야 한다.

2장

사고의 오류를
깨닫지 못하는
인간 심리의 비밀

'모르면서 묻지 않는' 맹점

텔레비전 퀴즈 쇼 〈누가 백만장자가 되고 싶어 하는가?Who Wants to Be a Millionaire?〉에 나온 한 출연자에게 "리틀 잭 호머가 파이에서 끄집어낸 것은 무엇이었나요?"라는 첫 번째 질문이 주어졌다. 잭 호머는 동요 '어미 거위'에 나오는 인물이다. 그날 저녁 쇼를 지켜보던 수천 명의 아이는 아마도 이 문제의 답을 알고 있었을 것이다. 그런데 네 가지 선택 항목을 살피던 출연자가 정답인 건포도 대신 검은 새를 고르자 시청자 모두가 깜짝 놀랐다. 이것은 모두가 당연히 알 거라고 생각하는 것을 누군가가 모를 때 그 사람을 그냥 멍청하다고 생각해버리는 우리의 습성을 잘 보여주는 사례다. 사실 이 질문에 대한 대답은 어느 정도 논리적으로 추론해낼 수도 있다. 시청자들은 그 출연자가 문제와 연관 있는 동요를 당연히 알고 있으리라고 생각했다. 하지만 그 출연자는 문제가 출제되기 전에 자신이 어렸을 때 동요를 거의 듣지 못하고 자랐기 때문에 동요 문제가 나올까 걱정된다고 이미 말했었다. 그런데 이 말 때문에 또 다른 비난이 쏟아졌다.

시청자들은 "저 사람은 자기 입으로 동요를 잘 모른다고 말해놓고 왜 다른 사람에게 물어보는 찬스를 안 쓴 거야?"라고 의아해했는데, 이유는 의외로 간단했다. 그 출연자는 자신이 정답을 모른다는 사실을 깨닫지 못했던 것이다.

자신의 무지를
깨닫지 못하는 이유

자신이 모른다는 걸 어떻게 알아챌 수 있을까? 그 사실을 알아채려면 우선 자신에게 무엇이 부족하거나 없는지부터 알아야 한다. 하지만 이것은 생각만큼 쉽지가 않다. 이미 있는 것을 알아채는 것만큼이나 없는 것을 알아채는 일도 용이하지 않기 때문이다.

만약 그 출연자가 자신이 정답을 알고 있다고 착각하지 않았다면 그 문제가 나왔을 때 찬스를 사용했을 것이다. 이처럼 우리는 정답을 알고 있다는 확신 때문에 때론 이런 무지를 깨닫지 못한다. 그 결과 실수를 할 수도 있다는 가능성을 무시해버린다. 그러다가 막상 일이 벌어지면 본인이 미처 몰랐다는 사실에 당황하게 된다.

[원인] 허점을 잘 깨닫지 못하는 본성

이런 허점을 깨닫기 어려운 이유는 이러한 성향이 인간의 특성 중 하나로 우리 안에 자연스럽게 내재되어 있기 때문이다. 보통 자신이 알고 있는 답이 정답이라고 가정하는 게 인간의 자연스러운 성향이다. 그 때문에 우리가 알고 있는 데 대해 의문을 제기하지 않는 것이 습관화되었다. 아마도 그러는 게 자신에게 이롭다고 생각하기 때문일 것이다. 이런 성향은 시간과 노력의 낭비를 막아주기도 하지만 동시에 약점으로 작용하기도 한다. 때로 우리가 알고 있다고 확신하는 일에 별다른 의구심을 갖지 않기 때문에 다른 가능성은 아예 생각조차 하지 못한다.

제인 굿필드는 의학자 칼턴 가이듀섹Carleton Gajdusek에 관한 이야기를 통해 정답을 알고 있다는 확신 때문에 진실을 보지 못하거나 역으로 진실이라고 믿는 것에 의문을 제기함으로써 가이듀섹이 노벨상을 받게 된 과정을 보여준다.[1] 1953년 가이듀섹 박사는 파푸아뉴기니의 포Fore 부족에 만연된 질병을 연구했다. 포 부족민은 이 질병을 '쿠루Kuru'라고 불렀는데, 쿠루는 '한기와 두려움으로 떨다'라는 의미의 이 부족 언어로, 이 병에 걸리면 초기에 한기로 온몸을 떨기 때문에 붙여진 이름이다. 가이듀섹 박사는 처음에 이 질병의 신경학적 증상으로 보아 뇌염이 아닐까 의심했다. 하지만 뇌가 감염됐을 때의 독특한 증상이 나타나지 않았고, 열도 없었으며, 환자들의 백혈구 세포에도 아무런 변화가 없었다. 이 질병을 앓는 환자의 세포 조직을 동물에게 주사한 결과 동물들은 몇 주 동안 건강한 상태를 유지했고, 한두 달

뒤 죽은 후에도 뇌는 아무런 변화도 보이지 않았다.

이 같은 결과를 토대로 가이듀섹 박사는 박테리아나 바이러스 같은 감염 인자 때문에 쿠루가 발생한다는 기존 주장을 반박했는데, 그의 추론은 그럴듯하긴 했지만 잘못된 것이었다. 가이듀섹 박사가 이 질병을 연구하던 1950년대에 과학자들은 감염이 시작된 후 몇 주가 지나면 뇌에 변화가 일어난다고 생각했다. 당시에 과학자들은 감염 인자가 빠르게 작용한다고 '알고 있었기' 때문이다. 그런데 가이듀섹은 모든 감염 인자가 다 그런 것은 아님을 알게 되었다. 에이즈 연구에서 밝혀진 것처럼 일부 바이러스 인자는 수년 또는 수십 년에 이르는 잠복 기간을 거치며 몸을 완전히 파괴한다. 가이듀섹 박사는 그런 인자가 쿠루의 원인이라고 밝혔고, 그런 인자는 광우병 같은 다른 질병과도 연관이 있는 것으로 드러났다. 이 연구로 그는 노벨상을 수상했다.[2]

가이듀섹 박사처럼 우리는 자신이 살고 있는 시대와 문화에서 가장 보편적인 생각들을 의심 없이 받아들인다. 이런 것을 받아들이기 전에 일일이 의문을 제기하며 타당성을 정확히 조사하기는 불가능하다. 사람들은 일단 어떤 질문에 대한 정답을 알고 있다고 믿으면 다른 가능성을 염두에 두지 않는다. 창조성 전문가 로저 폰 오흐Roger von Oech는 가능한 대답이 여러 가지일 수 있고, 이 대답들이 모두 맞을 수도 있다고 말한다.[3] 이런 유형의 문제를 풀 때 사람들은 대부분 '제일 첫 번째 정답'에서 멈추는 경향이 있다고 폰 오흐는 지적한다. 그것이 유일한 정답이라고 믿기 때문이다.

우리가 제일 첫 번째 정답에서 멈추고 마는 것은 자연스러운 행동이다. 일상생활에서 문제를 해결하려 할 때 한 단계를 해결하고 다음 단계로 진행하는 과정에서 이미 사실로 알고 있는 것들에 재차 의문을 제기하며 또 다른 정답을 찾으려고 할 만큼 여유를 부리기는 쉽지 않다. 하지만 다른 가능성을 파악하지 못함으로써 때로는 값비싼 대가를 치르기도 한다.

전략 I
자신이 모르는 것을 발견하는 법

[전략 1] 질문지도 만들기

유용한 방법 중 하나는 질문지도question map를 만드는 것이다. 질문지도는 중앙의 원에 주제를 적은 다음 그 주제에 관한 질문들을 적어가며 간단히 만들 수 있다. 〈그림 2〉는 휴대전화에 관한 일반 사례이고, 〈그림 3〉은 빈과 레미지Bean & Ramage의 글[4] 을 토대로 그중 일부를 심도 있게 다룬 것이다.

혼자서 질문지도를 작성할 수도 있지만 다른 사람과 함께 만들면 효과가 더 커질 수 있다. 이런 활동을 통해 우리가 가진 지식의 허점을 발견할 뿐만 아니라 자연스럽게 다른 주제로까지 호기심을 확장할 수 있다. 하나의 질문이 꼬리에 꼬리를 물면서 또 다른 질문을 유발하면 자연스럽게 호기심이 샘솟기 때문이다.

휴대전화 회사들 간의 경쟁은 어떠한가?

나는 꼭 휴대전화를
사야 하는가?

휴대전화는 어떻게 작동하는가?

휴대전화는
건강에 유해한가?

휴대전화로 음악을
어떻게 듣고,
문자 메시지는
어떻게 보내는가?

휴대전화는 우리의 생활 방식에 어떤 영향을 미칠까?

〈그림 2〉 휴대전화 질문지도의 예 1

[전략 2] '알고 있는 것'과 '알아야 할 것' 목록 작성하기

특정한 주제에 대해 우리가 모르는 점을 발견하는 데 유용한 또 다른 방법은 '알고 있는 것'과 '알아야 할 것'의 목록을 작성하는 것이다. 이 방법은 문제 기반 학습이라는 교수법을 활용한 대표적 사례다.

예를 들어 여러분이 가이듀섹 박사이고 쿠루라는 끔찍한 질병 때문에 발생했을지도 모르는 증상을 해결하려는 중이라고 가정해보자. 가이듀섹 박사는 〈표 1〉에서 보여준 정보를 자기 목록에 빼곡히 채워 넣었을 것이다. 가이듀섹 박사와 다른 연구원들이 처음부터 궁금해했던 중요한 질문 중 일부가 알아야 할 것에 제시되어 있다. 이런 목록을 작성하면 우리가 모르는 것을 찾아내는 데 도움이 되고, 기존에 알고 있던 지식의 허점이 드러난다.

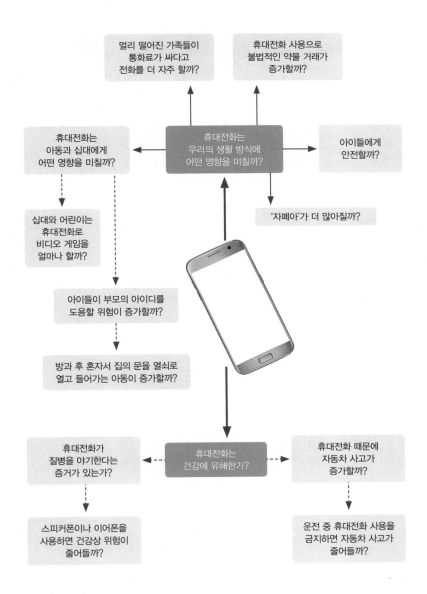

멀리 떨어진 가족들이
통화료가 싸다고
전화를 더 자주 할까?

휴대전화 사용으로
불법적인 약물 거래가
증가할까?

휴대전화는
아동과 십대에게
어떤 영향을 미칠까?

휴대전화는
우리의 생활 방식에
어떤 영향을 미칠까?

아이들에게
안전할까?

십대와 어린이는
휴대전화로
비디오 게임을
얼마나 할까?

'자폐아'가 더 많아질까?

아이들이 부모의 아이디를
도용할 위험이 증가할까?

방과 후 혼자서 집의 문을 열쇠로
열고 들어가는 아동이 증가할까?

휴대전화가
질병을 야기한다는
증거가 있는가?

휴대전화는
건강에 유해한가?

휴대전화 때문에
자동차 사고가
증가할까?

스피커폰이나 이어폰을
사용하면 건강상 위험이
줄어들까?

운전 중 휴대전화 사용을
금지하면 자동차 사고가
줄어들까?

〈그림 3〉 휴대전화 질문지도의 예 2

알고 있는 것	알아야 할 것
포 부족은 쿠루라는 병에 걸리지만 그 지역의 다른 부족들은 이 병에 걸리지 않는다.	쿠루가 감염 인자에 의해 초래된 질병이 아니라면 무엇 때문에 발생한 것일까?
포 부족의 여자들은 쿠루에 걸리지만 남자들은 걸리지 않는다. 하지만 어린이는 남녀 구분 없이 모두 걸린다.	포 부족은 언제부터 쿠루를 앓기 시작했는가? 그 당시 그들의 생활에 어떤 일이 일어났으며 어떤 변화가 있었는가?
쿠루의 증상은 뇌 감염으로 추정된다.	이 병에 대한 유전적 근거로 볼 만한 가족 병력이 포 부족 주민들에게 있는가?
쿠루에 걸린 사람의 세포 조직을 주입한 동물들은 3주 이상이 지나도 전혀 병을 앓지 않았다. 따라서 쿠루는 바이러스나 박테리아 같은 감염 인자에 의해 발생한 질병이라고 볼 수 없다. 4주가 지난 후에 실험동물을 부검해봤지만 뇌염 증상이 전혀 나타나지 않았다.	포 부족 여성과 어린아이가 하는 일이나 경험 중 포 부족 남성과 다른 것은 무엇인가?

〈표 1〉 지식의 허점을 살필 수 있는 '알고 있는 것'과 '알아야 할 것' 목록

한번은 유명한 수학자의 발표회에 갔었는데, 그 수학자는 참석한 사람들에게 수학 문제를 한 개 풀어보라면서 이렇게 물었다.

"여러분이 취해야 할 첫 번째 단계는 무엇일까요?"

문제의 의도를 제대로 이해했다고 확신한 사람들은 이 문제를 풀려면 우선 적절한 정보가 주어져야 한다고 말했다. 나는 이 말에 깜짝 놀랐다. 설마 그처럼 유명한 수학자가 필요한 정보도 주지 않고 문제를 풀어보라고 했겠는가? 학교에서 그런 경험을 해본 적이 없는 나는 그럴 리가 없다고 생각했다. 하지만 그 수학자는 우리가 흔히 교과서에서 보는 문제와 달리 '실생활에서의' 수학 문제 — 일상생활

전반에 관련된 문제 — 는 문제를 푸는 데 필요한 정보가 늘 함께 제공되지 않는다는 점을 명확히 보여주고자 했던 것이다.

어떤 사람이 사장이나 직장 동료, 가족이나 친구가 한 일에 대해 불평할 때 나는 "그 사람이 왜 그랬을까요?"라고 물어본다. 그러면 대개 "난들 그걸 어떻게 알겠어요!"라고 대답하곤 한다. 다른 사람에 대해 불만을 토로하기 전에 왜 그런 일이 일어났는지 이유를 분명히 알아야 한다. 하지만 맹점 때문에 자신의 지식에 어떤 허점이 있는지 알아차리지 못해 문제를 제대로 파악하지 못한다. 아는 것과 알아야 할 것의 목록을 작성하는 기술을 익히다 보면 수집해야 할 정보가 무엇인지 보지 못하고 놓치는 일은 없을 것이다.

[전략 3] '알고 있는' 것들에 대해 질문하기

'알고 있는 것'을 목록으로 만드는 과정을 지켜보며 흥미로웠던 것은 사람들이 처음에는 왼쪽에 기입한 항목을 나중에 다시 오른쪽으로 옮겨 적는 경우가 잦다는 것이다. 처음에는 '알고 있는 것'이라고 적었다가도 두 번째 볼 때는 처음 생각과 달리 잘 모르고 있다는 사실을 깨닫기 때문이다. 그러므로 '알고 있는 것'을 '안다고 생각했던 것'으로 이름을 바꾸어 붙이면 될 것이다. 그래서 우리가 안다고 확신했던 사실이 정말 제대로 알고 있었던 것인지 자문해볼 필요가 있다. 예를 들어 자신이 특정한 사실을 어떻게 알게 됐는지, 그것이 사실이라고 어떻게 확신할 수 있는지, 혹시 그 사실이 전부는 아니더라도 일부라도 잘못된 것일 가능성은 없는지 자문해봐야 한다.

이런 방법은 무지 때문에 자주 저지르는 실수를 하지 않는 데도 도움이 된다. 이미 모든 것을 알고 있는 사람은 없기 때문에 늘 무언가를 새로 알아야만 한다. 누구나 이런 한계가 있다는 것을 알면서도 우리는 다른 사람의 무지에 항상 놀란다. 아주 어릴 때부터 이 같은 태도가 몸에 배어 있기 때문에 당연히 알 거라고 생각하는 것을 다른 사람이 모르면 바보 취급을 하면서 놀란 표정을 지으며 자기들끼리만 눈빛을 주고받는다. 이런 조소가 두려워 우리는 아무것도 모르면서도 이를 감추려고 다른 사람의 말을 이해하는 척한다.

전략 II
무지에 대처하는 방법

이런 유형의 맹점에 대처할 별도의 수단이 필요하다. 자신이 모르는 것을 알아채는 전략 외에 자신의 무지가 드러날 때 다른 사람들이 보이는 반응에 대처할 자기 방어 수단도 필요한 것이다.

[자기 방어] 실패하는 방법과 성공하는 방법
사람들은 대체로 스스로를 방어하기 위해 자신이 모르거나 관심이 없는 분야에 대해서는 냉소적인 태도를 보이면서 그런 것들은 배울 만한 가치가 없다고 조롱하고 무시한다. 예를 들어 퀴즈 쇼 〈제퍼디!^{Jeopardy!}〉에 출제되는 그리스 신화에 관한 문제에는 모두 대답을 할 수 있지만 대중문화에 관해서는 별반 아는 게 없을 경우 대중문화 따위는 알 만한 가치가 없기 때문에 특별히 관심을 가지고 싶지 않다고 자위해버린다. 이들은 스스로를 지식인이라고 생각하는데, 거꾸로 대중문화에 정통한 사람들은 그런 사람이 있다는 사실에 놀란다.

특정 분야에 관해 너무나 모르는 사람들이 바보처럼 보일 수도 있다. 이 경우 사람들은 대개 자신을 지적인 이미지로 포장하려 한다. 하지만 자신의 지적 능력을 과장하면서까지 다른 사람의 지식을 대수롭지 않게 여기는 것은 바람직하지 않다. 그렇다면 어떻게 이런 상황에 슬기롭게 대처할 수 있을까?

[자기 방어 수단 1] 경험의 중요성 인정하기

자기 방어를 위해 첫 번째로 필요한 것은 세상에 확실한 것은 없다는 확신이다. 자신이 정확히 알고 있다는 확신이 들 때마저도 사람들은 맹점을 갖고 있게 마련이다. '당연한 것'이라서 마땅히 알고 있어야 한다고 지금껏 생각했겠지만 어떤 경험을 통해서 그것을 알게 되었는지 돌이켜보면 분명치 않은 경우가 많다.

한 심리학자가 여러분에게 다음과 같은 실험을 한다고 상상해보자.

심리학자가 10원짜리 동전 열 개를 세어 여러분 앞에 놓인 탁자

위에 올려놓는다. "여기 10원짜리 동전이 몇 개 있습니까?"라고 심리학자가 묻는다. 열 개의 동전이 있음을 확인한 후 심리학자는 10원짜리 동전을 차곡차곡 위로 쌓는다. "이제 동전이 몇 개 있나요?" 심리학자가 다시 물어보면 여러분은 기막혀 하면서 대답할 것이다. "열 개요!" 심리학자가 이번에는 10원짜리 동전을 동그라미 모양으로 늘어놓고는 10원짜리 동전이 몇 개 있냐고 다시 묻는다. 그런 다음 여러분에게 열쇠를 좀 빌려달라고 한다. 그리고 여러분이 지켜보는 앞에서 열쇠를 탁자 위 냅킨 밑으로 밀어 넣고 열쇠를 찾아보라고 한다.

어른이라면 이런 요구가 너무나 쉬워 어처구니없게 느껴질 수도 있다. 마술 같은 속임수를 쓰지 않는 한 이런 질문에 대한 정답은 너무나 자명하기 때문이다. 냅킨 아래에 열쇠가 없으면 어디 있겠는가? 아무리 10원짜리 동전으로 여러 가지 모양을 만든다 해도 동전의 개수가 어떻게 변할 수 있겠는가?

하지만 사실 이것은 자명한 게 아니라 우리가 어렸을 때 경험을 통해 배워 안 것이다. 다만 아주 어렸을 때 배웠기 때문에 그런 사실 자체를 잊어버리고 있을 뿐이다. 위에서 언급한 열쇠에 관한 테스트는 아동 사고방식 연구의 원조인 피아제^{Piaget}가 고안한 '대상 연속성^{object permanence}'이라는 고전적인 테스트의 한 예다. 이 테스트에서 연구자들은 아이에게 예쁜 장난감을 보여준 다음 천으로 덮는다. 그러고는 아이가 빤히 보는 앞에서 장난감이 사라진 것처럼 행동한다. 이럴 경우 생후 7~8개월이 안 된 아기는 진짜 장난감이 사라진 줄 안다. 아기들은 대상이 영구적이고 지속적인 실체를 가진다는 사실을 모르기 때문이다. 어린 시절에 터득하는 중요한 사실 중 하나가 바로 이런 사물의 실체에 관한 것이다. 그 때문에 직접적으로 지각하거나 경험하지 못한다 하더라도 그 대상이 여전히 존재한다는 사실을 안다. 10원짜리 동전을 어떤 모양으로 배열하든 열 개라는 개수에는 변화가 없다는 점도 태어날 때부터 아는 것이 아니다. 아주 오래전 어렸을 때 배워서 더 이상 기억을 하지 못하기 때문에 지금은 너무나 자명해 보일 뿐이다.

내 남편 그레그는 여덟 살짜리 남자 아이가 놀림을 받자 오히려 멋지게 받아친 이야기를 들려주었다. 당시 홈 인테리어 페인트공이었던 그레그는 어느 집 2층에 있는 침실에 초벌칠을 하고 있었는데, 그 남자 아이가 페인트칠하는 모습을 가만히 지켜보다가 자기도 거들고 싶다고 말했다. 그레그에게서 롤러와 페인트 붓을 받아 든 아이는 5분 정도 벽에 초벌칠을 했다. 그때 그 아이의 형이 문에 기대 선 채 지켜보다가 한마디했다. "야, 그게 뭐니? 엉터리잖아." 하지만 아이는 형 말에는 아랑곳하지 않은 채 계속 페인트칠을 하면서 대꾸했다. "그래, 나도 알아. 방금 처음으로 배우기 시작했으니 그렇지."

지식과 전문성을 쌓으려면 적절한 상황에 노출되어 경험해보는 게 필요하다는 사실을 이 아이는 단적으로 보여주었다. 누구나 모르는 것이 있을 수 있지만 그렇다고 멍청하다고 할 수는 없다. 오히려 인간의 기본적인 특성인 무지를 시인하고 다른 사람의 무지에 대해서도 관대해질 수는 없을까?

[자기 방어 수단 2] 화를 초래하는 '어리석음' 이해하기

한번은 여름 캠프에서 앞서 가는 어느 가족의 뒤를 따라서 올라간 적이 있다. 그 집은 아빠가 두 살짜리 아이를 맡고, 엄마가 유모차에 탄 장난꾸러기를 맡기로 한 것 같았다. 그런데 한적한 길모퉁이에서 느닷없이 차가 한 대 나타났다. 그 아빠는 아장아장 걸어다니는 아이의 손을 붙잡고 놓지 말았어야 한다는 점을 뒤늦게 깨달았다. 그 가족과 마찬가지로 내 심장도 멎는 것 같았다. 자동차는 길 한복판의 아이를 향해 다가왔지만 운전자가 속도를 늦춰 위험한 상황을 피할 수 있었다. 그 아빠는 쏜살같이 달려가 아이를 품에 안았지만 그때 아이 엄마가 보인 반응을 잊을 수 없다. 아마도 놀라서 그랬는지 여자는 남편을 몰아붙였다. "도대체 정신을 어디에 두고 다니는 거예요? 저 애를 맡기로 해놓고는 하마터면 죽일 뻔했잖아요!"

아이 엄마의 말투로 보아 남편이 아이의 손도 잡지 않고 걸어다녔다는 게 믿기지 않는 모양이었다. 마치 '어쩌면 그렇게 멍청하게 굴수가 있느냐'는 식이었다.

그렇다면 그 아빠는 정말 멍청했던 것일까? 아니면 경험이 없어서 미숙했던 것일까? 어린아이를 돌본 적이 있는 사람이라면 두 살짜리 아이가 혼자 길을 따라 안전하게 걷기 어렵다는 것을 알았을 것이다. 이런 사실은 아이를 돌보다 보면 자신도 모르게 경험으로 알게 된다.

예를 들어 자동차와 맞닥뜨릴 때처럼 위험한 상황에서 연령대에 따라 아이들을 어느 정도까지 혼자 행동하게 내버려둘 것인지는 경험을 통해서만 알 수 있다. 물론 아이 엄마의 입장에서는 아이 아빠가 좀 더 조심했어야 한다고 생각하는 게 당연하다.

하지만 아빠는 미처 그런 점을 몰랐을 수도 있다. 그렇다고 그 아빠가 멍청하다고 할 수 있을까? 그것은 마치 그 아이의 엄마가 자동차 오일을 교환하지 않으면 차가 급정거할 수 있다는 사실을 모른다고 해서 멍청하다고 생각하는 것과 같다. 나는 이 가족이 위험에 빠질 수도 있는 또 다른 상황을 상상해보았다. 고속도로를 달리던 중 자동차 앞쪽에서 연기가 났다. 아내가 엔진오일 교환하는 것을 잊었거나 차에 문제가 발생할 때 대시보드의 경고등이 켜진다는 사실을 미처 몰랐기 때문일 것이다. 이 상황에서는 두 사람의 입장이 바뀐다. 분명 남편은 차를 그 지경으로 방치한 아내에게 화를 낼 것이다. 아내가 남편을 멍청하다고 생각했던 것처럼 이 경우에는 남편이 아내를 멍청하다고 생각할 것이다.

다른 사람이 잘 몰라서 실수를 해 피해를 입거나 불편을 감수해야 할 경우 우리는 대체로 그런 실수에 관대하지 못하고 화를 내곤 한다. 상대방이 변명하듯 "대시보드의 경고등이 그렇게 중요한 것인지 몰랐다"거나 "아이가 혼자 걸어가도 괜찮을 거라고 생각했다"고 하면 "아니, 그런 건 당연히 아는 거 아냐?"라는 핀잔을 듣게 될 것이다. 결국 부모나 운전자로서 책임을 졌으면 자기가 할 일에 대해 알아두었어야 했음에도 그러지 않았기 때문에 비난을 받게 된다.

[자기 방어 수단 3] 자기 자신 옹호하기

다른 사람들이 나를 멍청이처럼 대한다면 우리는 스스로를 옹호할 필요가 있다. 성인이 되어서도 많은 사람이 어린 시절처럼 일상에서 이런 상황을 자주 경험한다. 실수할 때마다 매번 호통을 치며 성질을 참지 못하는 사장과 마주칠 수도 있고, 학기 말 리포트에 대해 핀잔을 주는 선생님을 대면해야 할 때도 있다. "정말 바보 같아!"라는 표정을 지으며 웃는 배우자와 마주칠 수도 있다. 그런 웃음 때문에 때로는 모멸감을 더 느끼기도 한다. 이처럼 다른 사람들이 멸시하는 태도를 보이면 자존심을 유지하기가 매우 어렵다.

이런 반응에 침묵으로 대응하는 사람들도 있다. 이들은 토론할 때 침묵하거나 자기 견해를 말할 때 구차한 변명을 하듯 "이 점에 관해 잘 알지는 못하지만……"이라고 서두를 뗀다. 다수의 여성과 인터뷰를 한《여성들의 인식 방법Women's Way of Knowing》의 저자들은 상당수 여성이 "침묵한 채 자기 목소리를 내지 않는다"고 했다. 이들은 지적으로 무언가를 말할 수 있는 자신감이 결여된 여성들이었다. 그중에는 이렇게 말한 여성도 있었다.

"전 말을 잘 못하겠어요. 뭔가 설명하려고 하는데 상대방이 저더러 틀렸다고 하면 울음이 터져 당황해서 어쩔 줄 모르게 돼요."[5]

그렇다면 다른 사람들의 가혹한 평가에 어떻게 반응해야 가슴을 졸이지 않을 수 있을까? 오히려 다른 사람의 말문을 막으며 거침없이 말할 수 있는 방법은 없을까? 굳이 자신을 지적인 이미지로 포장하지 않으면서도 남들을 무식하다고 무시하지 않을 방법은 무엇일까?

자신을 옹호하는 데 유용한 질문

내 친구 코니는 어떤 정보를 몰라 그 때문에 바보 취급을 받은 경우 손쉽게 활용할 수 있는 질문 두 가지를 준비해두고 있다.

"내가 그걸 어떻게 알았겠어요?", "그걸 어떻게 아셨죠?"

한번은 코니가 서류에 어떻게 기입해야 할지 몰라서 대리인에게 전화를 해 물었더니 대리인이 통명스럽게 대답했다.

"두 번째 공란에 체크를 하시면 되잖아요."

기분이 상한 코니가 반문했다.

"내가 그걸 어떻게 알겠어요?"

이렇게 반문하면 서식 자체의 디자인이 명료하지 않다는 점을 상대가 깨닫게 할 수 있다.

또 언젠가 "엄마, 전자레인지에 접시를 넣을 때는 은박지를 씌우면 안 되는 거 몰라요?"라는 딸에게 코니는 이렇게 되물었다.

"넌 그걸 어떻게 알았니?"

당연해 보이는 것을 모른다고 멍청이 취급을 하는 상대방에게 이처럼 되물음으로써 상대방 역시 그 정보를 태어날 때부터 안 게 아니라 배워서 알게 됐다는 점을 일깨워줄 수 있다.

다른 사람을 무시하는 태도는 보는 즉시 지적해줄 필요가 있다. 한 남자가 아내에게 "나한테 멍청하다고 하지 마"라고 말하는 것을 들은 적이 있다. "난 멍청하지 않아. 어쩌다 이 세탁기 사용법을 모르는 것뿐이라고."

다른 사람들이 무시할 때 자신이 멍청하지 않다고 주장하려면 연습을 해야 한다. 먼저 다른 사람들이 여러분을 멍청이 취급을 한다는 사실을 알아차려야 한다. 처음에는 기분이 나쁘고 감정이 상해 화도 나면서 왜 그런지 잘 모르겠지만, 나중에 당시 상황을 돌이켜보면 다른 사람들이 여러분을 조롱하고 있었음을 깨닫는다. 시간이 흐름에 따라 이런 상황을 좀 더 빨리 알아채면서 대응도 유연하게 할 수 있다. "그렇게까지 빈정댈 필요는 없지 않나요?"라든가, "바보나 제 의견에 동의할 거라는 소리 같은데 사실 그렇지는 않거든요"라고 반박할 수 있다. 운신의 폭은 좁겠지만 마음만 먹으면 얼마든지 상대의 무시하는 태도에 반박할 수 있다. 직장에서라면 이렇게 말할 수도 있을 것이다.

"나도 알아요. 당신이 세 번이나 말한 건 알지만 나도 처음 배운 거라 익숙해지려고 노력하고 있잖아요. 제대로 배우려면 시간이 필요해요."

[시야 넓히기] 모르는 채 살거나 즐겁게 배우기

어떤 문화권에서든 상대적으로 더 소중하게 간주하는 분야가 있듯 특정한 분야의 지능이 더 중요하게 여겨지기도 한다. 결국 자신이 사는 문화권에서 소중하게 여겨지는 분야에 대해 잘 아는 사람은 본인이 지적이라고 믿기 쉽다. 반면 그런 분야에 대해 잘 모르는 사람은 자신의 지적 능력을 의심하게 된다.

앞서 언급했던 질문지도 만들기와 '알고 있는 것'과 '알아야 할 것'

에 관한 목록 만들기 전략은 자신이 잘 모르는 분야를 발견해 그 분야의 지식을 넓히려는 사람들을 돕기 위해 고안된 것이다. 하지만 우리의 지식에도 허점이 있음을 알게 되면서 또 다른 선택, 즉 무지를 선택할 수도 있다. 예를 들어 축구나 시, 역사, 증권 등에 대해 단지 흥미가 없다는 식으로 무시하고는 그런 분야는 배우려고 하지 않는 것을 들 수 있다. 축구광이나 시를 좋아하는 사람, 역사에 관심이 많은 사람, 혹은 증권에 관심이 많은 사람은 이런 태도를 안타깝게 생각한다. 선생님이나 사장, 동업자, 친구들이 좋아하는 것에 관해 알려고 하지 않음으로 인해 관계가 소원해지기도 한다.

다양한 분야를 모두 소중하게 여기는 사회가 된다면 어떨까? 사람들은 저마다 다 다르기 때문에 어린 시절부터 자연스럽게 관심을 갖는 분야도 각기 다르다. 어떤 사람은 정치에는 매력을 느끼지만 자동차 엔진 작동 방법을 배우는 것은 지루하게 생각할 수도 있다. 소설에는 깊은 애착을 보이지만 밤하늘의 별자리에 관해서는 전혀 관심이 없을 수 있다. 그렇다면 우리 사회에서 다양한 지식과 기술 분야를 소중하게 여기는 풍토가 형성되면 어떨까?

하워드 가드너의 다중지능 이론

심리학자 하워드 가드너는 다양한 형태의 지능을 반영하는 여러 가지 능력을 밝혀왔다. 초기 연구에서 가드너는 일곱 가지 다른 지능을 제시했다. 글 쓰는 사람의 언어 지능, 작곡가의 음악 지능, 운동선수와 무용가의 신체 지능, 내면생활과 정서, 동기와 개인적 가치를 중시하는 사람들의 자아 성찰 지능^{intrapersonal intelligence}이 이에 해당한다. 최근 가드너는 여기에 두 가지 다른 지능을 추가해 소개했다.[6]

가드너가 제시한 '지능'은 우리가 흔히 말하는 지능과는 다소 다르다. 우리 사회는 '지능'을 학문적인 능력, 즉 언어나 수학적 능력을 규정하는 데 한해 사용하기 때문이다. 일상적으로 우리는 음악적 능력을 음악 지능이라고 하지는 않는다. 마찬가지로 사교적인 능력을 대인 관계 지능이라고 하거나 어떤 사람의 자아 인식을 자아 성찰 지능이라고 부르지도 않는다. 신체 지능이라는 말은 거의 사용하지 않는다. 뛰어난 운동선수나 무용가를 얘기할 때 신체 지능이라는 표현보다는 육체적 능력 또는 탁월한 운동 신경 같은 표현을 주로 사용한다. 그렇다면 왜 '능력'이나 '재능'이라는 말 대신 '지능'이라는 말을 사용하는 걸까? 그것은 과거에 그다지 학문적인 영역으로 간주되지 않았던 분야의 능력이 일상생활에서의 지적인 행동에 대단히 중요하다는 점을 강조하기 위해서다. 자아 성찰 지능을 예로 들어보자. 자아 성찰 지능은 우리의 내면적인 삶, 그중에서도 특히 우리의 감정을 인식할 수 있는 능력과 해야 할 일을 인식하는 능력이 포함된 것이다. 자아 성찰 지능이 높은 사람은 자신의 정서적 반응에 민감하다. 그들은 얼핏 스쳐가버리기 때문에 일반 사람들은 놓치기 쉬운 모호한 감정상의 불편함을 정확히 알아챌 수 있다. 그래서 그런 감정을 마음속에서 다시 불러내 그것을 이해하려 노력한다.

대니얼 골먼^{Daniel Goleman} 같은 일부 심리학자들은 이런 능력을 감성

지수라고 하면서, 우리 삶에서 감성지수가 하는 핵심적인 역할에 대해 언급한다. 골먼은 줄곧 A학점만 받던 고등학생이 쪽지시험에서 B를 받자 물리 선생님을 칼로 찌른 사건을 예로 들었다. 그는 자신의 감정 상태를 몰라 자기가 무슨 행동을 하고 있는지 깨닫지 못하면 학업 성적은 우수할지라도 상식적으로 이해하기 어려운 짓을 저지를 수도 있다고 주장한다.

일상생활에서 이런 다양한 능력이 지적인 행동에 영향을 주기 때문에 가드너는 이를 '지능'이라고 명명했지만 모든 능력을 대등한 것으로 간주하지는 않는다.[7] 사람들이 학문 외 분야의 지능을 학업 성취 지능과 대등하게 생각한다면 이런 능력이 모두 '지능'이나 '재능'으로 불릴 것이다. 그러면 물리학이나 논리학에 탁월한 사람이나 음악이나 운동을 뛰어나게 잘하는 사람 모두에게 같은 의미의 재능이 있다고 말할 수 있다. 하지만 가드너는 이런 능력을 '지능'으로 확장시켜 이해할 필요가 있다고 주장한다. 그렇게 함으로써 학업 성취와는 무관한 재능이라 할지라도 같은 종류의 지능임을 상기시키자는 것이다. 하워드는 학문적 성취에 좀 더 중요한 재능만을 '진짜' 지능으로 생각하며 다른 재능을 무시하기보다는 이런 다양한 재능의 진정한 가치를 사람들이 제대로 인식하기를 바란다.

편견이 만들어낸 '멍청한' 아이들

우리 사회는 학습 능력을 지능과 동일시하기 때문에 학교에서 칭

찬받지 못하는 아이들은 자기가 '멍청하다'고 생각할 위험성이 높다. 예를 들어 독서 능력이 떨어지는 아이는 자신을 똑똑하다고 생각하지 않는다. 이런 아이가 다른 아이들과 잘 어울리는 사회성이 뛰어나거나 비누 자동차를 잘 만드는 등 창의적이라 해도 학업과 관련 없는 이런 재능은 무시되고 만다. 그런 아이 중 하나인 매트가 옆집에서 놀다가 있었던 일을 매트의 엄마가 얘기해주었다. 이웃집 엄마는 매트가 노는 걸 보고는 놀라서 이렇게 말했다.

"매트는 어쩜 저렇게 재치가 있어요? 특별 독서 지도 그룹에 속한다면서……."

그 엄마는 자기가 무슨 말을 하고 있는지 깨닫고는 갑자기 말끝을 흐렸다. 특별 독서 그룹은 학습 부진아를 위한 프로그램이었기 때문이다. 매트의 엄마는 학습 부진 아동이 다른 분야에서도 뒤처질 거라는 편견에 또 한 번 부딪쳐야 했다.

수학이나 읽기 공부를 힘들어하는 아이와 음악과 미술, 운동에 재능이 없는 아이가 얼마나 차별적인 취급을 받는지 생각해보자. 음악적 재능이 없는 아이에게 지능이 낮다고 하는 사람은 없다. 이런 아이는 음악을 못해도 머리가 좋다는 기존 이미지에 아무런 손상도 입지 않는다.

"전 음치예요"라거나 "전 그림을 잘 못 그려요"라고 스스럼없이 말하는 어른들처럼 이런 아이들은 음악이나 미술에 재능이 없어도 바보 취급을 받지 않는다. 이와는 반대로 특별 독서 지도 그룹에 속한 아이는 지능이 떨어진다는 소리를 듣는다.

몇 년 전 어린이들의 치유 프로그램에 참여했을 때 열 살짜리 남자아이에게 가족을 그려보라고 했다. 아이가 그린 그림 속의 가족은 다들 '무언가를 하고' 있었다. 아이가 크레용과 색연필로 커다란 종이에 열심히 그림을 그려 마무리하자 상세한 집의 단면도가 나타났다. 여러 개의 방에 있는 가족이 한눈에 보였는데 대가족이었다. 한 누나는 부엌에서 요리를 하고 있었고 다른 누나는 침대에서 책을 읽고 있었다. 형과 여동생은 거실에서 텔레비전을 보고 있었고, 두 형과 아버지는 마당에서 야구를 하고 있었다.

"그럼 넌 뭐 하고 있니?"라고 물었더니 아이가 이렇게 대답했다.

"아, 저요? 전 아무데도 낄 데가 없어서 뒷면에 그렸어요."

종이를 뒤집자 텅 빈 종이 한구석에 웅크리고 앉아 있는 아이의 모습이 보였다. 이 아이가 자신을 가족의 구성원으로 생각하지 않는다는 것은 심리학자가 아니라도 알 수 있었다. 그림을 보면 아이가 소속감이 결여된 채 자기가 어울릴 만한 자리가 없다고 생각한다는 게 분명하게 드러났다. 다른 가족 구성원들과 흥미나 관심 분야가 달라혼자 지내는 아이를 생각해보자. 이런 아이는 의외로 굉장히 많다. 가족들은 모두 조용하게 앉아 책 보는 걸 즐기는 데 반해 혼자만 운동을 좋아하는 아이나 다른 가족들이 정치나 시사 문제로 열띤 토론을 벌이는데 말없이 혼자 앉아 있는 아이, 형이 축구를 하자고 졸라대는데도 구석에 틀어박혀 책 읽기만 좋아하는 아이들이 있다. 다른 가족들이 소중하게 생각하는 분야에 관심을 전혀 보이지 않는 아이는 자칫 뭔가 잘못된 것으로 오해받기 쉽다. 이런 아이들은 다른 형제자매들이 너무나도 쉽게 생각하는 것을 제대로 이해하지 못하는 자신이 멍청하다고 생각한다. 그들이 쉽게 여기는 지식이나 기술을 배워보려고 노력을 하지 않거나 그럴 생각 자체가 없는 것이 문제라는 생각까지도 하게 된다. 만약 아이들이 서로의 차이점을 인정하고 존중하는 법을 배우게 된다면 어떻게 될까?

우리 모두 각자 다른 재능을 갖고 있는 게 당연시되는 가정이나 사회에서 자란다고 상상해보자. 서로의 차이점이 더 이상 문제가 되거나 멍청함으로 인식되지 않게 되어 사람들은 각기 다른 분야에 관심을 갖고 다양한 지식과 기술을 발전시킬 수 있을 것이다.

[고정관념] "모든 지식이 다 똑같은 건 아니다"

위의 주장에 대해 그럴듯해 보이지만 뭔가 문제가 있다고 여기는 사람들은 다음과 같은 생각을 떠올릴 수도 있다.

- 어떤 분야의 지식이 다른 분야의 지식보다 실제로 더 중요하다고 생각한다.
- 운동 능력이 수학 능력과 같다고는 생각하지 않는다.
- 요리보다 철학을 배우는 게 낫다고 생각한다.
- 모든 사람이 역사나 시사, 정치에 관해 배워야만 책임감 있는 시민이 될 수 있다고 생각한다. 이런 것들을 배우기 귀찮다며 회피하면 안 된다고 생각한다.

이런 생각을 하는 사람들에게 왜 그런지 자세히 설명해달라고 하면 대개 이렇게 말할 것이다.

"사람들이 가진 다양한 재능과 관심사를 인정하는 건 좋지만 무조건 수용하려는 태도는 위험하다. 모든 능력이 똑같은 가치를 지닐 수는 없다. 만약 그렇게 생각한다면 왜 학교에서 특정 과목을 더 잘하라고 요구하는가? 왜 아이들에게 억지로 첼로 연주를 시키고, 축구와 제2외국어를 배우라고 강요하는가?"

마땅히 배워야 할 것이 있다고 믿는 사람들은 '다양성을 인정하다 보면 반드시 배워야 할 것들에 소홀해질 수도 있다'고 믿는다.

사람들의 다양한 관심사를 인정한다고 해서 특정 분야에 무지해도 된다는 것은 아니다. 사람들이 보유한 다양한 지식과 지능은 여러 가지 용도로 사용된다. 특정한 정보와 기술 덕분에 여러 분야에서 발전이 이루어졌다. 때문에 학교에서 발전에 기여할 만한 내용을 가르치거나 특정 프로젝트에 필요한 공적 자금을 지원받는다. 따라서 우리는 아이들에게 자신의 가치나 개인적인 관심사, 선호하는 분야와 관련된 경험을 쌓도록 권장할 필요가 있다. 오늘날과 같은 과학 기술 시대에 제대로 적응해 살아갈 수 있도록 아이들이 관심이 있든 없든 기본적으로 수학을 가르치는 경우가 좋은 예다.

어떤 아이가 수학에 관심이 없어도 그것을 문제 삼지 않는다면 수학을 잘 못해도 지능이 낮다고 생각하지는 않을 것이다. 대신 그 아이가 다른 분야에 훨씬 더 관심을 갖고 있다는 사실을 인정하면 된다. 그 아이가 수학에서는 다른 아이들보다 뒤처질지 몰라도 그외 분야에서는 우수하다고 인정해주는 것이다. 그리고 그 아이의 수학적 지능이 낮다고 기정사실화하지도 말고, 특별한 지능이 다른 누구보다 우월하거나 열등하다는 식의 인식 자체를 하지 말아야 한다. 그래야만 비로소 다양성을 묵인하고 참는 게 아니라 진정으로 환영하며 인정할 수 있게 된다.

〈오래된 집This Old House〉이라는 TV 프로그램은 많은 시청자를 확보하고 있다. 이 프로그램은 집을 개조하는 방법을 알려준다. 하지만 이 프로그램의 시청자들과 달리 몇 시간 동안 골프를 치거나 프렌치 호른 연주하는 것을 좋아하는 사람들도 있다. 그런가 하면 팩시밀리 작동 원리를 알아내는 데 관심이 많은 사람도 있고, 별들의 움직임이나 애리조나 주 세도나에 있는 붉은 절벽의 형성 과정을 연구하는 사람도 있다. 퀼트로 패턴을 만들거나 제인 오스틴의 소설 속 등장인물에 관심을 갖는 사람도 있다. 만약 이런 다양한 부류의 사람들이 없다면 우리 사회는 단조롭기 짝이 없을 것이다. 우리가 진심으로 다양한 관심사와 그에 필요한 여러 가지 지능을 모두 소중히 여기게 된다면 그제야 비로소 우리와 다른 사람들도 똑같은 지적 존재로 대하게 될 것이다.

나도 모르는 나의 오류를 발견하고 대처하는 법

〈누가 백만장자가 되고 싶어 하는가?〉라는 프로그램의 출연자 이야기로 시작한 이번 장은 우리가 다른 사람들을 얼마나 자주 바보 취급을 하는지 보여준다. 사람들은 누군가가 당연히 알 만한 것을 몰랐다는 이유만으로 멍청하다고 치부해버린다. 하지만 이 경우 맹점은 지식의 부족이 아니다. 여기서의 맹점은 자신의 무지를 깨닫지 못한다는 점이다. 우리가 알고 있는 지식의 허점은 알아채기가 힘들기 때문이다. 이런 맹점은 우리가 직접 질문지도를 그려보고 이미 알고 있는 것과 알아야 할 것에 관한 목록을 작성해봄으로써 보완할 수 있다. 하지만 세상의 모든 지식을 아는 사람은 없으므로 우리가 특정 분야에 대해 모른다고 바보 취급을 하는 사람들을 대처할 전략이 필요하다. 사람들은 제각기 관심 분야가 다르고 그에 필요한 지능도 각양각색이다. 이것들을 모두 동등하게 인정할 수만 있다면 우리 자신이나 다른 사람들이 특정 분야에 대해서 잘 모를 수도 있다는 점을 너그러이 받아들이고 다른 분야에서의 우수한 재능을 칭찬할 여유가 생길 것이다.

3장

너무 익숙하면
오히려 보이지 않는다

'익숙한 것을 깨닫지 못하는' 맹점

몇 달 전 공항에 나가 친구를 태워오기로 하고는 전화로 얘기를 나누던 중이었다. 그런데 친구가 "아참, 너 차 색깔이 뭐니?"라고 갑자기 물었다. "잠깐만" 하고 수화기를 내려놓자 친구는 내가 남편에게 어떤 차를 타고 나갈지 상의하는 줄 알았던 모양이다. 하지만 수화기를 통해 들려오는 내 목소리를 듣고 친구는 깜짝 놀랐다.

"여보, 내 자동차가 무슨 색이죠?"

사람들은 대부분 특별히 주의하지 않더라도 자기 차 색깔이 뭔지 기억한다. 이 얘기를 들은 사람들은 "어쩌면 그렇게 바보 같을 수가 있을까?"라며 경악할 것이다. 색맹이 아닌 다음에야 매일 보는 자기 차의 색깔을 기억하지 못한다는 게 말이나 되는 얘긴가?

너무 익숙하면
보이지 않는 것들

내가 왜 그랬을까? 사람들은 왜 익숙한 것들을 오히려 더 알아차리지 못하는 것일까? 집에서 세 블록 떨어진 가게까지 매일 같은 길로 오갔는데 길가의 어떤 집이 갑자기 낯설게 느껴지는 것은 왜일까? 회사에서 집까지 차를 몰고 귀가하면서도 막상 집 앞에 도착해 생각해보면 지나온 거리 풍경이 전혀 떠오르지 않는 것은 왜일까?

주변의 모든 변화를 시시각각 파악하면서 살 수 있는 사람은 아무도 없다. 예를 들어 취업 인터뷰를 할 때 면접관의 말을 들으면서 동시에 실내 온도를 파악하고 입고 있는 스웨터에 콕콕 찔리는 느낌을 감지한다든가, 시곗줄의 차가운 금속성 느낌이나 에어컨이 돌아가는 소리와 창밖에서 새가 지저귀는 소리, 아래층에서 울리는 전화벨 소리를 동시에 감지하는 건 불가능하다. 이렇게 동시다발적으로 우리 주변에서 발생하는 감각들을 모두 걸러낼 수 없다면 머리가 터져버릴 것이다.

그렇다면 이런 감각들은 어떻게 걸러질까? 첫째로 우리의 감각은 익숙한 자극은 무시하고 새로운 자극만 감지한다. 예를 들어 집에 막 들어왔을 때는 집 안에 배어 있는 피자 냄새를 금방 인식할 수 있지만 조금 후에는 곧 익숙해져 더 이상 감지하지 못한다. 둘째로 개인에 따라 다른 사람보다 더 발달한 감각이 있다. 어떤 사람은 촉감보다는 소리에 더 민감해 따끔거리는 스웨터가 그다지 짜증스럽게 느껴지지 않을 수도 있다. 반면 시각이 민감해서 방 안의 온도나 소음에는 그다지 신경 쓰이지 않는 사람도 있다. 익숙한 것을 무시하려는 성향 때문에 다른 감각보다 특정 감각이 더 잘 발달해 우리가 잘 알아차리지 못하는 두 가지 맹점이 생기게 된다.

조금만 지나면 익숙해진다

감각의 적응력은 매우 유용해서 초저녁에 기적 소리에 '익숙해지면' 한밤중에도 방해받지 않고 잠을 잘 수 있다. 마을에 처음 들어서는 사람들은 지독한 냄새에 코를 막겠지만 제재소에서 일하는 사람들은 그 냄새에 익숙해져 무감각해진다. 이런 습관 덕분에 변화를 감지해야 할 경우 그것이 무엇인지 쉽게 알아챌 수 있다. 하지만 일단 어떤 변화에 익숙해지면 그것을 무시하고 또다시 다른 변화를 찾게 된다. 이런 습관은 장점인 동시에 단점이기도 하다. 서서히 일어나는 변화는 미처 알아채지 못한 사이 익숙해져버리기 때문이다. 요란한 기적 소리에 서서히 익숙해져 밤에 자면서도 의식하지 못하듯 피자 냄새가 아주 느리게 방 안으로 스며들면 이것 역시 알아채지 못할 수 있다. 익숙해진 소리나 냄새, 풍경을 잘 인식하지 못하듯 주변에 흔한 것들은 변화해도 알아채기가 어렵다. 그 때문에 경각심을 불러일으켜 주목하게 하기보다는 그냥 정상적인 것으로 받아들이게 한다.

텍사스 A&M 대학교의 학생과 교수, 직원은 최대 라이벌인 텍사스 대학교 팀과 매년 미식축구를 하기 전에 거대한 모닥불을 피우는 관습에 익숙해져 있었다. 100년 가까이 이어져온 이 전통에 따라 학생들은 수천 개의 통나무로 거대한 구조물을 세웠다. 그런데 1999년 11월 18일, 높이가 거의 16미터에 달하는 거대한 구조물이 갑자기 무너지면서 작업 중이던 학생 열두 명이 통나무에 깔려 죽고, 수십 명이 다치는 사고가 발생했다. 조사에 따르면 A&M 대학교의 직원 일부가 구조물 디자인과 설치를 맡은 학생 몇 명이 술을 마신 데 대해 우려를 표명했던 것으로 드러났다. 하지만 대다수 학생과 직원들은 통상적으로 해오던 일이라 안전사고를 전혀 우려하지 않았다. 전년도에 구조물을 설치했던 선배들의 감독 아래 후배들이 설치하는 전통에 익숙해져 있었기 때문이다. 전반적인 디자인이 정상으로 보였기 때문에 그들은 전혀 위험을 감지하지 못했던 것이다. 하지만 그 장면을 처음 본 외부 사람들에게는 안전상의 허점이 눈에 띄었을 수도 있다.

우리는 어떤 상황에서 전체 중 일부에만 익숙하더라도 정상적이라고 생각하고는 안심한다. 영화 〈캐치 미 이프 유 캔Catch Me If You Can〉[1] 은 프랭크 애버그네일Frank Abagnale을 가짜 예술가로 묘사했다. 그는 250만 달러가 넘는 부도수표를 발행했고, 전문직인 조종사나 의사 행세를 하기도 했다. 그가 저지른 사기 행각 중 유명한 것으로 우편 사기가 있다. 그는 우체부 유니폼을 사 입고 우편배달 가방을 멘 채 예치 창구deposit box 근처에 자리를 잡았다. 하루의 일과가 끝날 무렵 큰 가게의 상인들이 은행에 보낼 수표 영수증과 현금을 그곳에 집어 넣곤 했는데, 그는 그 속에 '수거함이 파손됐습니다. 예치금을 은행 심부름꾼에게 주십시오'라는 안내판을 붙여놓았다. 사람들은 아무런 의심 없이 가져온 돈을 우편배달 가방에 넣었다. 그는 친절하게 가방 을 열어주기까지 했다. 당시에는 영수증 예치가 관행이었고, 우체부 유니폼에 익숙했기 때문에 아무도 그를 눈여겨보지 않았다. 그는 나 중에 이렇게 말했다.

"수거함이 파손됐다면 금속 통에 구멍이라도 뚫렸다는 얘긴데, 그 게 말이나 됩니까?"

하지만 그 당시 아무도 이 점을 의심한 사람은 없었다.

적응력은 엄청난 장점이자 자산이다. 예를 들어 이 적응력 덕분에 인간은 빙하시대에도 살아남을 수 있었고, 전 세계의 다양한 기후대 에서 번창할 수 있었다. 하지만 이런 장점은 동시에 단점이 되기도 한다. 유용한 적응력 때문에 결국 너무 익숙해진 나머지 단점을 전혀 파악하지 못하기 때문이다.

마음속 변화에 둔감하다

우리에게 익숙한 경험은 대부분 내부에서 일어나는 생각이나 감정 등에 대한 경험이다. 다른 사람은 볼 수 없고 오로지 자신만 볼 수 있는 이런 경험들은 오히려 망각하기 쉽다. 언어학자 베라 존 스타이너Vera John-Steiner는 창조적인 사람들을 인터뷰한 결과 그들이 독창적으로 사고한다는 사실을 발견했다.[2] 소설가와 작가는 단어의 흐름으로 생각을 하는 반면 화가와 시인은 이미지로 생각하는 경향이 있다. 시인처럼 엔지니어도 이미지를 이용해 생각하지만 각 이미지를 별개의 장면으로 보는 시인과는 달리 엔지니어는 각 이미지들 간의 관계를 중시한다.

물리학자와 수학자도 수나 방정식, 함수로 생각하지만 이미지로 생각하는 사람도 많다고 한다. 예를 들어 블랙홀에 관해 생각할 때 수학이나 물리적 이미지로 생각하느냐고 묻자 우주철학자 마틴 리브스Martin Reeves는 이렇게 대답했다.

"물리적 이미지로 생각할 수 있을 경우엔 늘 그렇게 합니다. 방정식으로 사고하는 것보다는 그림과 도표를 이용해 생각하는 게 훨씬 더 쉽거든요. 그래서 블랙홀 바로 옆에 앉아 있었다면 과연 어땠을까 생각해봅니다. 블랙홀 근처에서 광선이나 힘이 어떤 영향을 받을지 상상해보는 겁니다."[3]

이처럼 뛰어난 인물들과의 인터뷰를 통해 베라 존 스타이너는 사람들이 다양한 형태로 사고한다는 것을 알 수 있었다. 하지만 "보통 어떤 식으로 사고를 하세요?"라고 사람들에게 물으면 선뜻 대답하지 못한다.

"주로 언어로 사고를 하나요, 아니면 이미지로 사고를 하나요? 이미지로 한다면 주로 어떤 이미지들로 생각하나요? 패턴으로 하나요, 스토리가 있는 여러 장면의 그림들로 하나요? 아니면 도형으로 하시나요?" 이런 질문을 했을 때 사람들이 즉시 대답을 하지 못하는 이유는 자기의 사고방식에 관해 생각해본 적이 없기 때문이다. 감정과 마찬가지로 생각은 우리 의식 속을 너무나 빠르게 스치듯 지나가기 때문에 포착하기가 매우 힘들다. 자신의 사고 과정을 탐색해보기 위해 어느 정도 물러서서 바라본 적이 없었던 것이다. 결국 우리는 어떻게 생각하는지, 무엇을 생각하는지 알아채지 못한다.

자신의 생각을 인식하지 못한다

다섯 살짜리 꼬마에게 "뭘 생각하니?"라고 물어보면 아이가 자신의 생각을 전혀 의식하지 못하고 있음을 볼 경우가 있다. 그런 질문에 아이가 즉석에서 뭔가 지어내서 말하는 것을 보면 그런 대답이 실제로 그 아이의 마음속을 스치고 지나간 생각이라기보다는 그냥 내 질문에 대답하기 위해 꾸며낸 것이라는 느낌이 든다. 아이들을 대상으로 연구를 하다 보면 유치원 아이들의 마음이 백지 상태임을 알 수 있다. 발달심리학자 존 플라벨John Flavell과 그의 동료들은 한 연구에서 아이들에게 자기 집에서 치약이 놓여 있던 방을 떠올려보라고 한 후 바로 아이들이 생각하고 있는 것을 연구원들에게 말해보라고 했다.

실험에 참여했던 다섯 살짜리 아이들은 모두 욕실이나 치약을 떠올리지 못했다.[4]

이에 반해 어른은 아이보다 자신의 생각을 들여다보며 더 잘 설명할 수 있다. 이런 능력은 사춘기 이후에 비약적으로 향상된다. 하지만 자신의 사고를 들여다볼 수 있는 능력이 비약적으로 발전함에도 불구하고 우리는 대부분 자신의 마음속에서 어떤 생각이 진행되고 있는지 거의 의식하지 못한다.

그럼에도 우리의 사고 내용은 삶에 큰 영향을 미친다. 철학자 샘 킨Sam Keen은 이렇게 말한다.

매일 아침 잠에서 깨어나 다음과 같은 질문을 자신에게 한다면 인생이 얼마나 달라질지 상상해보라. 어디 가서 헤로인 한 대를 맞을 수 있을까? 내가 하느님께 어떻게 봉사를 할까? 이웃 사람이 어떻게 생각할까? 우주가 생겨나던 빅뱅의 순간에 무슨 일이 있었을까? 누가 나를 사랑해줄까? 어떻게 하면 권력을 잡을 수 있을까? 우리의 적을 어떻게 섬멸할 수 있을까? 어떻게 하면 돈을 많이 벌 수 있을까? 누가 내 친구일까? 어떻게 하면 편히 지낼 수 있을까? 암은 치유가 가능할까? 어떻게 하면 유명해질 수 있을까? 오염된 지구를 어떻게 정화할 수 있을까? 내 아이들에게 먹일 음식을 어디서 구할까?[5]

스스로 무슨 생각을 하는지 엿보거나 들을 수 없기 때문에 우리 마음속에서 어떤 생각이 오가는지 알려면 의도적으로 노력을 해야 한다. 이것은 프로이트가 말한 것처럼 마음속 깊이 감춰진 무의식적인 사고, 느낌, 동기 등 심리적 고통의 밑바닥에 있는 것들을 찾아내자는 것이 아니라 그냥 손쉽게 이용할 수 있는 자료를 파악해보자는 것이다. 의식적인 사고나 감정, 믿음이 마음속에 또렷이 나타났다가 사라지는 경우가 종종 있지만 머무르는 시간은 극히 짧다. 마치 해변에 남겨진 발자국처럼 그런 자취는 다음에 밀려올 파도에 휩쓸려 사라진다. 그와 마찬가지로 우리의 사고도 다음번 사고나 감정에 의해 지워지거나 주의력이 분산되며 씻겨 없어진다.

바로 그 때문에 마음속에 떠오른 것들을 바로 기록함으로써 '의식의 흐름'을 포착하려고 노력하게 된다. 그런데 가끔은 자기가 적어놓은 것을 보고 놀라면서 "내가 그런 식으로 생각하는 줄 몰랐어요"라거나 "그렇게 생각한 걸 미처 알지 못했어요"라고 말한다. 자신과 비슷한 친구를 찾는 것도 그 때문이다. 친구와 대화를 나누다 보면 친구의 생각보다는 자기 자신의 생각을 더 잘 알 수 있게 된다.

사고와 학습 방식을 의식하지 못한다

사람들은 대부분 자신이 사고하는 과정을 의식하지 못하면서도 무의식중에 특정한 사고방식이나 학습 방식을 선호한다. 예를 들어 전체적인 그림을 먼저 포착한 다음 더 복잡한 세부 사항으로 사고가 옮아가는 사람이 있는가 하면 거꾸로 세부적인 사항을 파악한 다음이들을 조합해 큰 그림으로 발전시키는 식으로 사고하는 사람도 있다.[6] 우리는 문제를 해결하기 위해 자신도 모르는 사이에 전략을 습관적으로 사용하곤 한다. 이 경우 전문가는 초보자와 달리 전략과 세부적인 실천 방안을 갖춘 채 이를 사용할 기회를 잘 포착한다. 하지만 전문가조차도 특별한 상황에 처하면 자신이 어떤 전략을 왜 선택했는지 의식하지 못한 채 거의 직관적으로 대처하기도 한다.

전문가들도 우리가 새로운 기술이나 독서법을 배울 때 생각하는 방식을 좀 더 의식하는 게 도움이 된다고 인정한다. 교사들은 1, 2학년 학생들이 '자신의 사고 과정을 관찰하는' 문제를 접할 때 각자가 어떤 방식으로 사고하는지 더 면밀하게 의식하도록 가르치라는 지침을 받고 있다. "너 '거피guppy(송사릿과의 열대 담수어)'라는 단어를 아니?"라고 한 선생님이 아이에게 묻는다.

"그 단어가 눈에 띄었니? 그걸 보고 무슨 생각을 했지?"

교사는 아이들이 처음 보는 단어를 접했을 때 각기 다른 방식으로 반응할 수 있다는 점을 이해시켜야 한다. 대답을 회피하면서 딴짓을 하는 아이도 있을 것이고, 오히려 단어의 뜻을 물어보는 아이도 있을 것이다. 하지만 일단 아이들이 여러 가지 방식 중에서 자신만이 사용하는 방법을 의식하게 되면 교사는 아이들 각자에게 가장 도움이 되는 방식을 선택할 수 있을 것이다.

어른도 자신의 사고방식에 대한 의식을 강화함으로써 문제 해결에 도움을 받을 수 있다. 성공적인 사업 계획이나 수업, 휴가 계획을 짤 수 있는 전략을 의식하면 향후 그런 일을 수행할 때 더 효과적인 방법을 찾기 위해 의식적으로 그 전략을 활용하게 된다. 이를 학습 방식에 적용하면 학습 효율을 높일 수도 있다. 일례로 어떤 일을 하려고 할 때 다른 사람이 하는 것을 보면서 설명을 듣고 따라 할 때 이해가 가장 잘 된다면 굳이 혼자 집에 앉아 책을 보며 컴퓨터 프로그램이나 정원 손질법을 배우려 하지는 않을 것이다. 그런 사람은 초청 강의를 듣거나 워크숍에 참석하는 게 오히려 낫다.

내 차 색깔이 뭐였지?

사람들은 무엇엔가 익숙해져서 감지하지 못하기도 하지만 무심해서 못 알아채는 경우도 있다. 특정 감각이 다른 감각에 비해 더 발달된 사람들은 다른 유형의 감각적 자극을 무시해버린다. 나처럼 자기 차 색깔도 기억하지 못하는 사람은 분명 시각적 유형이 아니기 때문일 것이다. 내 친구 에벌린은 어느 날 화가인 딸 캐서린과 함께 초원을 바라보다 일어난 일을 얘기해주었다. 이른 봄날의 시골 풍경에는 상록수의 검푸른 색과 초원 풀밭의 연두색, 떡갈나무 잎사귀의 화사한 초록색 등 온갖 초록색이 어우러져 있었다. 캐서린이 그걸 보고는 감탄해 소리쳤다.

"어쩜 저렇게 초록색이 여러 가지일까?"

에벌린은 내게 이렇게 말했다.

"캐서린이 한 말을 듣고 보니 그제야 비로소 조금씩 다른 초록색이 눈에 들어오더라고. 매일 그 초원을 바라봤지만 한 번도 보지 못했던 그 많은 초록색들이 갑자기 눈에 들어오더라니까."

이 얘기를 듣고 나는 '화가는 세계를 그렇게 바라보는가 보다'라고 생각했다. 내가 일상적으로 보던 것을 캐서린은 전혀 다른 시각으로 바라봤다는 게 놀라웠다. 아마도 어린 시절부터 캐서린은 세상을 색과 형태, 빛으로 보아왔는지도 모른다.

사람마다 보는 방식이 제각각 다르다. 청력에 이상이 없거나 시각 장애가 없는 한 우리는 감각 정보를 소리와 시각을 통해 받아들인다. 우리는 누구나 운동 감각이 있어서 공간 속에서 몸의 위치를 의식할 뿐만 아니라 더위나 추위, 압력이나 통증을 통해서도 몸을 인식한다. 하지만 대부분은 시각이 가장 발달되었다. 베라 존 스타이너가 한 인터뷰 결과로 짐작해볼 때 화가와 엔지니어는 시각적 이미지로 사고할 뿐 아니라 다른 사람들보다 세계를 시각적인 형태로 지각하는 능력이 뛰어나다는 것을 알 수 있다.[7] 이처럼 화가와 엔지니어는 보통 사람보다 형태에 민감한 반면 음악가는 소리에 더 민감하다. 그날 아침 캐서린과 함께 초원을 바라보던 사람이 음악가였더라면 새들의 미묘한 노랫소리를 더 민감하게 받아들였겠지만 '제각기 다른 여러 가지 초록색'은 알아채지 못했을 수도 있다. 촉감에 민감한 사람이었다면 얼굴에 와 닿는 부드러운 바람이나 시원한 풀밭의 느낌, 맨발에 전해지는 질퍽한 진흙의 촉감을 더 민감하게 의식했을 것이다.

한 가지 감각이 다른 것에 비해 지배적일 때 세상에서 경험하는 것들은 마치 여과지를 통과한 것처럼 보인다. 어떤 사람의 여과지에는 주로 형태와 색상이 통과하고 촉감은 걸러져서 전달되지 않을 수도 있다. 또 다른 사람에게는 소리가 여과지를 잘 통과해 들리지만 시각적인 이미지는 희미하게 보일 수도 있다. 다른 자극은 완전히 무시하면서 특정 형태의 자극만 민감하게 감지하는 성향은 또 다른 맹점을 낳는 주요 원인이 될 수 있다.

전략
빈약한 감지력 보완하기

우리가 감지하는 것들이 걸러지고 있음을 깨닫지 못한다면 이를 보완할지 여부를 결정할 수 없다. 이와 마찬가지로 자신의 학습 방법이나 사고방식을 인식하지 못하면 학습 효율을 보다 높여줄 정보를 활용하기 어렵다. 자신의 맹점을 보완하려면 먼저 그 맹점이 무엇인지부터 알아야 한다. 그렇다면 맹점은 어떻게 발견할 수 있을까?

[전략 1] 부족한 감각 파악하기
다른 사람들이 자신을 비웃거나 조롱할 때 사용하는 어휘를 유념해 들어보면 본인의 어떤 감각이 무딘지 알 수 있다. 누구나 다 본 것을 혼자만 못 봤거나, 방 안의 모든 사람이 들은 내용을 자신만 못 들은 경우 다른 사람들보다 시각과 청각이 떨어지는 게 아닌지 의심해봐야 한다.

때로는 이와 반대로 접근해 자신의 장점을 파악할 수도 있다. 주전자에 물을 채우는 간단한 행위에 대해 한번 생각해보자. 사람들은 대부분 주전자에 물이 가득 찬 것을 보고 알지만, 귀를 주전자에 가까이 갖다 댄 채 물이 차올라 오는 것을 듣고 아는 사람도 있다. 어떤 사람은 주전자에 물이 2분의 1이 찼는지 4분의 3까지 찼는지를 무게로 가늠하기도 한다. 경험을 통해 알게 된 이런 판단 방법은 시각적인 단서뿐만 아니라 무게나 소리처럼 다른 방식으로도 가능하다.

보통은 잘 의식하지 못하지만 우리가 사용하는 언어가 가장 지배적인 감각을 반영하기도 한다. 언어학자 리처드 밴들러^{Richard Bandler}와 존 그라인더^{John Grinder}[8]는 가족 주치의인 버지니아 사티어^{Virginia Satir}가 효과를 본 방법을 알아보기 위해 그녀의 비디오테이프를 연구했다. 이들은 테이프를 보면서 그녀가 가족 구성원들과 대화를 나눌 때 각자의 대화 스타일에 잘 맞춘다는 점을 발견했다. 가족 중 한 사람이 "제 얘기가 뭔지 그려지시죠?"라거나 "그 그림이 뭔지 이해되시죠?"라고 물으면 사티어는 시각적인 이미지를 사용해 "이렇게 생각하시는 것 같네요"라고 대답하곤 했다. 또 다른 가족이 "당신 얘기를 들으니 이렇게 말씀하시려는 것 같네요"라고 하면 사티어는 그 사람처럼 청각적인 감각으로 반응을 보였다. 그중에 "이렇게 해야 할 것 같은 느낌이 들어요"라거나 "그 사람이 나한테 말한 게 정말로 와 닿았어요"라고 하는 사람이 있으면 그에 맞는 감각을 이용해 대응했다. 이 가족처럼 우리는 자신을 표현하는 데 특히 어떤 감각에 주로 의존하는지 실마리를 찾을 수 있다.

사람들은 주변 환경에서 자신이 어떤 측면을 잘 감지하는지 그다지 주목하지 않는다. 하지만 자신의 지배적인 감각이 무엇인지 의도적으로 알려고 노력해보자. 산책하러 나가서 공원에 혼자 앉아 있는다거나 세탁한 빨래를 개는 등 집중력이 그다지 필요 없는 일을 해보자. 5분마다 타이머가 울리도록 설정해놓고 매번 어떤 감각 때문에 주로 방해를 받는지 관찰해보자. 개고 있는 세탁물의 온기가 주로 의식되는지, 비에 젖은 도로를 지나가는 자동차 소리가 귀에 거슬리는지 확인해보자.

자신이 어떤 것에 주목하는지 깨달으면 '부족한 것이 무엇인지' 알 수 있다. 그래서 본인이 시각적 감각이 떨어진다고 생각되면 의도적으로 주변에서 일어나는 것들을 유심히 살펴보자.

[전략 2] 익숙한 것을 새롭게 보기

자주 접하는 것은 금세 익숙해지기 때문에 습관화된 것을 새롭게 경험해볼 방법을 찾아야 한다. 장시간 캔버스에 그림을 그리는 화가는 그 그림에 이미 익숙해져 새로운 시각으로 보기 힘들다. 일부러 평소와 다른 위치에 서서 바라봄으로써 예상치 못한 구도를 포착하는 화가들도 있다. 이들은 계단 모퉁이를 돌아 현관에 걸린 작품을 보다가 불현듯 새로운 면을 발견하기도 한다.

익숙한 것을 새로운 각도에서 볼 수 있는 능력은 창조력의 원천이다. 이런 방법을 이미 터득한 사람들을 보면 원래 그런 능력을 타고난 것 같지만 사실 누구나 그렇게 할 수 있다. 친숙한 상황에서 좀 더 가까이 다가가서 보고 들으려고 노력하자. 그리고 이렇게 자문해 보자.

"이전에는 눈에 잘 안 띄던 것들 중 새롭게 보이는 게 뭐가 있지?"

[전략 3] 낯선 사람들과 대화하기

친숙한 상황을 새롭게 보려면 그 상황에 익숙하지 않은 사람과 얘기를 나눠본다. 일본 교환학생에게 미국의 대학 강의가 일본과 어떻게 다르냐고 물었더니 내가 기분이 상할까 봐 대답을 하지 못하고 망설였다. 그래서 프랑스 대학에서는 교수가 담배를 피며 강의하기도 한다는 예를 들려주었다. 그랬더니 학생이 알겠다는 듯 "맞아요, 수업 시간에 교수님이 콜라를 마시는 걸 보고 놀랐어요. 일본에서는 교수님이 수업 시간에 뭔가를 먹거나 마시는 일이 없거든요"라고 대답했다. 프랑스 교수의 행동을 보고 내가 충격을 받았듯 그 일본 학생에게 내가 강의 중 콜라를 마신 것을 보고 놀랐다는 얘기를 듣자 기분이 썩 좋지는 않았다.

가족, 문화, 종교, 사회적 계층, 종사하는 분야가 모두 다른 상황에서는 서로에게 낯선 측면이 있게 마련인데, 그 때문에 종종 다른 가능성이나 기회를 포착하기도 한다. 입사한 지 얼마 안 된 신입 사원들이 기존 직원들은 너무 익숙해져 보지 못하는 회사의 특정한 면을 더 객관적으로 볼 수도 있는 것도 이 때문이다. 새로 맞아들인 가족이 때로는 뛰어난 관찰력을 발휘하기도 한다.

"샐러드에 들어가는 재료를 왜 그렇게 잘게 썰죠?"

내 동서 조이스가 물었다. 난 그냥 "어머니가 늘 그렇게 하셨거든요"라고 대답했다. 나중에 어머니를 뵙고 조이스가 다시 그 이유를 묻자 어머니는 이렇게 대답하셨다.

"아 그거, 의치를 하고 난 후 먹기가 편해서 그렇게 잘게 썬 거란다."

나름대로 이유가 있었음에도 나는 너무나 익숙한 나머지 물어볼 생각조차 하지 않은 것은 물론 어머니가 지금은 의치를 뺐는데도 습관처럼 여전히 샐러드를 잘게 썰었던 것이다.

[전략 4] 자신만의 학습 방법 찾기

자신에게 가장 알맞은 학습 방법을 찾으려면 과거에 새로운 걸 배울 때 본인이 어떤 방식을 선택했는지 생각해보면 된다. 예를 들어 자연분만을 할지 여부를 놓고 고심 중인 사람은 다음과 같은 방법을 생각할 것이다.

- 도서관에 가서 자연분만에 관한 책들을 쌓아놓고 혼자 공부한다.
- 산부인과 의사를 찾아가 상담한다.
- 그 분야에 경험이 있는 사람과 이야기를 나누어본다. 전문가는 아닐지라도 이미 자연분만을 해본 다른 엄마와 얘기해본다.
- 판단에 도움이 될 만한 소설이나 영화를 보고 참조한다.

- 자연분만에 관한 강연회나 세미나에 참석한다.
- 그냥 자연분만을 해서 어떤지 직접 경험해본다.

이 같은 방법은 베트남전에 대한 이해라든가 박쥐 집짓기에 이르기까지 다양한 문제에 적용해볼 수 있다. 배우는 방법을 자유롭게 선택할 수 있다면 본인이 어떤 방식을 선호할지 자문해보라. 지금까지 겪었던 최고의 경험과 최악의 경험을 돌이켜보는 것도 자신만의 학습 방법을 찾아내는 데 도움이 된다. 어떤 방법이 가장 좋았고, 어떤 방법이 가장 나빴는지 생각해보는 것이다.

[시야 넓히기] 좋은 경험과 나쁜 경험

이런 맹점은 개인 생활을 넘어 각 문화권의 관습에까지 영향을 미친다. 예를 들어 미국에서는 어릴 때부터 혼자 자는 게 관습이기 때문에 전혀 이상해 보이지 않지만 아이가 엄마나 아빠와 한 이불을 덮고 바짝 붙어서 자는 일본 가족에게는 낯설어 보일 것이다.

익숙해지면 자연스러운 현상으로 간주하는 특성 때문에 어렸을 때 끔찍한 경험을 자주 하면 마치 그것이 정상인 것처럼 받아들이게 된다. 매일 밤 맥주 한 상자를 마셔대는 아빠의 모습이나 허리띠로 아이를 때리는 엄마의 모습이 그런 예다.

때로는 자신의 사회적인 계층과 성별, 인종적 특성 때문에 아예 고등교육을 포기하거나 전문직을 구할 엄두조차 내지 않는 경우도 있다. 이런 태도는 자기 분수를 아는 것을 당연하게 생각하는 사회 풍토 때문이다. 야간 대학 교수 한 분이 내게 심리학 박사 과정을 밟지 않겠냐고 물었다. 내가 웃음을 터뜨리자 그분은 "뭐가 그렇게 우스워요?"라고 물었다. 나는 갑자기 쑥스러워져서 얼버무리듯 대답했다.

"모르겠어요. 저 같은 사람이 어떻게 박사학위를 넘볼 수 있겠어요."

그 교수는 수위의 딸이라도 박사 공부를 하지 말란 법은 없다면서 내 마음을 완전히 바꿔놓았다.

하지만 우리는 대부분 사태의 심각성이나 변화의 가능성을 보지 못한다. 이미 익숙해져 자신이 처한 상황이 정상적이거나 필연적으로까지 보이기 때문이다.

사람들은 자신이 하는 일에 익숙해지기 때문에 나쁜 행동도 자연스럽게 받아들인다. 예를 들어 가게에서 물건을 훔치는 일은 상상도 못하는 사람이 컴퓨터 소프트웨어는 친구에게서 빌려 주저 없이 복사한다. 적은 액수의 뇌물을 받는다거나 물품 보관함에서 복사용지 몇 장쯤 훔치는 건 일상적 관행이 되어버린 상황에서는 그야말로 익숙한 게 정상으로 여겨진다. 한번은 교사가 사물함을 조사하다가 한 남학생이 다른 학생들의 학용품을 잔뜩 훔쳐다 모아놓은 것을 발견했다. 교사는 학생의 부모를 불렀는데 학교에 온 아버지는 자기 아들이 한 짓을 보고는 기가 막혀 했다.

"우리 애가 왜 이런 짓을 했는지 모르겠네요. 집에 가면 제가 회사에서 가져온 종이와 연필, 사무용품이 널려 있는데 말이에요."

익숙한 것을 정상적인 것으로 인식하게끔 만드는 적응력은 인간에게는 유용한 능력이다. 하지만 때로는 이런 적응력 때문에 값비싼 대가를 치르기도 한다.

우리와 같은 환경에서 성장하지 않았거나 오랜 시간에 걸쳐 그런 환경에 적응한 사람이 아닐 경우 그들에게는 분명히 드러나 보이는 것들이 우리에게는 보이지 않을 수도 있다. 자신에게는 약점이 되고 다른 사람에게는 피해를 줄 수도 있는 상황에 익숙해져버리면 맹점으로 인해 치러야 하는 대가는 점점 더 커진다.

놓치기 쉬운 감각을 감지하고 키우는 법

다른 사람이 보면 놀랄 만한 일도 이미 그 일에 친숙해진 우리에게는 보이지 않는다. 바쁘고 복잡한 내면세계 역시 제대로 파악하지 못하고 놓치는 경향이 있다. 생각과 느낌은 우리의 의식에 잠깐 동안 떠올랐다가 사라지므로 의식에는 거의 자취를 남기지 않는다. 이외에도 개인적인 차이가 여과지처럼 작용해 다른 사람들은 감지하지 못하는 특정한 면을 포착할 수 있도록 해주기도 한다. 맹점을 보완하기 위해 제시한 이런 전략들을 통해 우리는 어떤 유형의 정보가 걸러지는지 알 수 있으며 이미 익숙해진 것들을 새로운 관점에서 바라보게 된다. 개인 생활뿐만 아니라 주변에서 일어나는 비정상적인 일들도 자주 접하다 보면 자연스럽게 익숙해져 마치 정상인 것처럼 보는 맹점이 생긴다.

모든 인간에게 내재된
최악의 맹점에서
풀려나기

'내 모습을 볼 수 없는' 맹점

프린스턴 대학교 신학과 학생들을 대상으로 유명한 실험이 실시됐다. 이 실험에서 신학대생들은 각자 준비한 설교를 하기 위해 다른 건물로 가야 했는데 시간이 촉박해 서둘러야 했다.[1] 그날 설교의 주제는 착한 사마리아인의 우화였다. 이 우화에 등장한 불운한 사람은 강도를 당한 데다 심하게 두들겨 맞고 길옆에 방치되어 있었다. 지나가는 사람들 중 아무도 그를 돕지 않았지만 여행 중이던 낮은 신분의 사마리아인이 그에게 손을 내밀었다고 한다. 이 실험은 신학대생들이 설교를 하러 가려면 반드시 지나쳐야 하는 건물 앞에 아픈 사람을 눕혀놓고 학생들의 반응을 살펴보는 것이었다. 물론 아픈 척 누워 있는 사람은 이 실험의 참가자였다. 그렇다면 착한 심성을 지닌 신학대생들이 우화에 나오는 사마리아인처럼 가던 길을 멈추고 도움의 손길을 내밀었을까? 아니면 각자 중요한 일에만 신경을 쓰느라 아픈 사람을 모른 척 지나쳤을까? 실험 결과 서둘러 설교하러 가던 학생들 중 단 한 명만이 도움의 손길을 내밀었다.

　그렇다면 황급히 서둘러 가서 전달하려고 했던 메시지와 본인의 행동이 얼마나 상충되는지 신학대생들은 왜 알아채지 못했을까? 이런 행동은 제삼자가 보기에는 너무도 명확한 모순이다. 하지만 이 실험을 주관한 사람들은 아쉬운 듯 말했다. "한 신학대생은 마음이 급한 나머지 아픈 사람을 그냥 타 넘고 지나가기까지 했습니다!"[2]

자신의 맹점을
못 보는 이유

사람들은 이런 맹점에 대해 다양한 반응을 보이는데, 자신을 아는 게 얼마나 힘든 일인지 쉽게 인정하는 사람도 있고 다른 사람들이 무의식적으로 저지르는 행동을 보고 놀라워하는 사람도 있다. 우연히 자신을 좀 더 명확히 볼 수 있는 기회가 주어진다면 오히려 맹점으로 인한 자신의 행동에 더 놀랄지도 모른다.

사람들은 "저 친구, 자기 모습 좀 봤으면 좋겠어!"라며 안타까워한다. 파티에서 이 무리 저 무리 사이로 돌아다니는 남자를 보며 사람들이 수군거린다. "저 사람 자기가 무슨 짓을 하는지 정말 모르나 봐."

그 남자가 여기저기 기웃거리며 다가가 뭐라고 요란하게 떠들기 시작하면 모여 있던 사람들이 슬며시 흩어지는 것 같았다. 신학대생들의 경우처럼 다른 사람들 눈에는 분명하게 보이는 것을 그 남자는 알아차리지 못한다. 이는 자기 차의 사각지대에 다른 차가 있는 것도 모르고 차선을 바꾸다가 접촉 사고를 내는 운전자와 흡사하다. 이 경우 우리는 도로가에 선 채 그 장면을 바라보고 있는 셈이다. 다른 사람의 사각지대에서 벗어나 있는 우리는 그 차를 확실하게 볼 수 있다.

자신을 보지 못하는 맹점은 우리가 평생 자기 모습을 직접적으로 볼 수 없기 때문에 생긴다. 거울을 통해 보거나 자신의 행동을 기록해놓은 것을 보지 않는 이상 우리 몸은 눈앞에 두고 볼 수가 없다. 물론 팔다리 정도는 볼 수 있지만 몸 전체의 이미지와 얼굴 표정은 결코 자신의 눈으로 직접 볼 수가 없다. 그래서 남들 눈에는 너무나 잘 보이는 것을 당사자는 놓칠 수밖에 없다. 오랫동안 습관적으로 해온 특이한 행동을 본인은 모르지만 낯선 사람은 단 몇 분 만에 알아챈다.

이처럼 자신의 행동을 인식하지 못하는 맹점을 보완할 대안이 있다. 운동선수는 경기 전에 비디오를 보며 연구하고, 음악가는 자신의 음악을 녹음해 다시 들어본다. 강사는 자신의 교수법을 비디오로 촬영하고, 구직자는 가상 인터뷰를 녹음해 들어본다. 이런 방법들은 큰 도움이 되기는 하지만 일상생활에서 행동으로 옮기기가 쉽지 않다. 자신이 직장 동료나 의뢰인, 아이들이나 첫 번째 데이트 상대에게 어떻게 말하는지 알아보려고 비디오테이프로 녹화하지는 않기 때문이다. 결국 우리는 다른 사람들을 어떻게 대하고 있는지, 그들에게 어떻게 비쳐지고 어떤 영향을 주고 있는지 알지 못한다.

우리는 흔히 다른 사람들이 우리의 말이나 행동을 별다른 의심 없이 받아들일 것이라고 믿는데, 아무런 근거도 없이 그렇게 믿는 모습을 보면 오히려 당황스럽다. 내 친구가 자신이 아는 사람에 대해 이렇게 말하는 것을 들은 적이 있다. "그 여자는 자기 미모가 대단한 줄 아는데 내가 보기엔 평범하더라고."

이와 달리 자신에 대해서 지나치게 비관적인 사람들이 주변에 한두 명은 있게 마련이다. 운동을 잘하면서도 운동신경이 둔하다고 생각하는 사람이나 자신감이 없는 아이, 스스로 회의에 빠져 늘 승진에서 탈락하는 컴퓨터 엔지니어가 그런 예다. 이들은 자신의 이미지가 나쁘다고 생각한다. 더구나 주변 사람들이 결코 그렇지 않다고 해도 진심으로 받아들이지 않는다. 반대로 다른 사람들이 우리가 생각하는 것만큼 그렇게 대단하지 않다고 말해줘도 믿지 않는다.

마시라는 여성이 있다. 그녀는 자신을 마더 테레사처럼 진실하고 자기희생적인 인물로 여기면서 자신보다는 다른 사람들을 항상 먼저 배려한다고 생각한다. 어른이 된 이후부터는 이처럼 쭉 실천하기 힘든 이미지를 유지하며 살려고 했다. 그녀는 자존심 때문에 자신도 다른 사람들과 다를 바 없다는 것을 인정하려 하지 않았다. 속이 좁고 소심한 성격인 그녀가 이타심을 발휘한 것은 진심으로 타인을 배려해서라기보다는 그것이 타인의 칭찬과 인정을 받을 수 있는 수단이었기 때문이다. 끊임없이 남에게 베풀고 그들의 처지를 이해하려 애쓰는 과정에서 그녀는 솔직하지 않은 사람이 되었다. 자신이 진정으로 생각하고 느끼는 것과는 전혀 다른 모습, 즉 겉과 속이 다른 모습을 보여준 것이다. 차라리 자신이 마더 테레사에 버금간다는 믿음을 벗어던졌더라면 오히려 도움이 되었을 것이다. 자신이 얼마나 착한 사람인지 날마다 보여주려는 노력을 소모적으로 하지 않아도 되었기 때문이다. 그러나 한편으로는 그러한 노력을 포기하는 대가도 치러야 했을 것이다. 직장 동료들이 더 이상 자기에게 고마워하거나 의존하려 하지 않은 채 멀어질지도 모른다는 생각에 두려웠을 수도 있다. 교회에서도 사람들이 더 이상 그녀의 너그러움을 칭찬하지 않을 것이다. 그녀는 고뇌에 사로잡힌 채 자신의 지난 20년을 돌이켜보며 자기희생이 이렇게 무의미했던가 싶어 후회했을 것이다. 하지만 세상 사람에게 보여주고 싶은 그릇된 이미지를 유지하기 위해서였다면 전혀 그럴 만한 가치가 없었다.

전략
자신을 보는 방법

[전략 1] '우연한' 관찰 활용하기

우연한 기회에 다른 사람에게 비친 자신의 모습을 발견하는 경우가 있다. 부모는 자녀들이 하는 말을 우연히 엿듣다가 자신의 모습을 자각하기도 한다. 여자 아이는 자기 손에 인형을 꼭 쥔 채 주의를 주며 과잉보호하는 엄마 흉내를 낸다. 또 남자 아이는 함께 노는 친구에게 지시를 할 때 권위적인 아버지 흉내를 낸다. 자신을 보지 못하는 맹점은 매우 심각해서 우리가 주변에서 흔히 보는 광경에서 자신의 모습을 쉽게 발견할 수 있음에도 알아채지 못한다. 하지만 다른 사람의 눈에 비친 자신의 모습을 발견하면 충격을 받을 수도 있다.

내 강의를 듣는 케이시라는 학생이 이렇게 말한 적이 있다.

"제가 20대였을 때 정말 건방졌던 것 같아요. '난 모든 걸 흑백으로만 봐. 내게 회색 따위는 없어'라면서 제가 굉장히 세련됐다고 착각했거든요."

그러던 그녀가 결혼으로 많이 바뀌게 되었다고 하기에 '케이시는 자기랑 정반대인 사람과 결혼했을 거야. 자기와는 전혀 다른 사고방식을 가진 사람이었을 테니까'라고 나 혼자 지레짐작했다. 그런데 그런 내 생각은 보기 좋게 틀렸다. 케이시는 오히려 자기와 비슷한 사람과 결혼했다. 그렇다면 결혼 후 케이시는 어떻게 바뀌었을까? 그녀는 이렇게 말했다.

"남편의 행동이 나와 비슷하다는 걸 알기 전까지는 제가 다른 사람에게 어떻게 비쳐지는지 잘 몰랐어요. 그런데 남편의 말과 행동을 보고 제 잘못된 관점을 바꿔야겠다는 생각이 들었어요. 그래서 내가 모든 것을 다 알고 있으니까 내 뜻을 절대로 굽히지 않고 어떤 논쟁에서든 '한 가지 관점으로만' 보려고 했던 기존의 태도를 바꾸어 남의 말에 귀를 기울이고 배우려고 했죠. 그러자 친구와 가족, 동료들이 내 생각을 훨씬 더 잘 받아준다는 것을 알았어요."[3]

하지만 타인에게서 자신의 모습을 '우연히 발견'한다고 해서 자신을 인식할 가능성이 높아지는 것은 아니다. 예를 들어 어떤 사람은 형제자매에게 원하지도 않는 조언을 해주려 할 수도 있다. 자기 스타일로 조언을 해주는 오빠를 보면서 여동생은 자신과 오빠는 사고와 행동 방식이 다르다고 생각해버린다. 자신이 남들에게 오빠처럼 조언할 때는 염려와 관심 때문이라고 강조하면서, 정작 오빠가 조언을 해줄 때는 오빠가 한가해서 자기 일에 참견한다거나 천성이 군림하기 좋아하기 때문이라고 간주해버린다.

다른 사람에게서 우연히 자신의 모습을 발견하면 그 사람에게 비친 자기 모습이 어떨지 생각해보고 고칠 부분은 없는지 살펴봐야 한다. 그러려면 먼저 과거로 되돌아가 이렇게 자문해보아야 한다. '오빠가 내게 조언해주는 모습이 어땠지?' 그리고는 그 모습에서 자신과 오빠가 서로 비슷하다는 것을 우선 깨달아야 한다. 오빠의 이미지가 바로 자기 모습의 일부라는 점을 왜 인정하기 힘든지 알면 부족한 부분을 찾아내 더 완벽한 자신을 만들 수 있다. 때로는 그런 자기 모습을 반성할 여유까지 생겨 타인에게서 발견한 자신의 모습을 부질없이 부인하려 했던 과거의 행동을 부끄럽게 여길 것이다. 이를 통해 비록 마음에 들지 않는 모습이라도 그것이 어쩔 수 없는 자신의 일부임을 깨달아야 한다.

[전략 2] 타인으로부터 피드백 받기

때로 다른 사람의 눈이 더 정확할 수 있다. 그들은 우리가 어떻게 행동하고 말하며 영향을 주는지 소중한 정보를 제공한다. 그러므로 다른 사람으로부터 유용한 피드백을 받으면 우리의 맹점을 어느 정도 보완할 수 있다. 그런데 다른 사람에게 피드백을 구하는 게 생각만큼 쉬운 일은 아니다. 창조성 코치인 에릭 마이즐^{Eric Maisel}은《두려움 없는 창조^{Fearless Creating}》⁴에서 예술가들이 시대를 잘못 만나 엉뚱한 사람에게 자기 작품을 너무 빨리 노출시키는 바람에 작품에 관한 유용한 피드백을 제대로 얻지 못해 위기에 처한 사례를 예로 제시한다. 다른 사람에게 피드백을 많이 받을수록 본인에게는 도움이 되지만 피드백을 받기 전에 이런 질문을 먼저 해볼 필요가 있다.

[질문 1] 현재 자신에게 필요한 피드백은 무엇인가?

마이즐은 창조적인 작업을 할 때 중요한 시점마다 자신에게 필요한 게 무엇인지 자문해보라고 말한다. 전체적인 방향을 뒷받침할 방법을 찾기 위해 시장조사나 대략적인 개요 정립, 기본 개념 설정, 디자인 요점 파악 등 초기 단계 작업을 강화할 생각이라면 굳이 지엽적인 것에 관심이 많거나 냉소적인 사람들에게 피드백을 요구할 필요는 없다. 이들은 보고서 앞부분 몇 장이나 개요만 읽어보고는 전체 프로젝트가 불완전하다며 잠재적인 문제점만 잔뜩 찾아낼 것이기 때문이다. 또 아직 뿌리도 못 내린 채 겨우 새싹만 틔운 사업안이 뭉개져버릴 위험도 있다. 하지만 시간이 지나 프로젝트가 잘 진행되고 있을 때는 이런 사람들이 큰 도움이 된다. 세부적인 것을 따지는 사람들은 적절한 시점에 원하는 것을 정확히 짚어내 도움이 되는 피드백을 제공할 것이다. 냉소적인 사람들도 프로젝트의 허점이나 취약한 부분을 식별해내는 데 도움을 준다.

마이즐은 주로 예술가를 중심으로 언급했지만 다양한 분야에서 활동하는 사람들에게도 그의 접근 방식을 적용할 수 있다. 자신의 이미지를 더 정확하게 파악하고 다른 사람들에게 미치는 영향을 고려해 일을 진행하려 할 때 어떤 형태의 피드백이 가장 도움이 되고, 그런 피드백을 누구에게 받을 것인지 생각해야 하기 때문이다.

[질문 2] 믿을 만하고 객관적인 조언자를 찾을 수 있나?

타인의 조언을 겸허하게 받아들이려면 상대가 어느 정도 '내 편'인 믿을 만한 사람이어야 한다. 또한 조언에 관한 지식이 있고 관찰력이 예민하며 솔직하면서도 비판적인 태도를 갖추어야 한다. 하지만 이런 사람이라도 상대에게 허심탄회하게 조언하기란 쉽지 않다.

권력을 가진 사람들에게는 진심을 말하기 두렵고 꺼려진다. 그래서 자신의 행동이 조직에 어떤 영향을 미칠지 전혀 모르는 CEO도 있다. 동료에게 피드백을 구할 때 우리는 상대방이 경쟁심과 질투심 때문에 유용한 정보를 정확하게 제공하지 않을 거라 생각할 수도 있다. 혹은 자신이 불리한 입장이 되지 않을까 우려할 수도 있다. 남들 좋은 일만 하고 자신은 약점만 노출시키는 게 아닐까 의심하기 때문이다. 친구나 가족은 공공연히 우리를 감싸주기도 하지만 대놓고 비판할 수도 있다. 그래서 자신의 맹점을 보완할 만한 방법을 취하려면 용기와 더불어 신중하게 판단해야 한다.

내 친구 주안Juan은 어느 정찬 모임에서 연설을 한 후 호텔 정원을 거닐면서 자기 연설이 어땠는지 내게 의견을 물었다. 그럭저럭 괜찮긴 했지만 썩 훌륭하다는 생각은 안 들었던 터라 감정이 상하지 않도록 조심하면서 좋았던 점 몇 가지와 미흡해 보였던 점 한 가지를 제안하는 식으로 얘기해주었다. 내 얘기를 들은 그는 한동안 말없이 화단의 장미를 감상하듯 우두커니 서 있더니 이렇게 말했다.

"매들린, 오늘 한 연설을 내일은 더 많은 사람 앞에서 해야 돼. 난 오늘보다 더 낫게 하고 싶어. 그러니까 어떻게 하면 될지 솔직하게 얘기해줄래?"

이 말을 듣고 나는 속에 담아두었던 생각을 모두 털어놓았다.

[질문 3] 달갑지 않은 조언에 귀 기울일 수 있는가?

칼린의 열네 번째 생일을 축하하기 위해 레스토랑에 간 적이 있는데, 이 자리에서 아이들이 뜻밖의 피드백을 해주었다. 부드럽게 거품이 인 버터가 예쁜 무늬의 도자기 컵에 담겨 있었는데, 모양이 마치 샤워크림이나 치즈와 비슷해 혼동할 수도 있을 것 같았다. 그래서 아이들이 볼 수 있도록 버터를 들고서는 "칼린, 데이비드, 이건 버터란다"라고 말해주었다. 아마도 평소 강의할 때처럼 뭔가 가르치려는 말투로 얘기한 듯하다. 식사를 하는 동안 아이들은 내 말투를 흉내 내며 계속 놀려댔다. 웨이터가 롤빵을 가져오자 칼린이 점잖게 말했다.

"애, 데이비드, 이 바구니에 든 게 뭔지 아니? 빵은 아닌 것 같은데, 그치?"

그러자 열한 살인 데이비드가 목소리를 길게 빼며 대구했다.

"누나, 그건 롤이야. 먹을 수 있는 거라고."

아이들이 놀려대는 모습을 보면서 나는 또 과잉보호하는 엄마의 모습을 보이고 말았음을 깨달았다. 그 후 몇 년이 지난 뒤에도 도가 지나치다 싶으면 아이들은 그때 이야기를 하며 나를 놀리곤 했다.

사람들은 가장 소중한 피드백을 쉽게 받아들이지 못하는 경우가 종종 있다. 아이들은 때로 "엄마, 또 시작이야?"라고 두 눈을 치켜뜨며 대꾸하곤 한다. 이럴 때는 조롱하는 듯한 아이들 눈을 똑바로 쳐다보기가 힘들다. 자신의 결점을 지적해주려는 사람에게 마음을 활짝 열기란 생각만큼 쉽지 않다. 하지만 달갑지 않은 피드백이 소중한 경우도 있기 때문에 마음을 열어둘 필요가 있다. 그렇다고 다른 사람에게 받은 피드백을 무조건 수용하지 말고 다음과 같은 질문을 먼저 해보는 것이 좋다.

[질문 4] 상대방의 관점은 타당한가?

다른 사람에게 피드백을 받은 후에도 할 일은 많다. 우리가 만든 작품, 우리가 하게 될 하키 경기, 다른 사람의 눈을 통해 본 우리의 회의 진행 스타일 등을 파악한 후에는 상대방의 피드백이 얼마나 타당한지 평가해볼 필요가 있다. 상대방이 잘못된 시각으로 파악해 피드백을 제공한 경우에는 쓸 만한 몇 가지만 수용하고 나머지는 버리거나 나중에 사용하기 위해 따로 보관해둘 수도 있다. 여러 사람으로부터 피드백을 받아야 할 경우도 있는데, 이때는 어느 정도 객관적인 것들만 간추려내면 된다.

그러려면 요령이 필요하다. 우리는 자기 자신을 맹신하는 경향이 있기 때문에 여러 사람이 제시한 피드백 중에서 어떤 게 옳은지 결정하기가 쉽지 않기 때문이다. 더구나 다른 사람이 제공한 피드백을 거부할 때, 그것이 별 쓸모가 없어서인지 아니면 인정하기가 싫어서인지 명확히 구분하기도 힘들다.

[전략 3] 자신에 대한 믿음 점검하기

자신에 대해 보다 심도 있게 파악하려면 외적으로 드러난 이미지를 관찰하는 것 외에 스스로 어떤 유형이라고 생각하고 있던 기존의 믿음을 되짚어볼 필요가 있다. 사람은 누구나 자신에 대해 여러 가지 믿음을 갖고 있다. 어떤 사람은 정원 가꾸는 데는 소질이 있지만 지도를 읽는 데는 서툴다고 생각한다. 자신이 아름답다거나 평범한 외모라고 생각하는 사람도 있다. 때로는 자신에 대한 이런 믿음이 올바른 경우도 있지만 친구나 선생님, 동료에게 자기 생각을 얘기하면 모두 두 눈을 치켜뜨면서 그렇지 않다고 극구 부인할 수도 있다.

사람들은 자신의 능력, 특히 자신의 삶에 영향을 미치는 능력이 있다고 확신한다. 한번은 곤경에 처한 한 친구를 돕기 위해 친구 몇 명이 모여 합리적인 해결책을 알려준 적이 있다. 하지만 그 친구는 "안 돼, 난 그렇게 못해"라고 완강하게 말했다. 만약 '다른 사람들'이라면 일을 적게 하고 지출을 줄이기도 하며 가족에게 더 많은 것을 요구하거나 어떤 문제에 대해 이웃 사람들과 허심탄회하게 얘기를 나누었을지도 모른다. 하지만 그 친구는 자신이 그렇게 할 수 없다고 스스로 믿고 있었다. 그렇다고 본인에 대한 믿음을 의식하지 못하기 때문에 한계에 갇히는 것은 아니다. 우리를 구속하는 것은 다른 사람에게 어떤 모습으로 보일지, 다르게 행동하면 어떤 일이 일어날지, 무언가가 잘못되지는 않을지를 우려해 새로운 가능성을 즐길 여유가 없기 때문이다. 여러 가지 다른 대안이 있을 때에도 그런 대안을 선택할 수 없다는 고정관념 때문에 스스로 한계에 갇히는 것이다.

'학습된 무기력'이라는 유명한 연구에서 마틴 셀리그먼^{Martin Seligman}은 사각형 격자 마루에 서 있는 개들에게 가벼운 전기 충격을 주었다. 전기 충격이 가해지기 전에 벨 소리를 들려주기는 했지만 개들은 갇혀 있는 공간에서 벗어날 방법이 없었다. 그는 전기 충격에서 벗어날 방법이 없음을 반복 실험을 통해 보여준 다음 다른 울타리 안에 개들을 넣었다. 벨 소리가 들리면 전기 충격을 피해 쉽게 뛰어넘을 수 있을 정도의 낮은 울타리였지만 개들은 벨 소리를 듣고도 울타리를 뛰어넘지 않았다. 개들은 스스로 아무것도 할 수 없다는 것을 이미 학습했기 때문에 속수무책으로 전기 충격의 고통을 참고 견딜 수밖에 없었던 것이다.[5]

이 연구를 통해 알 수 있는 것은 누군가가 곤경에 처한 경우 다른 사람들이 보기에는 빠져 나올 방법이 많은데도 정작 본인은 학습된 무기력 때문에 전혀 보지 못한다는 것이다. 그렇다면 다른 사람 눈에 가능해 보이는 해결책이 본인에게도 가능한 것처럼 여겨지려면 어떻게 해야 할까?

[질문 1] 불가능해 보이지만 만약 시도해본다면 어떻게 될까?

일단 그전과 다르게 행동해보면 가능한 일을 스스로가 부정했던 이유를 알 수 있다. 심리적으로 행동을 위축시키는 다음과 같은 질문을 만들어놓고 연습을 하면 도움이 될 것이다.

- 어머니의 뜻에 맞서면 어떻게 될까?
- 아들에게 너무 가까이 다가가면 어떻게 될까?
- 직장을 그만두면 어떻게 될까?
- 사장에게 내 주장을 좀 더 고집하면 어떻게 될까?
- 동료들 면전에서 반박을 하면 어떻게 될까?
- 내 불행한 결혼 생활을 인정하면 어떻게 될까?

무엇이 됐든 위 질문에 대해 대답이 될 만하다고 생각되는 게 있으면 적어보자. 치료사들이 재앙환상이라고 하는 증상에 대한 본인의 반응이 드러날 것이다. 재앙환상이란 만약 자신의 행동이 바뀔 경우 우려하던 일이 벌어질지도 모른다고 두려워하는 환상을 말한다. 만약 위 질문에 대한 본인의 대답에서 두려움이 드러난다면 다음 질문을 해본다.

[질문 2] 물에 발만 담글까, 풍덩 뛰어들까?

1970년대에 치료사들은 고객에게 그들이 가장 두려워하는 것을 실제로 해본 후 본인이 느끼던 재앙환상이 실제로 나타나는지 알아보도록 했다. 실제로 일어날 일에 대해 필요 이상의 과도한 공포감을 느낀다고 생각했기 때문이다. 하지만 이런 시험 결과 실제 일어날까 봐 두려워했던 최악의 사태가 발생하는 경우도 가끔 있었다. 이 정도까지는 아니더라도 많은 사람이 마치 물이 가득 찬 수영장에 아무 준비 없이 뛰어드는 듯한 두려움에 아무런 행동도 취하지 못했다.

우리는 가장 두려워하는 일을 하는 대신 그런 두려움이 근거가 있는 것인지 알아보기 위해 맛보기 정도의 실험을 해볼 수도 있다. 사장이 내린 지시에 정면으로 반박했다가 해고되지 않을까 두렵다면 사장의 기분이 상하지 않도록 얘기할 수 있는 다른 방법을 찾거나 사장과 관계가 좋은 다른 경험자에게 자문을 구할 수도 있다. 이것은 로버트 케건과 리사 라헤이의 '안전성 테스트'라는 접근 방법으로, 위기를 최소화하기 위해 수영장에 온몸을 담그는 대신 일단 발목까지만 넣어보는 것이다.[6]

[질문 3] 스스로 설정한 이미지가 오히려 방해가 되는가?

앞에서 언급한 연습을 통해 우리가 보인 반응에서 중요한 점은 무엇일까? 자신을 변화시킨다면 무엇을 잃고 무엇을 얻을까? 우리가 가장 좋아하는 자신의 이미지는 무엇인가? 위 실험을 통해 이런 문제의 답을 알 수 있다. 항상 자기보다는 다른 사람을 먼저 생각하는 마시가 이런 질문에 답을 한다고 생각해보자. '마더 테레사처럼 되려는 생각을 포기하면 어떻게 될까?' 누군가로부터 터무니없는 부탁을 받으면 이번에는 마음속의 분노를 그대로 표출할까? 그럴 경우 그동안 성자처럼 유지해오던 이미지에 먹칠을 하게 될까 봐 두려움에 사로잡힐 수도 있을 것이다. 혹은 마시처럼 우리가 가장 중요하다고 생각했던 자신의 이미지가 그다지 중요하지 않다는 사실을 깨달을 수도 있다. 그동안 마시는 친절하고 너그러우며 사려 깊은 이미지가 자신의 가장 중요한 가치라고 생각해왔다. 사실 마시는 그런 가치를 지니고 있었고, 그에 맞춰 성공적으로 살아왔다. 하지만 그녀는 자신의 동기를 지나치게 단순화했다. 자기 동기의 긍정적이고 존중할 만한 측면만 보았기 때문이다. 따라서 그녀의 진정한 동기는 단지 그런 이미지의 일부에 불과했던 것이다. 모든 사람에게 좋은 평을 들으며 그들의 비난을 피하고자 한 자신의 동기가 바람직한 게 아니라는 사실을 그녀는 미처 깨닫지 못했던 것이다.

바람직하지 않은 동기가 있었음을 깨달은 마시는 더 진실한 사람이 될 수 있었다. 그녀는 남들이 도움을 요청하지 않았는데도 자신이 먼저 도와주겠다고 나섰다는 사실을 알고는 이 무의식적인 성향을 자제하는 방법을 배웠다. 실제 마음보다도 더 관심 있는 것처럼 행동하고 싶은 충동을 느낄 때면 의도적으로 자제함으로써 자신의 행동과 실제 감정 사이의 거리를 가능한 한 좁힐 수 있게 되었고, 심지어 남들의 부탁을 거절하는 경우도 생겼다.

실제 마음과 겉으로 보여주고 싶은 자신의 모습 사이에 차이가 있음을 발견할 때가 있다. 물론 그런 이미지가 마시의 마더 테레사 경우와는 전혀 다를 수도 있다. 이를테면 타인의 도움을 전혀 필요로 하지 않는, 그야말로 독립적인 사람이라는 이미지를 가질 수도 있고,

결코 좌절한 적이 없는 지도자나 언제나 자신이 넘치는 지도자라는 이미지를 가질 수도 있다. 어떤 이미지든 그것이 진짜 자신의 이미지인지 제대로 평가해볼 필요가 있다. 그런 이미지가 진정으로 본인이 원하는 것인지 매일 매순간 자문해보아야 한다. 불가능한 기준에 맞춰 살아가려고 진정한 다양성을 드러내지 못한 채 자신의 이미지를 왜곡시키기보다는 본인에 대해 좀 더 정확히 알려고 노력하는 것이 중요하다.

[전략 4] 자신을 위해 좀 더 많은 시간을 투자하라

우리는 스스로가 무엇인가를 할 수 없는 무기력함을 느낄 때 "그렇긴 하지만……"이라는 표현을 자주 사용한다.

"난 남들에게 내 생각을 강하게 주장하거나 직장 생활을 편하게 하려고 동료들에게 도움을 요청하는 짓은 못해요"라고 말하는 사람이 있다. 다른 사람은 별다른 거부감 없이 하는 이런 일들을 도저히 못한다고 완강하게 부인하는 이런 사람들은 자신의 능력을 과소평가하는 것이다.

직장에서 '일을 덜 하는 것'은 자신의 기준을 낮추는 것이기 때문에 그럴 수 없다며 업무 스트레스를 그대로 떠안고 사는 사람들을 생각해보자. 이들은 "나는 완벽주의자예요. 그게 바로 내 모습이거든요"라고 말한다. 하지만 누군가가 "그런 기준을 한 번도 바꿔본 적이 없나요?"라고 물어보면 곰곰이 다시 생각해본 후 그런 적이 있다고 대답할 것이다. 다양한 환경에서 우리가 스스로 정한 기준을 적어도 약간만이라도 수정할 여유가 생긴다면 우리가 하고 있는 일을 바꿀 수 없다는 고정관념이 서서히 바뀔 것이다.

지금과 다르게 행동할 수 없다고 주장하는 사람들은 그런 행동이 윤리적으로 잘못됐기 때문이라며 자신의 무력감을 유지하고 심지어 강화하려 한다. 내가 아는 한 젊은 고등학교 교사는 교사 생활 3년 만에 완전히 지치고 말았다. 내가 보기에 그는 자신에게 너무 많은 것을 요구하는 것 같았다. 하루에 12시간씩 일하는 그는 학생들의 작문 실력을 향상시키려고 동료 교사들보다 훨씬 더 많은 과제물을 학생들에게 내주었고, 주말이면 과제물을 검토하고 자세하게 피드백해서 되돌려주느라 새벽부터 저녁 늦게까지 많은 시간을 쏟아 부었다. 뿐만 아니라 수업과는 별도로 학교신문 지도교사 역할도 떠맡았다. 이처럼 정규 교과 이외에 학생들의 과외 활동을 돕는 데 열정을 쏟아 붓는 모습이 안쓰러워 동료 교사들이 작문 과제물을 줄이거나 학교신문 일을 학생 편집장에게 맡기라고 권유했지만 그는 학생들에게 최선을 다해야 한다며 막무가내였다.

그렇다면 그 교사가 깨어 있는 시간을 대부분 학생들에게 쏟아 붓지 않고도 최선을 다할 방법은 없을까? 나는 그에게 학생들에게 헌신하면서도 학교 바깥에서 자신만의 삶도 잘 영위하는 다른 교사를 참조하라고 말해주고 싶다. 훌륭한 선생님이 되려면 그처럼 사생활을 모두 희생하는 방법밖에 없는지 자문해볼 필요가 있다. 만약 내가 "훌륭한 선생님이 되려고 학생들에게 모든 것을 쏟아 부은 채 결혼도 안 하고 가족도 없이 수도승 같은 생활을 하면서 개인의 관심사나 취미를 모두 포기하고 살아야만 하나요?"라고 묻는다면 그렇지는 않다고 대답할 것이다. 그러고는 학생들에게 헌신하는 것이 과연 무엇인지, 좋은 교사가 되기 위해 어느 정도까지 해야 하는지 생각해볼 기회를 가질 것이다.

개인적인 책임감과 자신을 보는 방법

친구들을 도우려고 조언을 해주어도 번번이 "그렇긴 하지만……" 이라며 거부당한 경험이 있을 것이다. 지금까지와는 다르게 행동할 수 있음에도 그런 사실을 믿지 않으려 할 때 사람들은 자신을 합리화한다. 왜냐하면 변하지 않으려는 자신에 대해 비난해서는 안 된다고 생각하기 때문이다. 그들은 다른 방식으로 행동했다가 오히려 잘못되면 어떻게 책임을 질 수 있겠냐며 변명을 할 것이다.

내 친구 데이비드는 자기가 운영하는 육아 센터에서 보조원으로 일하는 한 대학생에 관해 얘기해주었다. 그 여학생은 아이들은 잘 돌보았지만 자주 지각을 했고 때론 아예 출근조차 하지 않았다. 데이비드가 가장 화가 나는 것은 그녀의 변명 때문이었다. "시험공부하느라 새벽 4시까지 잠을 못 잤어요. 전 장학금을 받아야 하기 때문에 시험을 잘 봐야 하거든요. 그래서 일하러 나오지 못했어요." 데이비드는 벼락치기를 하지 말고 평소 시간을 잘 짜서 미리 시험 준비를 하면 어떻겠냐고 조언해주었다. 그러자 그 여학생은 현재 생활 방식과 성격 때문에 그렇게 할 수 없다며 구차한 변명을 늘어놓았다.

합리적인 해결책을 실현하기 불가능하다고 주장할 때 통상적으로 그로부터 벗어나는 유일한 방법은 문제 상황을 아예 없애는 것이다. 우리는 흔히 "만약 의붓자식들이 나와 함께 살지 않는다면, 사장이 나를 못살게 굴지 않는다면, 직장 동료들이 나를 기꺼이 도와준다면 모든 게 잘 풀렸을 텐데……"라고 아쉬워한다. 하지만 이런 기적을 행할 수 없기 때문에 우리는 무기력하게 허우적댈 수밖에 없다. 자신의 능력을 인정하려 하지 않는 맹점을 극복하지 못하면 다른 대안이 없다. 그러는 사이에 우리는 달리 방법이 없다고 불평하면서 부모나 동업자, 친구나 사장, 배우자에게 화를 내곤 한다.

[시야 넓히기] 국가적인 실책

자신을 보지 못하는 게 개인들만은 아니다. 기업이나 종교 단체, 국가처럼 사람들이 모여 사는 집단이 다른 집단과 마주치면서 어떻게 행동해야 할지 보지 못하는 경우도 흔하다. 2001년 9월 11일 테러범의 공격을 받은 후 미국인들은 당혹스러운 의문을 품게 되었다. "왜 그들은 우리 미국인들을 미워하지?"라는 의문이었다. 다른 나라 사람들은 미국인의 이런 의문에 놀라움을 금치 못했다. 미국이 다른 나라의 관점을 그처럼 몰랐다는 데 놀란 것이다. 그동안 미국은 다른 나라의 분노를 불러일으키는 오만한 태도를 종종 보여주었기 때문이다.

얼마 전에 기업 컨설턴트이자 밀리언셀러 저자가 연설하는 세미나에 참석한 적이 있다. 그는 기업체 미팅에서 강연을 할 때 엄청난 강사료를 요구했다. 그런데 이 사람의 특징 두 가지가 강연 도중 명확히 밝혀졌다. 첫째, 이 사업가는 자본주의를 신봉했다. 강연을 시작하면서부터 그는 자신이 자본주의의 신봉자라는 사실을 자랑하며 자부심을 보였다. 둘째, 그는 오만함을 경멸한다고 강한 어투로 강조했다. 그러면서 오만한 CEO들을 비웃는 여러 가지 사례를 들려주었다. 하지만 시간이 흐르면서 이 두 가지 특징이 나타나 강연의 흐름이 이상해졌다. 그는 준비한 강연 내용에서 벗어나 즉흥적인 발언을 했는데, 이를 통해 그의 의식이 어떻게 흐르는지 알 수 있었다. 그는 잠시 숨을 돌린 후 2001년 9월 11일 테러 이후 사회가 얼마나 혼란스럽고 엉망이 됐는지 논평을 하기 시작했다.

"그러니까 저는 방금 세계경제포럼에 참석했습니다. 흥미는 있었습니다만 여러 나라 인사의 연설을 듣고 있다 보면 혼란스러워지기도 합니다. 아, 그러니까 이건 미리 준비한 내용은 아니지만 어쨌거나 많은 사람이 미국인들을 꽤 오만하다고 생각하는 것 같습니다. 전 그 점에 대해 사실 어떻게 받아들여야 할지 잘 모르겠습니다. 세계 인구의 4분의 3이 굶주리고 있지만 세계은행협회에서 100만 달러를 구호 기금으로 내놓았고, 엘튼 존도 자신의 공연을 통해 구호 기금을 마련 중입니다. 미국의 역할에 대한 제 믿음은 변함이 없지만 다른 나라 연사들은 다소 견해가 달라 보였습니다."

이쯤에서 그는 다시 준비해온 내용으로 화제를 바꾸었다. 그의 논평은 참 묘했다. 자신의 믿음이 다른 사람들의 믿음과 다르다는 점에 대해 불안해하며 어떻게든 자신의 믿음을 지켜내려는 것처럼 보였다. 자신의 믿음에 변화가 없다고 하면서도 행여 그것이 흔들릴까 봐 불안해하는 모순에 빠져 그 점을 파악하지 못했다. 우리 역시 자신의 맹점에 눈뜨는 과정에서 아마 이런 기분을 느끼지 않을까? 하지만 이런 점들에 대해 곰곰이 생각해보아야만 자신이 흔들리고 있다는 것을 인정할 만한 통찰력과 용기를 갖출 수 있다. 그는 오만함을 끔찍하게 싫어한다고 해놓고는 세미나에 참석한 여러 나라 연사들처럼 자신 역시 오만한 태도를 보였을지도 모른다는 점을 얼핏 깨달으면서 당황했던 것이다.

나는 그가 자신의 내면적 동요에 어떻게 대처했는지는 모르지만 그 같은 상황에서 위협받고 있는 자신의 믿음을 옹호하고 싶은 욕망은 대단히 유혹적이다. 우리는 위험해 보이는 새로운 인식을 흔히 무시하거나 억압하려 한다. 이 새로운 인식이 무엇인지 곰곰이 생각하며 그로부터 영향을 받도록 자신을 방치해두는 사람은 거의 없다. 한때 우리가 그토록 확신했던 것이 흔들리며 심적 혼란을 겪는 동안 새롭게 파악한 맹점을 보완하는 방법을 찾을 수 있다면 큰 도움이 될 것이다. 우리를 위로해주거나 맹점을 파악하는 게 얼마나 중요한 일인지 인정해줄 사람, 그리고 우리의 부족한 점을 고칠 수 있도록 용기를 주고 존중해줄 누군가와 이야기를 나눌 수만 있다면 삶에 큰 변화를 줄 수 있을 것이다.

그 같은 지원을 받으면 자신이 보지 못했던 오만함도 인정하게 된다. 하지만 그런 지원을 받기란 쉽지 않다. 그 기업 컨설턴트의 동료들이 그에게 어떤 반응을 보일지 한번 상상해보자. 그와 비슷한 신념을 가진 동료들은 미국이 위협받고 있다고 믿으면서 미국이 오만하다고 생각하는 다른 나라 사람들의 생각에 코웃음을 칠 것이다. 그들은 다른 나라 사람들이 미국인을 부러워하고 질투하기 때문에 앙심을 품고 있다며 이 문제를 그냥 무시해버리려 할 것이다. 하지만 이런 생각은 다른 나라 사람들을 이기적이라며 공격하는 것이며, 우리가 부인하려 했던 사실, 즉 미국이 얼마나 오만한 나라인지 말해주는 확실한 증거가 될 수 있다.

그렇다면 미국이 오만하다고 생각하는 사람들과 그 기업 컨설턴트가 맞부딪친다면 어떻게 될까? 그들은 기업 컨설턴트가 힘들게 지키려던 관점을 인정하지 않을 것이다. 자신들은 이미 오래전부터 알고 있던 사실을 그는 그토록 오랜 세월 동안 전혀 모르고 지냈다는 사실에 일종의 우월감마저 느낄 수도 있다. 그런 식의 우월감에 사로잡혀 생색을 내는 사람들과 마주치면 자신의 신념과 자존심을 유지하기가 힘들다. 자신의 믿음에 의문을 제기하고 수정하려면 심리적인 완충지대가 필요하다. 개인이나 국가 모두 자신의 맹점을 인정하기란 결코 쉽지 않다.

[고정관념] 알게 되면 저절로 변한다?

로버트 케건은 진정으로 자신을 안다는 것은 우리에게 필요한

'정보inform'를 얻는 것이라기보다는 그런 정보를 바탕으로 '변화transform'를 일으키는 것이라고 말한 바 있다.[7] 브래드라는 청년의 예를 들어보자. 그는 박학다식하고 명민하며 자신감에 찬 만물박사였다. 브래드는 〈누가 백만장자가 되고 싶어 하는가?〉에서 답을 맞히지 못하는 출연자들을 보며 답답해했다. 그는 한 여성 출연자가 자신의 육감을 믿지 못하고 관객들의 투표 결과에 따르자 그녀를 비웃었다. 관객들이 선택한 것은 오답이었기 때문이다. 하지만 나중에 그 쇼에 직접 출연한 그는 다른 출연자들이 허를 찔리고 난 뒤 한 말을 되풀이했다. "집에서 풀 때와 많이 다르네요."

만약 브래드가 자신의 진정한 모습을 보지 못한다면 쇼에 출연했던 경험도 그를 변화시키지는 못할 것이다. 그는 집 안의 편안한 소파에서가 아니라 방송에 직접 출연해 질문에 대답하는 것이 어떤 것인지 알게 되었다. 하지만 그런 경험도 그를 변화시키지 못할 수도 있다. 쇼 프로그램에서 그가 문제를 못 맞혔다고 다른 사람들이 비웃으면 그는 이렇게 반박할 것이다. "편안하게 소파에 앉아서 볼 때는 얼마나 긴장되는지 전혀 모른다니까요."

그전에는 문제를 못 맞히는 사람들을 멍청하다고 생각했던 만물박사가 쇼에 출연했을 때의 그 긴장감이 어떤 것인지 알고 난 후에는 쇼에 출전해본 적이 없는 사람들의 생각까지 조롱하게 되었다. 사람들은 대부분 새로운 경험을 지식으로 확장시키기는 하지만 자신에 대한 근본적인 인식은 변하지 않고 남아 있다.

어떤 사람이 "경험이 그렇게 좋은 선생이라면 나는 벌써 박사학위

두세 개는 땄을 거야"라며 탄식하는 소리를 들은 적이 있다. 우리는 경험이 우리 인생에 엄청난 영향을 미친다는 사실을 알고 있다. 하지만 나이가 들어도 현명해지지 않는 사람도 많다. 지혜는 경험을 통해 정보를 얻는 데서 끝나지 않고 그를 통해 변화할 때만 생기는 것이다. 즉 경험을 통해 새로운 자신을 발견하고 새로운 것을 깨달을 때 비로소 얻을 수 있다. 물론 경험을 통해 우리 자신을 좀 더 잘 알고, 더 분명히 볼 수도 있지만 그렇게 될 확률은 크지 않다. 자기 인식의 단계까지 갔다가도 너무 낯설고 불쾌해서 서둘러 빠져나옴으로써 처음 도전하기 전의 심리 상태로 후퇴할 수도 있다.

라디오 토크쇼 진행자인 러시 림보Rush Limbaugh가 약물중독 재활센터에서 5주간 치료를 받고 난 뒤 이런 현상이 발생했다. 림보는 민주당원들을 강경하게 비판한 공화당원이었는데 이 치료 기간 동안 중요한 것을 깨달은 모양이었다. 그는 자신이 무의식적으로 타인의 행동에 영향을 미칠 수도 있다는 것을 알았다. 일례로 치료가 끝난 후 첫 공중파를 탄 방송에서 림보는 이렇게 말했다.

"앞으로는 사람들이 무엇을 원하는지, 그들에게 무엇을 해주고 싶은지 미리 생각하지 않기로 했습니다. 다른 사람들을 행복하게 해주느라 내 인생을 더 이상 소모하지는 않을 겁니다. 이젠 내 감정을 억누르며 다른 사람들의 감정에 맞추는 일은 없을 겁니다. 이제까지 해온 것만으로도 충분하니까요."[8]

림보는 과거에 남들을 만족시키고 즐겁게 해주려 하면서 느꼈던 무기력감에 회의를 느낀 것 같았다. 치료 이후 그는 과거와 다른 생활 방식을 선택할 수 있었고, 그랬다면 큰 변화가 있었을 것이다.

하지만 무의식적 신념에 이끌리듯 그 역시 단순히 경험을 한 가지 더 한 것에 불과했다. 그는 민주당원들에게 공화당원도 좋은 사람이라고 아무리 설득해봤자 부질없는 짓임을 깨닫게 됐다고 라디오 청취자에게 말했다. 왜냐하면 민주당원은 공화당원의 진실한 면을 수용하기 어려운 동기와 감정을 갖고 있기 때문이라고 했다. 림보는 사람들이 자신의 인식을 왜곡시키는 신념을 갖기도 한다는 점을 민주당원들의 성향 분석에 적용했지만 정작 자신의 정치적 신념에는 적용하지 않았다. 민주당원에 대해 왜곡된 인식을 갖게 만든 자신의 숨겨진 감정과 동기는 알아채지 못한 것이다.

물론 민주당원에 관한 림보의 말이 완전히 틀린 것은 아니다. 어느 면에서는 그가 옳을 수도 있다. 분명 민주당원 중에는 공화당원의 입장을 곡해하는 사람이 있을 것이다. 공화당원이 자신들이 지적이고 윤리적이라고 맹목적으로 믿는 것처럼 민주당원 역시 나름대로의 맹점이 있을 것이다. 하지만 러시도 자기 나름의 맹점이 있다. 약물 치료를 받고 난 후 첫 방송에서 그가 새롭게 발견한 자신의 내면에 대해 아직까지 깊이 있게 생각하지 못했다는 인상을 받았다. 자신의 맹점에 대해 깨달은 내용보다는 민주당원과 공화당원 간의 관계에 대해 새롭게 발견한 내용으로 일관함으로써 결국은 변화되지 않은 과거의 자신으로 남아 있었기 때문이다.

나 자신을 있는 그대로 바라보는 법

착한 사마리아인을 주제로 설교를 하러 서둘러 가느라 정작 도움이 필요한 사람을 외면했던 신학생들의 이야기는 자신의 모습을 전혀 볼 수 없는 맹점의 좋은 사례다. 이런 맹점을 보완하기 위해 다른 사람들에게 피드백을 받는 것이 좋지만 이것 또한 쉬운 일은 아니다. 이 장에서 제시한 여러 가지 전략들은 유용한 피드백을 받을 수 있는 방법을 제시한다. 이 중 일부는 우리가 믿고 있는 자신의 이미지를 객관적으로 바라보는 데 초점을 맞추고 있다. 그중에서도 특히 우리가 가진 힘과 영향력에 관한 맹목적 믿음을 집중적으로 다뤘다. 2001년 9월 11일 테러 공격 이후 미국인들이 제기한 "왜 그들은 우리를 미워하는가?"라는 질문은 개인뿐만 아니라 국가도 맹점에 관한 한 스스로를 명확히 보기가 어렵다는 점을 보여주었다.

5장

'주관적인 편견'의
강력한 늪에서
빠져나오기

'타인의 관점으로 보지 못하는' 맹점

라디오 생방송 쇼를 구경하러 간 적이 있다. 방송 직전에 진행자인 마이클 펠드먼Michael Feldman이 나와서 프로그램 진행 중에 그가 질문을 하면 어떻게 대답할 것인지 물었다. 그리고 "이전에 라디오 생방송 프로그램에 한 번도 참석해본 적이 없는 사람은 몇 명이나 되나요?"라고 그가 묻자 방청객 중 약 3분의 2가 손을 들었다. 손을 든 방청객을 둘러본 후 마이클이 고개를 끄덕이며 다시 물었다.

"라디오 쇼에서 손을 드는 게 방송에 도움이 될까요?"

그의 지적에 방청석에 있던 우리는 웃음을 터뜨렸지만 웃음소리는 곧 잦아들었다. 라디오 청취자들은 방청객이 손드는 모습을 볼 수 없다는 걸 깨닫자 갑자기 바보가 된 것 같았기 때문이다.

어른들도 갖기 힘든
다른 사람의 관점

사람들은 대개 자신의 관점에서 세상을 바라본다. 우리 아이들이 어렸을 때 남편과 나는 아이들이 지하실에서 노는 소리를 거실의 난방용 환기구를 통해 거의 다 들을 수 있었다. 환기구 근처에 있는 소파에서 책을 읽고 있는데 아이들이 하는 말이 너무나 또렷하게 들려 깜짝 놀랐다. 나는 몇 분 동안 아이들 말을 귀 기울여 들어보았다. 그렇게 몰래 엿들은 게 마음에 걸려 아이들이 점심을 달라며 거실로 뛰어들어왔을 때 솔직히 털어놓았다.

"있잖아, 너희가 지하실에서 놀고 있을 때 아빠와 엄마가 이 환기구로 너희가 하는 말을 다 들었어."

난 아이들이 놀랄 것이라고 생각했는데 예상은 빗나갔다. 아이들은 그래서 뭐 어떠냐는 듯 어깨를 으쓱했다.

"알아요. 우리도 엄마랑 아빠가 하는 말을 다 듣는걸요, 뭐."

그 말에 오히려 내가 놀라서 소파에서 남편과 무슨 얘기를 했었는지 기억해내려고 애썼다. 우리가 아이들 얘기를 엿들었듯이 아이들도 우리 얘기를 엿들을 수 있다는 생각을 왜 하지 못했을까? 아이들 얘기를 듣고 나니 어처구니가 없었다. 그처럼 뻔한 사실조차 알아차리지 못하는데 다른 사람의 관점을 취하는 게 얼마나 어렵겠는가?

아이들이 다른 사람의 관점을 갖기가 어렵다는 점은 쉽게 이해할 수 있다. 아이가 할머니와 전화를 하면서 열심히 고개를 끄덕이는 모습을 보면 그 점을 알 수 있다. 그럴 때 부모는 아이에게 "'할머니, 알았어요'라고 말로 해야지. 할머니는 네가 고개를 끄덕이는 걸 볼 수 없단다"라고 말한다. 하지만 나 역시 아이들이 환기구를 통해 내 얘기를 모두 들을 수 있다는 사실을 알고서야 어른들도 다른 사람의 관점을 자주 잊어버린 채 배려하지 못한다는 것을 깨달았다.

[원인] '주관적인 편견'의 힘

사람들은 타인의 관점을 취하기 굉장히 어려우며, 지속적으로 이를 실천하기는 더욱 어렵다는 점을 과소평가하는 경향이 있는 것 같다. 존 플라벨은 아이들이 다른 관점을 이해하는 능력이 어떻게 발달하는지 몇십 년간 연구해온 발달심리학자다. 그는 이렇게 말한다.

"자기 자신의 관점에서는 다른 사람들이 발산하는 신호보다 훨씬 잘 들리는 또렷한 신호가 방출된다. 그런 신호는 타인의 관점을 이해하려는 순간에도 귓가에서 계속 울려댄다. 따라서 자신이 발산하는 신호의 소음 속에서 타인의 관점을 정확히 포착해내려면 상당한 노력이 요구된다. 그 때문에 타인의 관점이 왜곡되기 쉬운 것이다.[1]

타인의 관점을 식별한 경우에도 그냥 무시해버리는 경우가 종종 있다. 비판적 사고 연구자인 퍼트리샤 킹Patricia King과 캐런 키치너Karen Kitchener는 이런 현상을 타인의 관점을 진지하게 다루지 않고 한쪽 옆으로 밀어둔 채 자기 자신의 관점에만 파묻혀 다른 사람의 관점에서 좀 더 깊이 있게 생각하지 못하기 때문이라고 설명한다.[2]

사람들은 각자 서로 다른 관점에서 문제를 바라볼 수 있다는 것을 머릿속으로는 이해한다. 뿐만 아니라 다른 관점에서 봤을 때 배울 만한 점도 발견할 수 있다고 시인한다. 앞에서 소개한 데이비드 퍼킨스의 연구에 참여했던 법대생들처럼 우리도 자신과 반대되는 관점을 완벽하게 포착해낼 수 있다. 하지만 퍼킨스가 '주관적인 편견'이라고 한 관점에만 집착하게 된다.[3] 이 같은 주관적 편견은 거의 자동적으로 작용하기 때문에 자신의 견해와 다르거나 정반대의 해석도 존재할 수 있다고 머릿속으로는 이해하지만 결국은 자신의 관점으로 세계를 보려는 원상태로 되돌아가는 경우가 많다.

물론 우리와 반대되는 관점을 무시할 수 없는 경우가 있는데, 그럴 땐 어떤 일이 발생할까? 라디오 쇼 프로그램에 참석한 방청객처럼 자신들의 맹점을 인정하고 그냥 농담거리로 가볍게 넘기면서 자연스럽게 수정할 수도 있다. 방청객들은 진행자의 질문에 손을 들기보다는 손뼉을 치는 게 나았을 거라고 관점을 바꾸게 된다. 때론 우리와 다른 관점을 포착했을 때 마치 머릿속에 전깃불이 번쩍 들어온 듯한 느낌을 받기도 한다.

예를 들어 어떤 준비가 왜 필요한지 이해하려면 경험자에게 어느 정도 설명을 들어야 한다. 인사부에 근무하는 친구가 인터뷰를 잘할 수 있도록 조언을 해준다고 치자. 그 친구 덕분에 지원한 회사와 면접관 입장을 좀 더 생각할 수 있게 된다. 그런 상황에서는 자신의 맹점을 명확히 의식하고 이를 보완할 새로운 관점을 쉽게 파악해 자신에게 맞출 수 있다.

이 경우는 상당히 합리적인 것처럼 보인다. 하지만 대부분 우리는 이처럼 합리적으로 반응하지 못하고 우리와는 다른 관점이 있을 수도 있다는 사실을 무시하거나 그런 관점이 아예 잘못된 것이라며 거부해버린다.

한 아버지가 어떤 대학에 진학해야 할지 고민하는 아들을 도와주려고 학교 홍보 카탈로그를 모아오라고 했다. 아버지는 아들을 도우려고 그렇게 말했지만 아들은 아버지가 공연히 간섭을 한다고 반발한다. 술에 취한 엄마를 위해 회사로 전화를 해 엄마가 몸이 아파 출근을 못할 것 같다고 두둔해주는 딸을 생각해보자. 딸은 엄마를 돕기 위해서라고 생각하겠지만 사실 그 때문에 엄마가 술을 더 마시게 된다는 사실은 미처 이해하지 못한다. 심리학자 데이비드 레비^{David Levy}의 지적처럼 우리가 하는 말은 타인을 바라보는 우리의 관점뿐만 아니라 도덕적 판단까지도 내포하고 있다.[4] 상대방이 탐욕스러운가, 아니면 야심적인가? 진취적인 편인가, 고집이 센 편인가? 엄격하고 일관성이 있는가? 이런 관점이나 판단이 바로 우리가 무심코 하는 말에 묻어나는 것이다.

그렇다면 통제인 동시에 배려인 행동도 있을까? 다른 사람의 관점을 겸허하게 받아들이면 우리는 보다 다채로운 세계를 경험할 수 있다. 우리는 누군가가 나와 관점이 다른 경우 그 사람이 분명 틀렸다고 확신한다. 화가 캐서린의 경우를 보자. 그녀는 자기 의자에 앉아서 그림에 대해 곰곰이 생각하다가 갑자기 정신을 차리곤 했다. 하지만 그녀가 늘 앉는 의자를 다른 방으로 옮겨다놓고 그곳에서 자기 작품을 전혀 다른 각도로 바라보는 모습을 상상해보자. 다른 관점을 파악하려면 이 정도의 노력은 필요하다.

물론 늘 앉아 있던 곳에서 보면 편하기는 하다. 그곳에서는 이미 익숙한 관점에서 주변을 바라보기 때문에 낯설지 않기 때문이다. 하지만 건넌방에 있는 사람이 "이리 와서 봐!"라며 자신이 있는 곳으로 건너오라고 할 수도 있다. 그런데 움직이기가 싫어서 그 사람이 자기가 있는 쪽으로 와주기를 바란다. 그렇게 되면 건너온 사람이 자기 관점에 대해 얘기하는 동안 고개를 끄덕이며 편안하게 자신의 관점을 유지할 수 있다. 그러면서 마음속으로 그 사람이 자기 방식대로 이해한다면 둘 사이의 갈등 따위는 없을 거라고 생각한다. 하지만 자신의 관점이 잘못됐거나 부분적으로만 옳을 수도 있다는 가능성은 인정하고 싶어 하지 않는다.

다른 사람의 관점을 객관적으로 보는 방법

이런 맹점을 보완하려면 어떻게 해야 할까? 맹점에서 벗어나지 못할 때 이를 파악하는 방법은 없을까?

[전략 1] '멍청하다는' 비난에 귀를 기울일 것

다른 사람의 생각이나 행동이 어처구니없어 보일 때 사람들은 다음과 같은 반응을 보인다.

- 저 사람 도대체 이해할 수가 없어.
- 저 여자는 왜 그런 짓을 했지? 정말 말도 안 돼.
- 어떻게 사람들이 그런 식으로 생각할 수가 있지? 정말 이해할 수 없어.

이렇게 말하며 고개를 절레절레 흔드는 사람들에게 손가락질을 받는 사람은 멍청이 취급을 당한다. 하지만 그 사람이 왜 그렇게 생각하거나 행동했는지 이유를 알아내지 못한다면 오히려 손가락질하는 사람들이 맹점에 빠진 것일 수도 있다. 그 사람 나름대로 그렇게 생각하고 행동할 만한 타당한 이유를 정작 자신들은 알아차리지 못했기 때문이다. 따라서 이런 식으로 누군가를 비웃을 경우 맹점이 작용했다고 받아들이면 된다.

그렇다면 어떻게 해야 다른 사람의 관점을 올바르게 이해할 수 있을까? 우선 그들의 관점에서 세계를 보아야 한다. 그러려면 독특한 통찰력과 뻔한 것을 전혀 다른 각도에서 보는 새로운 관점이 필요하다. 세상을 다른 렌즈, 즉 다른 사람에게 보이는 방식으로 보려면 분석적이고 논리적인 사고력뿐만 아니라 상상력도 활용해야 한다.

['진정으로' 아는 것] 간접 체험의 중요성

솔제니친은 1968년에 쓴 소설 《암병동》에 등장하는 의사 돈초바가 자신이 암에 걸린 사실을 알았을 때의 상황을 이렇게 묘사했다.

돈초바는 기존에 자신이 알고 있던 무언가가 안팎이 뒤집힌 채 전혀 새롭고 낯설게 다가올 수도 있다는 점을 한 번도 상상해본 적이 없었다. 30년 동안 다른 사람의 병을 치료해왔고, 20년이 넘는 기간 동안 엑스레이 스크린 앞에 앉아 필름을 보면서 병든 부위를 파악하고 환자들을 진찰했다.

그녀는 동료들과 논쟁을 하며 논문을 써왔다. 그러는 사이 그녀의 마음속에서 의학 이론이 점차 일관성을 띠게 되었다. 병인론, 질병발생론, 증상, 진단, 예후 등 모든 것들이 실제 그대로 발생했다. 의사는 환자들의 저항과 회의감, 공포를 공감할 수 있었다. 어쩔 수 없는 인간의 약점이었기에 충분히 이해할 수 있었다. 하지만 의사들은 환자를 어떻게 치료할지 결정할 때가 되면 이런 감정에 전혀 흔들리지 않았다. 환자를 치료해야 하는 절박한 상황에서 감상에 빠질 여유가 없었던 것이다. 그런데 갑자기 그녀가 쓰러졌다. 그녀의 몸은 장기들로 가득 찬 무기력한 자루 같았다. 며칠이 지나면 상황은 정반대로 바뀔 것이다. 그녀의 몸은 익히 알고 있는 장기들로 이루어져 있었지만 몸 전체는 전혀 알 수 없는 두려운 존재가 되어 있었다.[5]

돈초바는 암에 걸리기 전에 자기 몸과 질병에 관해 잘 알고 있었다. 그래서 환자들이 치료를 받으며 어떤 생각을 하고 어떻게 느끼는지 머리로는 이해를 했다. 하지만 정작 자신이 암에 걸렸다는 진단을 받으면 어떤 기분이 들지 '정말로' 경험한 적은 없었다.

개인적인 경험을 통해 변화된 자신에 대해 이야기할 때 사람들은 "한때 난 이러이러하다고 믿었었지만 이젠 그렇지 않다는 걸 깨달았어"라거나 "이번 경험을 통해 알게 된 건……"이라고 말한다. 이 같은 개인적 경험은 우리가 세상을 보는 방식을 극적으로 변화시킬 수 있다. 사람들은 흔히 이렇게 말하곤 한다. "난 두 번 다시 예전의 나로 돌아가지 않을 거야.", "이제 그전처럼 세상을 보지는 않을 거야."

만약 돈초바가 암을 이겨낸 후 다시 환자를 치료하게 된다면 분명 과거와 같은 방식으로 환자를 대하지는 않을 것이다. 타인의 눈으로 세상을 바라보려면 반드시 직접 경험하지는 않더라도 이와 같은 간접 체험이 필요하다. 그렇다면 어떻게 그런 체험을 할 수 있을까?

가끔 남자들과 대화를 하다 보면 그들의 입장을 이해할 수 있게 된다. 상대방이 자신의 입장을 생생하게 전달할수록 내가 그 사람이라면 어떨지, 그 사람이 왜 그렇게 생각하고 행동하는지 더 명확하게 파악할 수 있다. 하지만 그렇게 하려면 '정말로 경청하는' 연습을 해야 한다. 작가 토니 힐러먼^{Tony Hillerman}은 자신의 추리소설 《코요테가 기다린다^{Coyote Wait}》에 등장하는 진 제이콥스가 얼마나 경청을 잘 하는지 예술에 가깝다고 표현했다.

그녀는 재치 있게 들을 줄 알았다. 물론 예전부터 그런 줄은 알고 있었다. 누군가와 이야기를 하게 되면 이 여자는 상대의 말에 귀를 기울인다. 주변의 모든 것들로부터 멀어진 채 오로지 말하는 사람에게만 집중한다. 그녀에게는 상대방의 말 이외에 아무 얘기도 들리지 않았다. 이처럼 귀 기울여 듣는 방법은 나바호 인디언들의 문화에서 비롯된 것이었다. 이 인디언들은 상대의 말이 끝날 때까지 잠자코 기다리면서 말이 다 끝난 후에도 뭔가 덧붙여 토를 달며 수정할 시간을 넉넉히 준다. 하지만 나바호 인디언들조차도 인내심이 다해서 초조해지는 때가 있다. 정말로 귀 기울여 듣는 것이 아니라 대답을 궁리하며 듣는 경우가 그렇다. 그에 비해 진 제이콥스는 정말로 남의 말에 귀를 기울일 줄 알았다.[6]

남의 말을 경청할 경우 다른 사람의 입장이 된다는 게 어떤 것인지 진정으로 이해하려 노력하게 된다. 다른 사람들의 얘기를 들을 때 이런 식으로 반응하는 경우가 거의 없기 때문에 실천하기가 쉽지 않다. 철학자 넬 노딩스Nel Noddings는 수학을 싫어하는 학생을 교사가 어떻게 생각하는지 이렇게 말했다.

"아, 저 아이에게 문제가 있군. 저 애가 수학을 좋아하도록 도와줘야겠어. 그러면 수학을 잘하게 될 거야."

그러면서 그 수학 교사가 무슨 짓을 하는지 보라고 노딩스는 지적한다. 학생이 자기 도움에 대해 어떻게 느낄지 이해하려 하는 대신 그 교사는 "수학을 좋아하게 되면 저 애는 괜찮아질 거야"라고 자신의 생각을 강요한다.[7]

사람들 대부분 이런 실수를 하는 게 아닐까? 이런 맹점을 극복하려면 타인의 관점을 이해하려 할 때 경험을 바탕으로 그들의 문제를 규정하려는 태도를 버려야 한다.

[전략 3] 낯선 세계를 접해보는 모의 체험

우리는 예술을 통해 또 다른 현실을 경험할 수 있다. 영화를 보거나 소설을 읽으면서 전혀 경험해보지 못한 새로운 세계를 접한다. 한 안과 의사가 자기 환자에게 당한 일 때문에 화가 났던 얘기를 해주었다. 그 환자는 태어날 때부터 백내장을 앓았는데, 수술을 받고 난 후 결과에 대해 불평을 했다. 하지만 의사가 보기에 수술은 성공적이었다. 그 환자의 경우 특히 주의를 요했기 때문에 대단히 복잡한 수술이었지만 결국 거의 완벽하게 끝났다. 자부심을 느낀 의사는 동료들에게 자랑하면서 유명한 의학 잡지에 수술 결과를 논문으로 발표할 작정이었다.

그런데 환자는 고마워하기는커녕 다음 진료 때 이런저런 불평을 잔뜩 늘어놓았다. 그 환자는 갑자기 눈이 보이자 너무 밝아진 빛 때문에 혼란스러워하며 차라리 백내장인 채로 사는 게 나을 뻔했다고 말했다. 의사는 그 환자를 도무지 이해할 수가 없었다. 그런데 극작가 브라이언 프리엘Brian Friel이 쓴 《몰리 스위니Molly Sweeney》를 연극으로 보고는 생각이 바뀌었다. 그 연극의 주인공도 자기나 그 환자와 같은 경험을 하고 있었기 때문이다.[8] 연극에 등장한 인물에게 세상이 어떻게 보일지 어렴풋이나마 짐작할 수 있게 되자 비로소 자기 환자가 겪는 혼란스러움을 진심으로 이해할 수 있었다.

환자의 기분이 어떨지 경험하기 위해 간단한 시뮬레이션을 해보거나 휠체어에 앉아보는 일은 간접 체험을 통한 지식을 쌓기 위해서다. 영화나 춤, 문학, 그림은 다른 사람의 경험을 간접적으로 체험해 자신의 맹점을 극복할 수 있도록 해주는 중요한 수단이다.

[전략 4] 자신도 비슷한 경험을 한 적이 있는지 자문하라

프란츠 카프카의 중편소설 《변신》을 읽던 나는 내용이 너무 난해해 화가 났다.[9] 그 소설의 주인공은 어느 날 아침 잠에서 깨어나서는 자기가 거대하고 무기력한 벌레로 변했음을 깨달았다. '이건 말도 안

돼'라고 나는 생각했다. 한번은 우연히 문학을 가르치던 지도교수 프랜과 대화를 나눌 기회가 있었다. 마침 잘되었다 싶어 그 책을 읽고 느낀 바를 털어놓았다. 그러자 프랜 교수는 주인공이 벌레가 되어 겪는 경험에 대해 논평을 하면서 "매들린은 그런 식으로 느껴본 적 없어요?"라고 물었다. 그 질문에 움찔하며 나 역시 그런 경험이 있었다고 대답했다. 아마 우울증이 그렇게 느껴졌었던 것 같다. 그제야 나는 그 소설이 우울증에 관한 이야기였음을 깨닫고, 글자 그대로 거대한 벌레에 관한 얘기로 읽을 게 아니라 우울증에 따른 무력감과 좌절에 관한 내용으로 이해해야 한다는 점을 알았다. 나도 예전에 며칠씩 우울증에 빠져 헤어나지 못해 괴로워했던 적이 있다. 우울증에 걸리면 그 소설에 나오는 벌레처럼 행동하기 때문에 오히려 그런 기분에서 벗어나고 싶어지는데, 벌레에 관한 이야기를 읽고 처음 느낀 게 바로 그런 기분이었다.

타인의 관점을 통해 세상을 보기가 어려울 때는 그와 유사한 감정을 언제 느꼈었는지 자문해보는 게 도움이 되기도 한다. 어느 정도 유사한 감정은 타인과 자신을 연결해줄 수 있기 때문이다.

[전략 5] 우리는 무엇을 공유하고 있나?

타인의 입장을 진심으로 이해하고 공감하려고 노력하는데도 결국 서로의 관점 차를 좁히지 못하는 경우가 있다. 낙태가 그런 예에 속한다. 낙태 문제는 공통된 관점이 전혀 없는 것처럼 보일 수도 있다.

어떤 사람은 태아를 인간으로 간주하는 반면 그렇게 보지 않는 사람도 있기 때문이다. 그렇다면 이런 문제는 어떻게 공통된 견해를 도출해낼 수 있을까? 《하나님의 정치God's Politics》에서 자유주의 활동가이자 목사인 짐 월리스Jim Wallis는 낙태처럼 민감한 문제조차도 함께 해결해나갈 수 있도록 사람들을 결속시키는 공통된 가치와 목표가 있다고 강조한다. 월리스는 "낙태 반대론자나 찬성론자를 자처하는 정치가들이 더 이상 낙태를 정치적 수단으로 이용하지 말고 낙태율을 실질적으로 줄일 수 있는 해결책을 제시할 수는 없을까?"라고 묻는다. 그는 또 "낙태 반대와 찬성이라는 정치적 구호를 강요하는 대신 십대들의 임신, 입양 제도 개혁처럼 궁지에 몰린 여성들을 위한 대안을 함께 찾아보면 안 될까?"라고 제안한다.[10] 낙태 찬성론자든 반대론자든 대다수 사람들은 십대 소녀들이 미혼모가 되거나 산아 제한 수단으로 낙태를 남용하는 것, 자포자기한 여성들이 교도소에 가는 것을 원치 않기 때문이다.

우리는 아무도 바람직하게 생각하지 않는 관행을 최소화하고, 모두가 환영할 만한 관행을 최대화할 방법을 논의해보아야 한다. 예를 들어 많은 미혼 여성이 고통받고 있는 빈곤을 안타깝게 생각한다면 낙태 문제에 관한 탁상공론에서 벗어나 빈곤 자체를 해결할 구체적 방법을 찾아야 한다. 그중 한 예로 일하는 엄마를 위한 탁아 프로그램이나 십대 부모들이 학업을 계속할 수 있도록 지원해주는 프로그램에 초점을 맞출 수 있을 것이다. 낙태 자체에 대한 찬반론을 떠나 이를 궁극적으로 해결할 방법에 대해서는 공감대를 형성할 수 있다.

오해받았을 때 대응하는 방법

우리가 남들을 오해하듯 그들도 우리를 오해한다. 남들이 우리의 관점을 이해하지 못할 때 우리는 어떻게 생각하는가? 우리가 뻔히 아는 것을 다른 사람이 모를 경우 대개 그 사람이 멍청하거나 지적 능력에 문제가 있기 때문이라고 생각한다. 예를 들어 누군가가 우리를 모욕하는 말을 하면 상대방이 무지하기 때문에 '멍청하게' 그런 말을 했다고 하거나 원래 성격이 둔감하고 비열하며 자기중심적이기 때문이라고 판단해버린다.

한 친구가 내 머리를 보더니 염색하지 않고 내버려두면 사람들이 나를 다르게 대할 거라고 주의를 주었다. 그런데 염색을 중단한 지 몇 개월이 지나 병원에서 한 간호사를 만났을 때 그 친구 말이 떠올랐다. 그때 나는 루이스 새커Louis Sachar라는 작가에게 빠져 있었다. 《구덩이Holes》이라는 소설로 상을 탄 작가인데, 이 소설은 나중에 영화로도 제작되었다.[11] 나는 《구덩이》에 매료되어 새커의 다른 작품을 더 읽고 싶었다. 그래서 그날 병원에 들러 《못 믿겠다고?There's a Boy in the Girl's Bathroom》라는 새커의 다른 책을 빌렸다. 표지 그림을 보니 동화책인 것 같았다. 그런데 옆에 있던 간호사가 표지 그림을 보더니 내게 물었다. "뭘 읽으시려고요?" 그리고 내가 새커의 작품을 좋아한다는 말을 꺼내기도 전에 중얼거렸다.

"그래요. 이건 사실 아이들이 읽는 동화책인데……." 그러고는 내가 뭐라고 변명도 하기 전에 내 손을 다독이며 말을 이었다. "괜찮아요, 뭘 읽든 마음만 즐거우면 돼죠, 뭐."

나는 그 간호사가 너무 무례하고 둔감하다고 말하고 싶었지만 그녀의 태도로 보아 아마도 나를 배려해 그런 말을 한 것 같았다. 그녀는 부주의해서가 아니라 맹점이 빠져 있었기 때문에 그런 행동을 한 것이다. 다른 사람을 진심으로 배려하는 능력과 상대방의 관점에서 세상을 바라보는 능력은 둘 다 중요하다. 하지만 이 두 가지 능력을 동시에 사용하면 또 다른 맹점에 빠질 수 있다. 어린이들을 대상으로 한 조사에서 이 점이 잘 드러난다.

미취학 아동들은 다른 아이의 입장을 곧잘 파악한다. 이제 막 젖을 뗀 꼬마들도 울고 있는 다른 아이를 도와주려고 애를 쓴다.[12] 하지만 자신의 관점에서 도와주려는 것이기 때문에 엉뚱한 결과를 초래하기도 한다. 한 연구에 참여한 13개월짜리 아기 리사는 울고 있는 다른 아이를 도와주려 했다. 두 아이의 엄마는 가까운 곳에 앉아 있었다. 그렇다면 리사는 울고 있는 아이를 어느 엄마에게 데려갔을까? 어른이라면 울고 있는 아이가 자기 엄마를 찾고 있다고 생각했겠지만 리사는 그렇게 생각하지 않았다. 리사는 우는 아이를 그 아이의 엄마에게 데려가지 않고 자기 엄마에게 데려가려 했다. 리사는 우는 아이의 생각은 알지 못했지만 자기중심적이기 때문은 아니었다.

이처럼 일상생활에서 사람들은 자신의 관점을 이해하지 못하는 사람을 둔감하거나 주의력이 부족하다고 단정해버린다. 언어학자 데버러 태넌Deborah Tannen은 의사소통에 대해 다룬 자신의 저서에서 여자들이 주로 '고충 토로troubles talk'라는 방식을 선호한다고 주장한다.[13] 고충 토로식 대화에서는 자기 문제를 다른 사람들에게 얘기하고 싶어 하는데, 자신만이 그런 상황에 처해 있다고 느끼고 싶지 않기 때문이다. 그래서 자신이 느끼는 것을 다른 사람들이 이해해주길 바란다. 반면 남자들은 여자와 달리 고충을 토로하는 사람들에게 문제의 해결책을 제시하려 한다.

만약 한 여성이 '고충 토로'를 통해 위로받으려는데 남자 동료들이 문제 해결책만 제시하려 든다면 좌절하거나 곤혹스러워할 것이다. 그리고 남자 동료들은 이 여자의 반응에 어리둥절해할 것이다. 그 여성은 남자 동료가 필요도 없는 해결책을 제시하는 게 자신의 입장을 이해하지 못할 만큼 둔감하고 멍청하거나 자만심에 가득 차 기회만 있으면 누구에게든 충고하려 들기 때문이라고 생각할 수도 있다.

이와 마찬가지로 만약 한 남자 직원이 현재 추진 중인 프로젝트의 해결책을 찾으려 애쓰고 있는데 여자 팀장이 문제를 해결해줄 생각은 안 하고 해결하기가 쉽지는 않을 거라는 식의 위로만 늘어놓은 채 고충을 이해한다며 다독이면 좌절감을 느낄 것이다. 그런 위로나 하고 있을 한가한 시점이 아니라 문제 해결에 전력을 쏟아야 함에도 그렇지 않은 팀장을 보며 남자 직원은 그 여자가 팀장으로서 자격이 없는 사람이라고 생각할 수도 있다.

우리는 다른 사람들도 맹점이 있다는 점을 잘 인식하지 못한다. 내가 알고 있는 것을 그들이 모를 수 있고, 그들이 알고 있는 것을 내가 미처 모를 수 있다. 하지만 이를 인정하기는 쉽지 않다. 데버러 태넌이 제기한 고충 토로와 문제 해결 토로라는 방식을 통해 많은 것을 깨달았는데, 그중에서 의사소통에 관한 간략한 설명이 눈길을 끌었다.

"저는 제 아내를 도와주려고 하는데 왜 화를 내는지 이해할 수가 없어요. 사랑하는 사이라면 아내가 괴로워하는 문제를 해결해주려고 하는 게 당연하지 않나요?"

남편의 말을 들어보니 남자로서의 맹점에 빠져 아내가 '고충 토로'를 원한다는 점을 미처 이해하지 못하고 있었다. 하지만 아내 역시 맹점에 빠져 있었다. 그녀는 남편이 충고를 해주고 문제를 해결하기 위해 도와주려고 하는 것이 자신을 배려하기 때문임을 알지 못했던 것이다. 이처럼 타인의 관점을 제대로 보지 못하는 맹점이 있을 경우 남의 말을 경청하는 편이 오히려 도움이 된다.

[고정관념] 극단적인 관점끼리는 조율이 불가능하다?

내 강의 중 '양극단의 관점'이라는 보고서 작성 과제를 내는 과목이 있다. 학생들에게 자신의 생활 방식, 태도, 신념과 정반대되는 관점을 조사하는 과제를 내주는데, 공립학교 교사는 홈스쿨링에 관해, 기독교인은 신흥 종교인 사이언톨로지교를 연구해야 했다. 아이오와 출신의 농부는 도시의 포주들에 관해, 한 교사는 지나치게 산만한 아이들을 진정시키기 위한 약물 처방에 관해 조사했다. 이라크전을 결행한 조지 부시 대통령의 열렬한 지지자에게는 이와 상반된 퀘이커교도의 평화주의 관점을, 낙태에 찬성하는 여성에게는 낙태의 문제점을 조사하는 과제가 주어졌다.

이 프로젝트를 처음 도입했을 때 과제를 받은 학생들이 강하게 반발해 움찔했다. 어떤 대조적인 관점에 대해서도 날카롭게 비교 분석을 해내던 자기 성취욕이 강하고 지적인 대학원생들이 유독 이 과제에 대해 반발하고 나섰다. 그럼 왜 학생들이 이 과제에 그토록 경계심을 가진 것일까?

아마도 다른 일반적인 연구 논문과는 다른 접근 방식을 요구하기 때문일 것이다. 이 과제물을 해결하려면 자신들과는 입장이 정반대인 사람들을 조사해야 한다. 예를 들어 사이언톨로지에 관해 보고서를 작성해야 하는 학생은 사이언톨로지 교회와 역사, 철학, 근본 원리, 주요 신념을 알아야 한다. 이 보고서 작성의 목적은 정반대되는 입장을 분석하거나 평가하려는 것이 아니라 다른 방식으로 세계를 이해하고 파악하는 게 어떻게 가능한지 몸소 체험하는 것이다. 넬 노딩스가 수학 선생님과 귀찮아하는 학생의 예를 통해 지적한 것처럼 이 보고서 역시 '다른 사람'의 입장을 정확하게 파악하는 방법을 훈련하기 위한 것이다.

다른 사람의 눈에 세상이 어떻게 비치는지 알려면 다른 사람들이 자신의 경험을 기술한 책을 보거나 당사자와 직접 인터뷰를 해보아야 한다. 홈스쿨링을 하는 부모나 사이언톨로지 교도, 포주, 아이용 진정제 투약에 반대하는 학부모, 낙태 반대론자, 혹은 반전주의자 퀘이커 교도 입장에서 세상을 바라보아야 하는 것이다. 결국 어느 한편의 입장에서 토론을 해 이기기 위한 것이 아니라 사람들이 어떻게 서로 다른 세계관을 가질 수 있는지 이해하기 위한 과제인 것이다.

그런데 이런 측면 때문에 학생들의 심기가 불편해 보였다. 이 프로젝트를 처음 기획할 때 내가 미처 깨닫지 못한 점, 즉 타인의 관점을 진심으로 이해하는 게 사실상 위험할 수도 있음을 학생들이 알았던 것이다. 그런 위험을 감지한 학생들로서는 찬반 논쟁이 뚜렷한 기존의 토론 과제와 전혀 다른 이 과제가 부담스러웠을 것이다. 나는 비로소 학생들이 왜 그렇게 망설이며 경계를 하는지 이해를 하게 되었다. 자신의 관점과 정반대인 사람들을 보면서 어떻게 그처럼 한심하거나 어리석은 관점을 고수하며 살아갈 수 있을까 생각하다가 막상 그들의 진정한 가치를 깨닫고 인정하게 된다면 어떻게 될까? 그들의 관점을 올바로 인식한 후 그동안 세계를 바라보던 자신의 관점이 잘못됐다고 인정하게 된다면 삶에 어떤 변화가 생길까?

학생들은 대부분 자신들이 고수해오던 신념이나 윤리적 가치관, 가장 소중하게 여기던 가치들이 이 과제를 수행하는 동안 위태로워질까 봐 불안해했다. 자신의 관점과 정반대인 사람들의 입장을 정확히 파악할수록 그들의 관점이 틀렸다고 판단하기가 점점 더 힘들어지리라는 걸 인식한 것이다. 일단 자신과 전혀 다른 관점에서 세상을 보는 타인의 입장을 이해하게 되어 이전에는 혐오스럽게 느꼈던 그들의 행동이나 생활 방식, 신념을 인정하게 된다면 그런 가치관이나 세계관이 틀렸다고 어떻게 인정할 수 있겠는가? 누군가의 관점이 다른 관점보다 도덕적으로 더 옳다는 결론을 내릴 수 없다면 어떻게 될까? 수많은 관점이 혼재하는 회색빛 세계에서 살다 보면 도덕적 나침반이 제대로 작동하기나 할까?

히틀러의 행동이 도덕적으로 옳은지 그른지에 관해 한 학생과 인터뷰를 했을 때 이런 점이 잘 드러났다.

> **학생** 글쎄요, 제가 볼 때는 히틀러가 비도덕적인 만행을 저지른 것 같아요. 그런데 그가 한 행동이 도덕적으로 올바른지 아닌지 물어보시는 건가요?
>
> **면담자** 네, 그렇습니다.
>
> **학생** 그렇다면 그가 비도덕적이었다고 할 수 있을 것 같아요. 이런 말을 하기는 좀 그렇지만 그래도 히틀러는 자신이 한 행동을 옳다고 생각하겠죠?
>
> **면담자** 히틀러가 한 행동이 옳은 건가요, 잘못된 건가요? 그는 자신의 행동을 옳다고 믿었을까요?
>
> **학생** 잘못된 거죠. 물론 제 관점에서 봤을 때 그렇다는 겁니다. 하지만 히틀러에게 직접 묻는다면 그는 자신이 옳았다고 하겠죠. 절대적인 기준이란 건 없으니까요. 사실 어떤 관점에서 보느냐에 따라 대답이 달라지지 않을까요?[14]

히틀러가 비도덕적 만행을 저질렀다고 개인적으로는 확신하고 있으면서도 그 학생은 히틀러의 행동에 대해 보다 보편적인 판단은 할 수가 없었다. 자신과 다른 행동이나 신념을 인정하는 순간 도덕적 판단력이 마비될 거라고 생각했기 때문이었을 것이다.

히틀러에 관한 질문에 혼란스러워하던 그 학생은 "한쪽에서 보면 테러범이지만 다른 쪽에서 보면 자유의 투사가 되기도 한다"라는 사람들과 같은 입장을 보였다. 이 학생처럼 우리는 남들이 자신과 전혀 다른 관점에서 세상을 파악하는 데 놀라곤 한다. 이런 깨달음을 얻고 나면 어떤 사람이나 이념, 행동에 대해 판단을 내리기가 불가능해진다. 하버드대 교수 윌리엄 페리^{William Perry}는 학생들이 지적, 윤리적 성장 과정에서 이런 마비를 경험한다고 말한다.[15] 하지만 다행스럽게도 이런 마비는 일시적 현상이기 때문에 학생들은 대부분 이를 극복한다. 학생들은 히틀러의 행동이 옳지 않았다고 확신하면서도 히틀러 입장에서는 자신의 행동을 정당하게 생각했을 수도 있음을 이해한다.

우리는 각자의 도덕적 기준이 흔들리지 않은 채 전혀 다른 관점을 이해할 수 있다. 윤리철학자들은 타인의 관점을 이해할 수 있는 능력이 우리와 타인을 정서적으로 연결해주는 진정한 토대라고 주장한다.

다양한 관점 이해하기

좋은 사람과 나쁜 사람이 뚜렷하게 구분되는 세계에서는 윤리적으로 판단하기가 한결 쉽다. 손녀 클라우디아가 세 살이었을 때 한 가게에 들러 전시된 물건을 구경한 적이 있는데, 가게 안에는 남북전쟁 당시 병사들의 모습을 축소한 모형이 전시되어 있었다. 유리 케이스 안에 줄지어 늘어선 푸른색과 회색빛 제복의 병사들은 서로 공격 대형으로 배치되어 있었다. 구경하던 손녀가 내게 물었다.

"어느 쪽이 좋은 편이에요?"

그런 질문에 내가 어떻게 대답할 수 있겠는가? 실제 상황이었다면 양쪽 병사들은 각자 자기편을 좋은 쪽으로 생각했을 것이다. 어느 한쪽의 대의명분이 절대적으로 옳은 것도 아니고 상대방이 반드시 악을 대변하는 것도 아니라는 현실을 인정하려면 상당한 용기가 필요하다.

이스라엘과 팔레스타인 간의 갈등에서 일부 이스라엘 재향군인들은 1967년 이스라엘 국경선 너머 지역에서의 전투를 거부하기 시작했다. 2002년 3월 6일 314명의 재향군인들은 다음과 같은 내용의 문서에 서명을 했다.

"시오니즘과 희생의 원칙을 배우며 성장한 우리 예비군 장교들과 이스라엘 병사들은 이스라엘 국민과 국가에 헌신하며 이스라엘을 보호하고 힘을 강화하기 위해 언제나 최전선에서 군복무를 했다. 어떤 종류의 임무든 가장 먼저 수행해야 하는 우리는 더 이상 정착지를 탈환하려는 전투에 참가하지 않을 것임을 선언하는 바이다. 굶주린 팔레스타인들을 추방하는 일을 중단하고 1967년에 정해진 국경선을 넘어서 싸우지 않을 것이다."[16]

이런 행동은 자칫하면 대다수 이스라엘인에게 국가에 대한 충성심이 없고, 이스라엘의 자유를 위협하며, 적들인 팔레스타인에게 영토권을 넘겨주는 것으로 오해받을 수도 있었다. 그 때문에 매우 어려운 선택이었을 것이다. 분명 이런 결정에 이르기까지 고통스러운 과정을 거쳤음을 알 수 있다.

"우리는 이 점령지 때문에 양편 모두 유혈의 대가를 치르는 것을 목격해왔다. 이곳에서 우리에게 주어진 명령으로 인해 우리가 성장하면서 배웠던 모든 가치가 파괴되었다."

이 경우처럼 강요된 상황에서는 어떤 행동이 올바른지 판단하기가 쉽지 않다. 설사 판단을 할 수 있더라도 그것을 실천으로 옮기는 일 역시 쉽지 않다. 그런 행동을 함으로써 자기 가족이나 친구, 자기 민족으로부터 멀어질 수도 있기 때문이다.

반면 자신의 편견을 극복하고 타인의 관점을 더 분명하게 볼 수 있으면 새로운 희망의 원천이 될 수도 있다. 타인의 입장을 이해하면 해묵은 갈등을 해결하는 데 도움이 되고, 인간이 겪는 엄청난 고통으로부터 벗어날 가능성이 열린다. 우리가 획득한 폭넓은 관점은 양극단의 사람들이 서로 공유할 수 있는 공통된 토대를 마련하는 데 도움이 될 수 있다. 다양한 관점을 유지하려면 단 하나의 관점을 유지할 경우보다 더 많은 노력이 요구된다. 하지만 이렇게 함으로써 얻을 수 있는 통찰력은 우리의 삶에 엄청난 영향을 줄 수 있다.

다른 관점을 바라보는 용기

심리학자 마이클 바세체스Michael Basseches는 상호 모순되는 현실을 조화롭게 유지하면서 극단적인 양자의 입장을 이해하는 능력을 '변증법적 사고'라는 용어로 표현했다.[17] 그는 한 사례를 통해서 서로 다른 관점이 어떻게 상호 독립적으로 존재할 수 있는지 보여주었다. 그는 성인이 된 딸이 엄마가 강요하는 가치를 거부한 상황을 예로 제시했다. 그럴 경우 엄마는 자기 가치관이 옳고 딸의 가치관은 잘못됐다고 단정하면서 이렇게 애통해할 수도 있다.

"나는 엄마 노릇을 제대로 못했어. 내가 가장 소중하게 여기던 가치를 내 딸한테 전해주지도 못했으니 말이야."

이 엄마는 자기 인생 전체가 잘못되었다는 우울한 결론에 직면하기도 한다. 그런데 만약 그 엄마가 자기의 관점과 딸의 관점을 나란히 놓고 일정한 거리를 유지하면서 어느 한쪽에만 치우치지 않는다면 어떻게 될까? 엄마와는 분명히 다른 딸의 가치관이 다양한 모습으로 엄마의 이상과 뒤섞인 채 앞으로 딸이 살아갈 시대와 삶에 훨씬 더 알맞게 통합되어 있음을 발견할 것이다. 그 엄마는 본인의 가치가 자신이 살았던 시대와 삶에는 타당했지만 타인의 관점에서 보면 너무 편협했었다는 점도 이해하게 될 것이다. 따라서 엄마는 딸의 가치관으로부터 뭔가 새로운 것을 배움으로써 자신의 가치관을 포기하기보다는 오히려 심화시킬 수 있게 된다.

학생들이 작성한 양극단 사례 조사 보고서를 읽으면서 이 과제를 해결하느라 학생들이 보여준 용기에 감동을 받았다. 성적 절제와 금욕이야말로 십대의 임신과 성병의 해결책이라고 굳게 믿던 한 학생은 자신과 정반대의 입장을 이해하려고 얼마나 노력했는지 기술했다. 성적 절제보다는 안전한 성을 옹호하는 자료를 살펴보고 난 후 그 학생은 안전한 성을 강조한 필자들의 주장을 자신이 완전히 무시했었음을 깨달았다고 털어놓았다. 그녀는 그런 주장을 하는 필자들이 논쟁을 유발하고 자신들의 편견만을 고집한다고 생각했었다. 예를 들어 동성애자들은 자신들이 성병과 십대 임신으로부터 청소년과 소녀들을 보호하려는 것이라고 그럴듯하게 말하지만 실제로는 아무런 도덕적 구속 없이 쾌락을 추구하는 수단으로 성을 이용하려는 것이라고 생각했었다. 그 학생은 자기가 진정으로 존경하는 사람들이 정반대 입장에 대해 지지한다면 진심으로 마음을 열고 그 입장을 이해할 수 있으리라고 생각했다. 그래서 같은 학교의 동료 교사처럼 믿을 만하면서도 그 같은 정반대 관점을 가진 사람들을 찾아가 인터뷰했다. 그 학생은 인터뷰를 통해 사람들이 정반대되는 관점을 수용해 본인의 입장을 수정하면서도 자신이 가장 소중하게 여기는 가치를 계속 유지해나갈 수 있다는 확신을 갖게 되었다.

이 과제를 수행하면 자신의 가치관이 흔들리지 않을까 두려워하던 학생들에게는 과연 무슨 일이 일어났을까? 학생들은 대부분 기존의 신념에 변화가 생겼지만 그 때문에 가치관이 완전히 무너지지는 않았다. 오히려 자신들이 철저하게 믿었던 것들을 다시 한 번 생각해보고 오히려 기존의 신념이 더욱 투철해진 경우도 많았다.

편견에서 벗어나 타인의 관점으로 사고하는 법

라디오 쇼 진행자의 질문에 답하려고 손을 든 방청객 이야기에서 알 수 있듯 우리에게는 타인의 관점을 보지 못하는 맹점이 있다. 이런 맹점을 극복하려면 실험적인 지식을 받아들이는 능력이 있어야 한다. 사실적인 정보만을 아는 데 그치지 않고 타인들에게 이 세계가 어떻게 비칠지 볼 수 있는 상상력도 필요하다. 남의 말을 진심으로 경청하거나 상대방 입장이 되어보는 것, 영화와 소설, 기타 예술 형식을 통해 낯선 세계에 들어가 보는 것은 상당한 도움이 된다. 다른 사람들과 관계를 맺다 보면 상대방의 관점에 강한 거부감을 느끼는 경우가 있는데, 이는 상대방의 관점을 진정으로 이해하게 되면 기존에 유지해온 자신의 윤리적 가치 기준이 흔들릴까 봐 두렵기 때문이다. 하지만 사실 정반대되는 두 가지 이상의 관점이 각자 독립성을 유지하면서도 조화롭게 공존할 수 있음을 깨달으면 이런 맹점은 저절로 해소될 것이다.

6장

패턴 안의 갇힌 사고,
패턴 밖의 열린 사고

'패턴화된 사고'의 맹점

스캐빈저^{scavenger} 게임(지정된 물건을 빠른 시간 내에 모으는 일종의 보물찾기 게임)에 참가한 부유한 남자가 한밤중에 우리 집 초인종을 누른다고 상상해보자. 그는 목록에 적힌 마지막 물건인 가로 90센티미터, 세로 210센티미터짜리 나무판자가 혹시 있냐고 물어본다. 게임에서 이기려는 욕심에 그는 그런 판자를 구해주면 내게 1만 달러를 주겠다고 한다. 하버드대 교수이자 심리학자인 엘렌 랭어^{Ellen Langer}는 자신의 저서 《마음챙김 Mindfulness》에서 이런 가상의 장면을 묘사했다.[1] 이런 상황에서 여러분이라면 1만 달러를 얻을 수 있을까? 이 질문에 대해 랭어는 "아마도 그럴 수 있을 것"이라고 대답한다. 대부분의 가정에는 그가 찾는 나무판자가 있기 때문이다. 그런데도 사람들은 대부분 1만 달러를 얻지 못한다. 왜냐하면 필요한 물건을 바로 옆에 두고도 그 사실을 깨닫지 못하기 때문이다. 집에 있는 나무 문을 그 크기로 자르면 된다는 사실을 모르는 것이다. 이처럼 사람들이 중요한 점을 놓치는 이유를 랭어는 '범주화의 함정'에 빠져 있기 때문이라고 설명한다.

찰스 패너티^{Charles Panati}는 자신의 저서 《패너티의 일상적인 것들의 특이한 기원^{Panati's Exraordinary Origins of Everyday Things}》에서 해군 엔지니어인 리처드 제임스를 예로 든다.[2] 제임스는 항해 시 민감한 항해 도구들이 배의 속도에 영향을 받지 않도록 해주는 여러 가지 형태의 스프링을 실험하고 있었다. 그런데 실험 도중 바닥에 떨어진 스프링 한 개가 바닥 위로 구르는 대신 차곡차곡 쌓아둔 책 더미를 따라 기어 내려가는 모습을 보고는 깜짝 놀랐다. 제임스는 그 스프링을 항해 중 균형을 잡아줄 도구로 생각했지만 그의 아내는 다른 시각에서 보았다. 남편처럼 틀에 박힌 분류 체계의 함정에 사로잡혀 있지 않았기 때문에 그녀는 그 스프링을 재미있는 장난감으로 보았다. 그 스프링은 나중에 전 세계적으로 선풍적 인기를 끈 '슬링키Slinky'라는 스프링 장난감이 되었다.

　창의력에 관한 책을 보면 사람들이 경직된 사고를 하지 않는다면 더욱 창조적으로 될 수 있다고 강조한다. 창의적 사고는 우연히 떠오르는 경우가 많기 때문에 창의성 전문가들은 틀에 박힌 범주 안에서 생각하려는 일반인들의 사고 경향을 바꿔야 한다고 말한다. 하지만 분류에 의한 범주 중심 사고는 매우 유용한 것으로 우리 마음속에 무의식적으로 자리 잡고 있다.

인간의 자연스러운 속성 '사물 분류'

인간은 패턴을 추구하는 경향이 있다. 우리가 파악하려는 가장 기본적인 패턴은 '같은 점'과 '다른 점'이다. 이것이 파악되면 같은 것들끼리, 다른 것들끼리 각각 그룹을 짓는다. 12개월 된 아기를 보면 이를 알 수 있다. 이 무렵의 아기는 자발적으로 유사한 것들끼리 한 집단으로 묶을 줄 안다. 한 연구에서 아기 앞에 서로 다른 모양의 말 모형 네 개와 연필 네 자루를 늘어놓았다. 그러자 아기는 말과 연필을 따로 분류해 두 묶음으로 나누었다.

"18개월 정도가 되면 아이들은 상당한 체계성을 갖추어 물건의 특징에 따라 정확하게 분류한다. 깔끔하고 정확한 한 여자애는 심이 부러진 연필을 다른 연필들로부터 떼어놓아 결점이 있는 것으로 분류했다."[3]

사물의 유사점과 차이점, 서로 다른 사물들 간의 공존 방식 같은 패턴과 관계를 인식하는 과정은 우리가 지적으로 사고할 수 있는 능력을 갖추는 데 필수적이다. 마음속에 '뜨거운 것'으로 분류된 그룹을 저장해둔 아이는 화상을 입는 경우가 비교적 적다. 상세한 분류법을 만들어낼 수 있는 생물학자는 우리가 동물과 식물을 새로운 방식으로 이해할 수 있도록 도와준다. 우리가 낯선 문화를 접하게 될 때 머릿속에 들어 있던 기존 문화들의 분류 지식을 토대로 이해할 수 있다면 큰 도움이 될 것이다. 누군가가 "이것은 일종의 음식입니다"라거나 "저것은 그들이 즐기는 놀이입니다", 또는 "저들은 저런 식으로 신의 분노를 풉니다"라고 얘기해주면 낯설게만 보이던 것들이 점차 이해가 될 것이다.

유사점과 차이점을 알아내면 문제를 쉽게 해결할 수 있다. 앞에서 다룬 쿠루의 사례에서 인류학자 로버트 글라세^{Robert Glasse}와 셜리 린드봄^{Shirley Lindebaum}은 전염병학자 R. W. 호나브룩^{Hornabrooke}의 조언에 따라 이 끔찍한 질병의 원인을 규명하고자 뉴기니로 떠났다. 호나브룩의 조언은 범주화 사고력이 유용함을 잘 보여주었다. 그곳 원주민들 중 성인 남자는 쿠루에 감염되지 않았지만 여자들은 감염됐고, 어린아이들은 성별에 관계없이 모두 감염되었음을 발견한 호나브룩 박사는 "마을의 성인 여자들과 아이들은 모두 하고 있지만 남자 성인들은 하지 않은 것이 무엇인지 알아보세요. 그리고 이웃 부족민들도 하지 않은 게 무엇인지 살펴보고요"라고 조언해주었다.[4] "무엇이 똑같고 무엇이 다른가?" 이 단순한 질문을 통해 포 부족의 성인 남자들과 다른 부족민들은 걸리지 않는 질병에 왜 성인 여자들과 어린이들만 걸리는지 이유를 찾아낼 수 있었다. 이 같은 범주화 사고 능력이 사라진다면 우리는 무한히 소중한 자산을 잃게 될 것이다.

하지만 때로는 이 같은 사물 선별 능력이 결함이 되기도 한다. 범주화는 본질적으로 환원적이기 때문에 우리의 사고력에 맹점이 생길 수도 있다. 범주화하기 위해 분류하는 과정에서 대상들의 한두 가지 특징에만 초점을 맞춘 채 상호 간의 다른 차이점들은 모두 무시하기 때문이다. 각 집단에 존재하는 엄청난 차이점들을 무시한 채 이들을 함께 묶을 만한 공통점 중심으로만 환원시키다 보면 훨씬 더 다양성을 지닌 개별 구성원들의 특징이 묻혀버린다. 이 때문에 문과 나무판자를 같은 범주로 보지 못하고 1만 달러를 벌 수 있는 기회를 놓치는 것이다.

° 전략
기존 범주를 벗어나 새로운 분류 체계로 파악하기

크기와 모양, 색깔이 각기 다른 블록을 가지고 탑을 쌓으며 여러분과 함께 놀고 있는 세 살짜리 앤디를 상상해보라. 앤디에게 "이 블록들을 같은 것들끼리 모아볼래?"라고 시키면 앤디는 별 어려움 없이 해낼 것이다. 색깔별로 블록을 구분할 가능성이 가장 높지만 다른 기준에 따라 분류할 수도 있다. 이를테면 같은 모양이나 같은 크기의 블록들끼리 모을 수도 있다. 하지만 앤디가 분류를 끝낸 다음 '다른 방식으로' 블록을 모아보라고 하면 앤디는 여러분이 한 말의 의미를 정확히 이해하지 못한다. 색깔이나 크기, 모양 중 어느 한 범주로만 파악하는 함정에 빠져 다른 관점이나 기준으로 분류하는 생각을 미처 하지 못하기 때문이다.

나이를 먹으면서 아이들은 쉽게 관점을 바꿀 수 있게 된다. 초등학생들에게 다양한 범주로 블록을 나누라고 하면 무리 없이 해낸다. 어린 앤디와는 달리 초등학생과 성인들은 〈그림 4〉를 보며 "서로 같거나 잘 어울리는 것들끼리 두 가지 서로 다른 방식으로 분류해보세요"라는 주문을 별 어려움 없이 해결할 수 있다.

[전략 1] 범주를 바꾸어 다른 기준으로 세상 보기

일상생활을 하다 보면 두 번째 지시처럼 대상이나 사건을 다른 방식으로 보라는 요구를 듣는 경우가 별로 없다. 하지만 우리가 고려 중인 대상이나 사건이 다양한 범주에 속할 수 있다는 점을 스스로 상기할 수만 있다면 너무 단순화시켜 보았던 범주에서 벗어나 보다 복잡한 관계를 이해할 수 있게 될 것이다. 만화 〈피너츠Peanuts〉에서 찰리 브라운이 책상에 놓인 역사 시험 문제지를 눈을 껌뻑이며 내려다보면서 연필 끝을 물어뜯는 장면이 나온다. 시험 문제는 다음과 같다. '제2차 세계대전의 원인에 대해 설명하시오. 필요하다면 답안지의 앞뒷면을 모두 사용해도 좋습니다.' 이 만화에서 재미있는 점은 답안

- 서로 같거나 잘 어울리는 것 두 가지를 찾으세요.
- 이번에는 서로 같거나 잘 어울리는 것 두 가지를 다른 방식으로 찾으세요.

〈그림 4〉 하나의 범주에서 다른 범주로 이동하는 법

지의 앞뒷면을 모두 사용한다 하더라도 종이 한 장에 복잡한 제2차 세계대전의 발발 원인을 쓰기가 불가능하다는 것이다. 이처럼 좁은 여백에 답을 작성하려면 무수히 많은 관점을 무시해야만 한다. 어떤 답을 적어 넣든, 그리고 그것이 설령 정답이라 할지라도 제2차 세계대전의 복잡한 원인을 그 좁은 여백에 전부 기술한다는 것은 분명 불가능한 일이다.

제2차 세계대전의 원인에 대해 좀 더 충분히 논의하려면 우리가 기존에 배워 갖춘 범주를 참조하되 그 범주를 벗어나 다양한 관점에서 다시 보아야 한다. 경제적, 사회적, 역사적, 심리적, 정치적, 종교적, 지리학적 요인이 다양하게 작용했기 때문이다. 이처럼 복잡하게 얽힌 문제를 인식하고 분류 능력을 갖추었다면 〈그림 4〉에 대해 말과 얼룩말이 동물의 특성상 유사하다거나 얼룩말과 줄무늬 셔츠가 비슷하다는 대답만을 정답으로 생각하는 우를 범하지는 않을 것이다. 이런 문제를 풀 때의 요령은 우리 스스로가 기존 분류 체계를 기준으로 범주화하면서 다른 가능한 관점들을 무시한다는 사실을 기억하는 것이다. 그리고 어느 한순간에 파악된 것보다 세상의 현상은 훨씬 더 복잡하다는 것을 상기해야 한다.

[전략 2] '그냥'이라는 말에 주목한다

비행기가 나는 원리에 대해 한 조종사가 설명하는 것을 엿들은 적이 있다. 어떤 문제에 대해 그다지 깊이 생각하지 않았을 경우에는 "글쎄요, 그거 그냥 공기역학 때문 아닌가요?"라는 식으로 말할 수 있다. 이와 비슷한 예로 "그건 그냥 중력 때문입니다"라거나 "관심을 끌려고 그냥 그러는 거예요"라고 말하는 경우가 있다.

"왜 그런 현상이 일어나나요?", "저 여자 왜 저러는 거죠?" 같은 질문에 대답하면 된다는 생각에 굳이 보다 깊이 이해하려고 노력하지 않는다. 그 때문에 "중력이 도대체 뭔가요?", "누구나 주목받고 싶어 하지 않나요?", "그녀가 유독 더 관심을 받고 싶어 하는 이유가 뭔가요?"라는 식의 추가 질문을 하지 않는 것이다.

문화인류학자 메리 캐서린 베이트슨^{Mary Catherine Bateson}은 이런 유형의 말을 '그냥 화법'이라고 묘사했다.[5] 그냥 화법으로 말하는 사람들은 자신이 언급하는 내용을 무시한다고 베이트슨은 주장한다. "그건 그냥 제례의식이에요"라거나 "그건 그냥 공기역학 때문이에요"라고 말하면서 자신이 말하는 대상의 복잡성을 무시하고 단순화해버리는 것이다. 만약 그냥 화법에 좀 더 주의를 기울이면 '그냥'이라는 낱말이 든 표현에서 무시하는 듯한 말투를 감지할 수 있을 것이다. '그냥'이라는 낱말을 사용하는 이유는 매우 복잡한 것을 평범한 것으로 축소시키거나 단순화해 더 이상 질문을 용납하지 않으려는 의도임을 알아야 한다.

BBC와의 인터뷰에서 이론물리학자인 마이클 베리^{Michael Berry}는 과학자들이 그냥 화법을 사용하는 사례를 들려주었다. 태양광선 때문에 수영장 바닥에는 밝은 선들로 무늬가 형성된다. 광학을 연구하는 과학자에게 이런 무늬에 대해 물으면 아마 "아, 그거 별거 아니에요. 그냥 빛의 굴절 현상 때문에 생긴 거예요. 굴절 현상은 다들 아는 거잖아요"라는 식으로 대답할 것이다. 하지만 질문하는 사람이 왜 그런 특정한 형태로 무늬가 만들어지는지 끈질기게 물으면 그 과학자는 아마 대답하지 못할 거라고 베리는 주장한다.[6]

어떤 질문이나 관찰 결과에 대해 깊이 생각하지 않고 답변을 거부하는 이런 말투를 접할 때마다 귀를 기울여야 한다. 그러면서 머릿속으로 "그 이상의 무언가가 있다면? 사람들이 모두 받아들인다고 항상 진실이라는 법은 없지 않은가? 그렇게 될 리가 없다면?"이라고 자문해보아야 한다. 이런 질문들을 통해 상투적인 범주화에 갇혀 있던 복잡한 본질에 한 걸음 더 다가갈 수 있기 때문이다.

[전략 3] 문제의 핵심을 보고 다른 가능성을 생각하라

"이것은 무엇인가?" 혹은 "우리가 무엇을 하고 있는가?" 같은 질문에 더 다양하고 포괄적인 대답을 하려고 시도한다면 기존에 사용하던 범주의 편협성에서 벗어날 수 있다. 우리는 사건이나 대상을 분류하는 데 사용해왔던 과거의 협소한 틀에서 벗어난 대답을 찾고 싶어 한다. 화장품업체의 한 간부가 판매사원들에게 "우리 회사가 팔려는 게 무엇입니까?"라고 물어본 적이 있다. 그 간부가 원하는 대답은 분명 화장품이 아니었다. 왜냐하면 화장품이라는 범주가 질문의 요지가 아니었기 때문이다. 누군가가 화장품이라고 대답했다면 그 사람은 회사가 추구하는 바를 잘못 이해하고 있는 것이다. 이 회사가 팔고자 한 진짜 상품은 젊음과 아름다움이기 때문이다.

대상의 핵심을 파악함으로써 협소한 범주를 극복할 때 일상적인 문제에 대해서도 창조적인 해결책을 기대할 수 있다. 예를 들어보자. 진눈깨비가 내려 자동차의 잠금장치가 얼어붙자 펠리시티는 차 문을 열 수가 없었다. 그녀는 얼음을 녹이려면 휴대용 히터가 있어야 한다고 생각하다가 당장 구하기 힘든 히터 대신 헤어드라이어를 떠올렸다. 이처럼 우연한 기회에 머리를 말리는 헤어드라이어의 전혀 다른 용도를 발견해낸 것이다. 이번 장의 서두에서 언급한 스캐빈저 게임에 참여한 사람의 이야기는 핵심을 포착함으로써 좁은 범주에서 벗어날 수 있는 가능성을 제시해준다. 조금만 시야를 넓히면 집의 문도 판자로 되어 있음을 알 수 있기 때문이다.

문제를 풀려고 노력하는 과정에서 우리가 진정으로 원하는 것이 무엇인지, 실제 어떤 상황이 벌어지고 있는지 자문해보아야 한다. 우리에게 주어진 대상과 상황을 다른 관점에서 재구성해 바라볼 수 있다면 편협한 범주의 틀에 갇히는 일은 없을 것이다.

[시야 넓히기] 개인과 집단의 정체성 구분하기

내 친구는 기독교인이 대부분인 동네에 살고 있었다. 그 친구는 아이들에게 하누카Hanukkah에 대해 설명해주려고 일일 교사가 되어 학교에 갔다. 초등학교 1학년 선생님은 내 친구가 교실로 들어서자 환한 미소를 지으며 이렇게 말했다.

"어린이 여러분, 에이런의 어머니 스타인버그 부인을 반갑게 환영합시다. 오늘 스타인버그 부인은 유대교의 크리스마스인 하누카에 관해 얘기해주실 거예요."

그런데 소개가 잘못되었다. 그 교사의 소개는 어떤 사람들에게는 무식한 소리로 들릴 수도 있고, 또 다른 사람들에게는 모욕적이거나 둔감한 것처럼 들릴 수도 있었다. 하지만 사람들은 이런 식으로 자기만의 범주에 맞추어 사고하는 성향이 있다. 기독교인이었던 교사가 그랬듯 우리는 생소하고 낯선 것을 이해하기 위해 이미 익숙해진 범주를 활용한다. 예를 들어 얼룩말이 무엇인지 이해시키는 데 도움을 주기 위해 아이들에게 얼룩말은 줄무늬가 있는 말이라고 설명해준다. 아이들에게 자유시를 이해시키기 위해 자유시는 운율이 없는 시라고 설명한다. 이런 식으로 얼룩말과 자유시의 특징을 단순화시킨 채 아이들이 새로운 생각을 제시해도 일축해버리기 일쑤다. 그 교사도 하누카를 아이들이 이미 알고 있는 크리스마스와 비슷한 휴일 정도로 의미를 축소시킨 것이다. 물론 그 교사는 아이들에게 복잡한 개념을 쉽게 전달하기 위해 크리스마스라는 말을 사용했지만 자신도 모르는 사이 일일 교사인 스타인버그 부인이나 유대교 신앙을 무시했음을 알아채지 못했다. 그녀만의 맹점 때문이다.

범주를 만드는 경우 집단의 특성을 기준으로 개인들을 보기 때문에 개개인의 인식은 매우 평면적으로 폄하된다. 개별 구성원을 여자와 남자, 흑인과 백인, 불교도와 회교도, 민주당원과 공화당원, 교사와 변호사 같은 집단적 특징에 따라서만 분류하다 보면 개인에 대한 인식 자체가 무뎌진다. 물론 아시아계 아이들이 수학적 재능이 뛰어나다는 식의 정형화된 얘기가 듣기 좋을 수도 있다. 하지만 이런 분류는 개인이 속한 집단 자체의 복합성을 무시한 것이다. 사람들은 자신이 임의로 분류한 집단에 명칭을 붙이고 그 집단의 복잡한 특성을 간단한 명칭으로 대체하려 한다. 그러면서도 자신이 속한 집단의 특성과 자신의 개성 사이에 큰 차이가 있기 때문에 어떤 집단의 구성원으로 단순화되는 것도 싫어한다. 예를 들어 〈포춘〉이 선정한 500대기업의 CEO는 대부분 남자고, 수행 비서는 거의 여자지만 간혹 여성 CEO가 비서 취급을 받고는 불쾌해하는 경우도 있다.

《아랍인의 눈으로 본 십자군 전쟁》이라는 책으로 미국 내에서 널리 알려진 소설가 아민 말루프Amin Maalouf는 이렇게 말했다.

"레바논 기독교인이든 회교도든, 프랑스인이든 아프리카인이든, 아랍인이든 유대인이든 서로 똑같은 두 사람은 절대로 없습니다. 따라서 사람은 서로 맞바꿀 수 있는 대상이 아닙니다."

말루프는 사람들이 대부분 이 말에 동감하면서도 사실이 아닌 것처럼 행동한다는 점에 주목했다. 예를 들어 사람들은 "세르비아인들이 학살을 저질렀다", "영국인들이 몰살시켰다", "아랍인들이 거부했다"라는 식으로 말하면서 무의식중에 그 집단에 속한 모든 사람을 하나로 뭉뚱그려 그들을 '집단 범죄, 집단적인 행동과 의견'을 가진 것으로 묘사한다.[7]

말루프는 개인은 누구나 복합적인 존재이기 때문에 개인의 정체성을 집단의 정체성과 동일시하면 정확하게 파악할 수 없다고 역설한다. 말루프는 레바논에서 태어나 스물일곱 살까지 그곳에서 살았지만 이후 20년 넘게 프랑스에서 살았다. 그는 "내 모국어는 아랍어다. 아랍어 번역판으로 뒤마와 디킨스 작품을 읽었다"라고 말한다. 하지만 그는 프랑스어도 대단히 중시한다.

"난 프랑스의 물과 포도주를 마시고, 프랑스어로 책을 쓴다. 나에게 프랑스는 제2의 조국과 같다."[8]

말루프는 자기에게 레바논 성향이 강한지 프랑스 성향이 강한지 묻는 사람들에게 자신은 두 가지 성향을 똑같이 갖고 있다고 설명하지만 그런 대답을 무시한 채 사람들은 집요하게 어느 한쪽 성향이 더 강한지 묻는다.

말루프는 그런 질문에 대해 더 이상 미소로 대하지 않는다. 그런 질문은 상대방의 정체성에 관해 위험한 관점을 내포하고 있기 때문이다. 그런 질문을 하는 사람들은 우리 모두가 '단 한 가지 성향'만 가질 뿐이며 태어날 때부터 죽을 때까지 변하지 않는 '본질'이라고 전제하기 때문이다. 그러고는 마치 그 외의 모든 것은 그다지 중요하지 않다고 생각한다.' 이런 사고의 이면에는 누군가가 서로 반목하는 다른 집단에 속해 있을 때 어느 쪽을 택할 것인지 선택하라는 강요가 숨어 있다. 남북전쟁 당시 남부 출신 청년들은 미국 전체의 대의명분을 따를지 남부 여러 주의 주장을 따를지 선택할 수밖에 없었고, 그 때문에 형제들끼리도 총칼을 겨눠야 했다.

인간은 오랫동안 서로 다른 집단을 차별하고 박해하며 끔찍한 만행까지 저질렀다. 아민 말루프는 자신의 저서에서 사람들은 자신이 속한 집단의 정체성에 따라 사고하고 행동한다는 사실을 날카롭게 비판했다. 사람들은 독일 민족주의자나 프랑스 자유주의자, 기독교도나 회교도, 후투족과 투치족(아프리카의 두 종족으로 오랫동안 대립하며 수많은 유혈 충돌을 일으켰다)처럼 특정 집단으로 편 가르기를 함으로써 애국심과 종교, 민족적인 유대감과 충성심이라는 미명하에 잔혹한 행동들을 서슴지 않고 저질러온 것이다. 하지만 우리가 한쪽 집단에만 소속되어 있다고 보고 그 집단에만 충성하게 될 경우 말루프가 묘사했듯 자신의 의도와 "달리 비극적인 사태에 관여한 후 나중에 자신이 한 짓에 큰 충격을 받게 된다."[10]

개인의 정체성을 존중한다

상대방이 속한 집단의 정체성을 통해 서로를 파악하려는 성향으로 뜻하지 않은 비극이 초래되기도 하기 때문에 좋은 의도를 가진 사람들은 그런 성향을 아예 뿌리 뽑자고 주장한다. 상대방을 인종이나 성, 그 밖의 주관적 기준에 의거하지 않고 있는 그대로 보는 훈련이 된다면 개인을 소속 집단의 특성에 의해 판단하는 편협한 범주화의 오류가 줄어들 것이다. 예를 들어 교실에서 아이들 간의 인종차별을 막으려는 교사는 아이들을 흑인이나 백인으로 보지 않고 '아이들 자체'를 본다.

물론 그렇게 할 수 있는 사람도 상당수 있겠지만 미국에서는 피부색이 성별과 나이처럼 눈에 두드러지게 띄는 특성이기 때문에 피부색을 의도적으로 무시하려고 노력하는 것은 인위적일 뿐만 아니라 진실성이 결여되어 보일 수도 있다. 일례로 크리스라는 아이가 혼자 교실에서 뛰어나가는 모습을 상상해보자. 바로 뒤쫓아 복도로 달려나가 이리저리 살펴보지만 크리스의 모습을 찾을 수 없다. 그때 다른 교사가 복도 맞은편에 서 있는 모습이 보인다. 그래서 "크리스가 어디로 갔는지 못 보셨어요?"라고 묻는다. 그러자 그 교사는 "조금 전 여기 아이들이 몇 명 있었는데…. 그런데 크리스가 남자 애인가요 여자 애인가요?"라고 묻는다. 그럴 때 "몰라요. 전 아이들 성별에는 관심이 없거든요. 아이들을 있는 그대로 본답니다"라고 대답한다면 상대방이 얼마나 이상하게 생각하겠는가? 인종과 마찬가지로 성별도 눈에 띄는 뚜렷한 특징이므로 매우 중요하다. 성별을 의식하면 아이의 진정한 면모를 파악하는 데 다소 부정적인 영향을 미칠 수 있다고 해서 그런 범주를 아예 없애버릴 수는 없다.

"우리는 모두 그냥 사람일 뿐이다"라는 말은 사람들 간의 차이 때문에 벌어졌던 과거의 끔찍한 일들이 다시 반복되지 않도록 해보려는 좋은 의도에서 나온 것이다. 사람들은 우리 모두의 공통점을 강조하면서 그런 시도를 하게 된다. 하지만 나름대로의 범주에 따라 분류식 사고를 선호하는 사람들이 존재하는 한 이런 의도는 성공하기 어렵다. 더구나 다양성을 없애려는 목표 자체가 실패로 끝날 수도 있다. 다양성을 부인하면서 어떻게 다양성을 포용하고 존중하자고 할 수 있겠는가? 만약 대다수 사람들이 개인의 정체성이 집단의 정체성과 연관되는 것을 두려워한다면 개인의 정체성에 어떻게 가치를 부여할 수 있겠는가?

이럴 경우 개인을 있는 그대로 볼 수 있지만 한편으론 우리 정체성의 핵심적 측면을 간과하는 맹점에 빠지게 된다. 저술가이자 법대 교수인 할런 돌턴Harlon Dalton은 이렇게 말한다.

"개인적으로 나는 내가 속한 인종과 별개로 취급받고 싶지 않다. 내가 누구이며, 직업이 무엇인지, 어떤 존재인지는 대부분 미국에서 흑인 남성으로 자란 결과물이기 때문이다. 내가 속한 인종의 특성을 고려하지 않으면 나를 전혀 이해하지 못할 것이다."[11]

만약 특정 집단의 사람들을 긍정적, 부정적 측면을 모두 포함한 복합적인 측면에서 인정하고 바라볼 수 있다면 그 집단의 구성원들도 충분히 인간적으로 이해할 수 있을 것이다. 따라서 '책벌레'나 '피자를 좋아하는 사람'처럼 어떤 사람이 속한 다양한 여러 집단을 모두 볼 수 있는 렌즈가 있다면 그 사람의 가장 정확한 진면모를 알 수 있을 것이다. 사실 이 같은 수많은 특징이 모여서 한 개인의 진정한 정체성을 구성하기 때문이다.

사람들을 판단하는 범주에 변화를 준다

물론 이렇게 하기가 쉽지는 않다. 우리 중 어느 누구도 다른 사람의 복잡한 특성을 동시에 고려할 수는 없다. 마찬가지로 '기독교인' 또는 '회교도'와 같은 범주가 함축하고 있는 복잡한 내용을 항상 예리하고 명확하게 인식할 수도 없다. 대신 다른 사람이 그냥 화법으로 말할 때 귀 기울여 파악할 수는 있다. 어떤 사람이 "그러니까, 뭘 기대하시는 거죠?"라거나 "그 사람은 남자 아닌가요?" 혹은 "그냥 여자처럼요!"라고 대답하며 다른 사람의 행동을 설명하려고 할 때, 우리는 그 사람이 누군가의 특성을 무시하려 한다는 것을 알 수 있다.

이외에 한 관점에서 다른 관점으로 자주 시각을 바꾸는 노력도 해볼 수 있다. 제2차 세계대전을 복합적인 렌즈를 통해 봄으로써 협소한 분류화의 맹점에서 벗어날 수 있듯이 어떤 사람의 정체성 역시 그 사람이 속해 있는 다른 집단의 정체성을 통해 볼 수 있다. 나 역시 이런 개인적 경험을 한 적이 있다. 내가 재직한 대학에서는 교수진과 직원, 학생들이 참석하는 토론회를 개최하고 각 그룹에 백인과 흑인, 남자와 여자가 골고루 포함되도록 테이블을 배치했다. 토론을 하던 중 한 백인 남학생은 흑인 학생이 왜 자기에게 화를 내는지 이해할 수 없다며 도와달라고 했다. 그는 자신과 그 흑인 학생 둘 다 대학 육상부 선수였을 때의 사건을 들려주었다. 하루는 두 사람이 뷔페에서 줄을 서 있었는데 수박이 잘 익어 보였다. 그래서 백인 학생이 흑인 학생에게 말했다.

"와, 수박이네! 수박을 보니 반갑지 않아?"

그런데 흑인 학생이 불쾌한 표정을 짓자 영문을 모르는 백인 학생은 머쓱해졌다. 이 백인 학생은 정말로 본인이 무엇을 잘못했는지 몰랐다. 나처럼 그 남학생도 〈우리의 갱Our Gang〉이라는 텔레비전 프로그램을 보지 못한 것이다. 그 프로그램에는 멍청한 흑인들이 소풍을 가서 하모니카를 불며 수박에서 V자로 잘라낸 부분을 맛보는 장면이 나온다. 이 프로그램을 보지 못한 백인 학생은 다른 흑인들이 수박과 프로그램에 나온 멍청한 흑인들을 연관시켜 생각할 수도 있다는 것을 알 수가 없었다. 하지만 그는 이유를 알려주면 충분히 이해하고 배울 준비가 되어 있었다.

토론 테이블에 앉아 있던 다른 흑인 여학생은 그 백인 남학생을 이해하지 못했다. 그를 경멸적인 눈으로 바라보면서 "당신이 한 말이 얼마나 모욕적인지 모른다면 설명해봤자 아무 소용이 없을 듯싶네요"라고 쌀쌀맞게 말했다. 나는 그 여학생에게 화가 났다. 그 남학생이 이유를 듣고 이해한 후 변화할 수 있는 기회를 주지도 않고 무시해버렸기 때문이다. 그 여학생은 자기 기준으로 판단을 해 백인 남학생이 자기 말에 남들이 왜 불쾌해하는지도 모르는 멍청이거나 구제 불능이라고 생각해버렸기 때문이다. 토론에서 어느 편에 있든 관계없이 여학생은 그 남학생을 무시했다.

나는 그 흑인 여학생이 백인 남학생을 그런 식으로 대하는 건 잘못이라고 생각했다. 그런데 그 여학생에게서 문득 나 자신의 모습을 발견했다. 여자들은 남자들이 '아가씨'라고 부르면 왜 화를 내는지 이해할 수 없다는 남자들을 보며 나 역시 그 여학생처럼 느꼈던 적이 있다. 정말로 왜 여자들이 '아가씨'라는 말을 듣고 화를 내는지 모른다면 더 이상 설명해줄 필요도 없다며 여자들이 등을 돌릴 때 남자들이 느꼈을 당혹감이 비로소 이해되었다. 그 백인 남학생이 저지른 실수가 무엇인지 설명조차 하기 싫어하는 여학생의 부적절한 대응에 실망하면서 나 역시 남자들에게 얼마나 터무니없이 굴었는지 알게 되었다.

남들이 자신의 실수를 이해하지 못한다고 대화를 중단하기보다는 오히려 서로 이해하려는 시도를 해보면 어떨까? 할런 돌턴은《인종적 치유Racial Healing》에서 우리가 서로 당혹스러워하며 바라보거나 근본적인 오해가 있다는 것을 깨달았을 때 그런 순간을 즐겁게 받아들여야 한다고 말한다. 왜냐하면 인종이 우리의 삶에 얼마나 많은 영향을 미치는지 가르쳐주는 좋은 기회이기 때문이다.[12] 서로 다른 인종과 성별이 골고루 섞인 그 토론 시간 동안 한 백인 남학생이 최근 대학에서 후원했던 여학생 수련회에 관해 불평을 했다. 한 여학생이 수련회에 참가하기 위해 집에서 멀리 떨어진 곳에 가는 건 여학생들의 권리라고 주장했을 때 그 프로젝트를 기획한 내 입장에서는 든든한 후원자를 만난 것 같았다. 그런데 한 흑인 남학생이 토를 달았다.

"수련회에 참석하기 위해 멀리까지 가는 게 여학생들의 권리라는 데는 동의합니다만 여학생들이 무슨 토론을 할 것인지 미리 얘기해야 한다고 생각합니다. 그리고 돌아와서는 토론한 내용에 대해 보고서를 제출해야 한다고 생각합니다."

그곳에 참석한 여학생들은 흑인과 백인 구분 없이 몹시 놀란 표정을 지었다. 하지만 여학생들과는 대조적으로 흑인과 백인 남학생들은 모두 동의한다는 듯 고개를 끄덕였다. 한 백인 여학생이 말했다.

"흑인 학생 모두가 수련회에 가고 싶어 하는데, 모든 백인 학생이 '좋아, 그럴 권리는 있지. 하지만 돌아와서는 무슨 토론을 했는지 이야기해줘야 해'라고 말한다면 어떤 기분이 들겠어요?"

그녀의 말에 흑인 남학생들은 움찔하면서 자신들의 맹점 때문에 무엇을 못 봤는지 비로소 깨달았다.

이 두 가지 사례를 통해 알 수 있는 점은 남자와 여자, 흑인과 백인이라는 성별과 인종의 두 가지 측면이 다른 사람들의 입장을 파악하는 렌즈가 되었다는 것이다. 인종이라는 렌즈를 통해 흑인 남학생들은 여학생들의 수련회를 바라보는 자신들의 시각이 잘못되었음을 깨달았다. 사안에 따라 남학생과 여학생, 백인과 흑인으로 편이 갈리며 동질감과 이질감을 번갈아 느꼈던 것이다. 이전에는 포착하지 못했던 현실을 이해하기 위해 서로 다른 범주들 간에 관점을 달리해 바라볼 필요가 있다.

[고정관념] 범주화의 함정

"잠깐만요"라고 하면서 이의를 제기하는 사람도 있을 것이다. "당신이 이 책에서 한 말 때문에 마음이 불편하네요. 어찌 보면 괜찮은 것 같기도 하지만요." 다음과 같은 표현 뒤에는 '하지만'이라는 말이 뒤따라 올 수도 있다.

- 어떤 사람들은 정말 나쁜 마음을 먹기도 한다. 그런 사람들은 특정 집단을 미워하며 고의적으로 무시한다.
- 설사 그들이 고의적으로 하지 않았다 하더라도 고의가 아니었기 때문에 괜찮다고 생각할 수는 없다.
- 사람들의 맹점을 이해했다고 해서 그들에게 변화를 요구하지 않을 생각은 없다. "그래, 저 사람은 맹점이 있어. 그래서 가끔 아무 생각 없이 말을 하는 거야"라거나 "내가 한심스럽게 생각하던 행동을 할까 봐 걱정이야"라고 말할 수 있다.

이런 것들은 충분히 이해할 만하고 근거가 있는 걱정이다. 사람을 분류할 때 작용하는 맹점은 다른 사람들에게 해를 끼치는 태도를 정당화하는 데 잘못 이용될 수 있다. 만약 누군가가 의도적으로 어떤 집단의 사람들을 비하하려고 할 때 자신이 하는 일을 전혀 모르고 한 척 맹점을 악용할 수 있다. 하지만 이런 문제를 모르는 척 눈감아주기보다는 그 사람들이 하고 있는 잘못된 행동을 지적해줘야 한다. 이 책에 언급된 맹점은 어느 것이든 나쁜 행동에 대한 핑계로 이용될 수 있다. 이런 식으로 맹점을 악용한다면 질책을 해야 한다.

예를 들어 수박에 대해 얘기했던 백인 학생이 "글쎄, 난 잘 모르겠어. 누구 기분을 상하게 하려던 건 아니거든"이라고 말했다고 치자. 그렇다면 그는 자신이 왜 다른 사람을 불쾌하게 했는지 이유를 알아내서 다음부터는 같은 실수를 되풀이하지 않아야 한다. 그 백인 남학생이 흑인 학생들과 대화를 할 때 좀 더 신경을 써서 상대 학생들의 감정이 상하게 하지 않도록 노력해야 하는 것이다. 이것은 국제적인 사업을 하는 사람들이 스칸디나비아의 문화나 베트남인의 문화를 배움으로써 실수로 사업 파트너들의 기분을 상하지 않게 하려는 것과 같다.

사실 타인에게 자신의 맹점을 볼 수 있도록 돕는 것이야말로 그를 진정으로 돕는 첫 단계가 될 수 있다. 나 역시 한때 남자들을 모두 똑같은 부류로 취급했다는 점을 깨달았다. 일단 자신의 맹점을 인정하면 변화의 필요성을 느끼게 된다. 나도 범주화의 함정에 빠져 있음을 알고는 경솔하게 덤벙거리지 않을 수 있었다.

단순한 범주화 함정에서 벗어나는 법

이 장의 첫 부분에서 언급했던 스캐빈저 게임 참가자는 가로 90센티미터, 세로 210센티미터짜리 나무판자를 구해달라고 했는데, 어느 집에든 나무 문이 있으면 쉽게 만들어줄 수 있었음에도 이를 깨닫지 못한 것은 우리가 범주화의 함정에 빠져 있음을 보여준다. 대상과 사건을 분류하다 보면 맹점이 생기게 마련이다. 우리가 분류해 범주화하려는 대상의 복잡성을 단순화해 축소시킬 수밖에 없기 때문이다. 이런 맹점을 극복하기 위해 다양한 범주를 활용하는 전략은 대상의 복잡성을 최대한 반영하기 위해서다. 사건이나 대상을 분류하듯 사람들도 유형별로 범주화하려는 성향 때문에 문제가 되기도 한다. 사람들을 단순하게 분류함으로써 그들의 복합성을 무시하면 우리는 무슨 짓을 저지르는지도 모른 채 타인들을 모욕하고 비하할 수도 있다.

7장

보이지 않은 고리를 찾는
추론의 사다리 타기

성급한 '결론으로 비약하는' 맹점

1930년대 초 러시아의 심리학자 알렉산더 루리아^{Alexander Luria}는 문맹인 러시아 농부들과 인터뷰를 하며 그들이 어떻게 추론하는지 연구했다. 그는 인터뷰를 하며 농부들에게 논리적으로 추론해야 하는 질문을 던졌다.

"목화는 덥고 건조한 날씨에서 잘 자랍니다. 영국은 춥고 습합니다. 그렇다면 영국에서 목화가 잘 자랄까요?"

그러자 서른일곱 살 먹은 시골 농부가 이렇게 대답했다.

시골 농부 모르겠는데요.

면담자 잘 생각해보세요.

시골 농부 전 카슈가르 근방에서만 살았기 때문에 다른 곳에 대해서는 잘 몰라요.

면담자 제가 한 말을 토대로 생각해봐도 목화가 영국에서 잘 자랄지 어떨지 모르겠어요?

시골 농부 땅이 기름지면 목화가 잘 자랄 테고, 땅이 습하고 토양이 안 좋으면 목화가 안 자라겠지요. 카슈가르 같은 곳이라면 목화가 잘 자랄 거예요. 흙이 단단히 다져진 곳이 아니라면 그곳에서도 목화가 자랄 수 있겠지요.

면담자는 다시 한 번 질문을 했다.

"목화는 덥고 건조한 날씨에서 잘 자랍니다. 영국은 춥고 습합니다. 그렇다면 영국에서 목화가 잘 자랄까요? 제 말을 듣고 어떤 결론을 내릴 수 있을까요?"

시골 농부는 이렇게 대답했다.

"만약 그곳 날씨가 춥다면 자라지 않겠죠. 흙이 다져져 있지 않고 기름지다면 잘 자랄 테고요."

면담자는 계속해서 집요하게 질문을 했다.

"그러니까 제 말이 암시하는 게 뭔지 아시겠죠?"

다시 시골 농부가 대답했다.

"그러니까, 그게 우리 카슈가르 농부들은 어딜 가본 적이 없어요. 그러다 보니 그곳이 더운지 추운지 모른다니까요."[1]

이 시골 농부는 면담자가 원하는 대답을 하기가 왜 이렇게 힘든 것일까? 위의 상황은 어른들이 말귀를 잘 알아듣지 못할 때 늘 내 머릿속에 든 생각이었다. 그렇다면 어른들이 이해하지 못한 게 정확히 무엇인가? 그들은 무엇을 파악하지 못한 것일까?

논리적
필연성

직접 관찰한 적이 없어도 미루어 유추할 수 있다는 점을 그 시골 농부들이 몰랐을 거라는 생각이 들었다. 그래서 러시아 농부들에게 이렇게 말하고 싶었다.

"목화가 덥고 건조한 곳에서 자란다면 춥고 습한 나라에서는 자랄 수 없다는 것을 정말 모르겠어요?"

러시아 농부들은 철학자들이 논리적 필연성이라고 말하는 것을 이해하지 못했다. 논리적 필연성에 의하면 어떤 특정한 것이 사실일 뿐만 아니라 마땅히 사실이어야 한다는 것인데, 러시아 농부들은 그것을 이해하지 못하는 것 같았다. 일례로 언니와 내가 살아 있는 한, 언니 제인은 언제나 나보다 나이가 많을 거라는 점은 사실일 뿐만 아니라 당연히 사실이어야 하는 것이다.

논리적 필연성에 관한 또 다른 사례가 있다. 내게 모자 두 개가 있는데, 하나는 흰색이고 다른 하나는 붉은색이라고 가정해보자. 내가 여러분의 눈을 가린 다음 모자 한 개를 여러분 머리에 씌운다. 그런 다음 나머지 모자를 내 머리에 쓰고 여러분의 눈가리개를 푼 다음 이렇게 물어본다.

"당신 머리에 쓴 모자 색깔이 무엇인지 확실하게 말할 수 있나요?"

거울을 보지 않거나 머리에 쓴 모자를 벗어 직접 확인해보지 않더라도 내가 붉은색 모자를 썼다면 여러분이 쓰고 있는 모자가 흰색임은 어렵지 않게 알 수 있다. 내가 적어도 다른 방법으로 당신을 속이지 않는 한 말이다. 그 사실은 앞서 주었던 정보로부터 필연적으로 뒤따르는 결론이다.

우리는 그런 사실이 '마땅히 사실이어야 한다'는 것을 '안다'. 왜냐하면 논리에 지배받기 때문이다. 우리는 직접적으로 관찰한 것이 아니라 우리가 이미 알고 있는 사실로부터 유추할 수 있다. 하지만 러시아 농부들은 영국에서 목화가 자랄 수 있을지 직접 가서 보지 않는 한 알 수 없다고 고집했다. 결과적으로 루리아와 그의 동료들은 농부들이 추론 능력이 부족하다는 결론을 내렸다. 하지만 루리아의 표현을 빌리자면, 그 농부들은 자신들의 삶과 직접적인 관련이 있는 것에는 탁월한 판단을 내렸다. 그들은 세상살이의 지혜를 드러내주는 일상생활에 대해서는 논리적인 결론을 내릴 수 있었다.[2] 그렇다면 그들은 왜 루리아의 논리 추론 시험을 통과하지 못했을까?

교육을 덜 받은 어른은 논리적이지 못할까?

러시아 농부들의 문제가 무엇인지 설명하기 위한 루리아의 해석은 같은 시기에 다른 집단을 연구했던 연구자들의 설명과 매우 유사하다. 예를 들어 영국의 인류학자 에드워드 에번스프리처드Edward Evans-Pritchard가 아프리카의 아잔데Azande 부족을 연구하고 난 뒤 일상생활에서 실용적인 추론을 하는 데는 아무런 문제가 없음에도 기본적인 논리적 추론은 이해하지 못하는 것처럼 보인다고 결론을 내렸다. 아잔데 부족은 죽은 여자의 내장에 어떤 물질이 들어 있는지 여부에 따라 마녀인지 아닌지 알 수 있다고 믿었다. 만약 이 점이 밝혀지면 죽은 여자의 친척들이 마녀가 되는 데 필요한 영적인 주술의 힘을 물려받았는지도 알 수 있어야 했다. 그런데 에번스프리처드가 마녀를 구분해내는 일을 중요하게 생각하는 아잔데족에게 누가 마녀이고 아닌지를 논리적으로 설명해보라고 요구하자 부족민들은 그의 질문이 가당치도 않다며 대답을 거부했다. 에번스프리처드의 질문에 논리적인 대답을 거부한 아잔데 부족민들에 대해 일부 철학자들은 "아잔데 부족은 비합리적인가?"라는 의문을 제기했다. 아잔데 부족은 자신들을 연구하던 사회과학자들보다 덜 합리적이었다고 볼 수 있을까?

내 생각에는 '덜 합리적'이라는 말이 교육을 적게 받은 사람들이 교육을 많이 받은 사람들에 비해 똑똑하지 않다는 점을 완곡히 표현한 학술상 어휘 같다. 하지만 아잔데 부족민과 러시아 농부들은 일상생활에서는 우수한 추론 능력을 보여주었다. 그들은 토양 조건, 기후 등을 토대로 어떤 농작물을 심어야 그 지역에서 수확을 가장 많이 할지 정확하게 판단했다. 그렇다면 왜 논리적 문제는 풀지 못했을까?

어린아이들조차도 논리적인 생각을 할 수 있다는 점을 생각해보면 이런 결과를 더욱 이해할 수 없다. 앞서 언급했던 모자 문제를 제시했을 때 유치원생들조차도 친구가 쓴 빨간 모자를 보고 자기는 흰색 모자를 쓰고 있다고 대답했다.[3] 어린아이들은 완전히 꾸며낸 동물에 대해서도 같은 추론 능력을 보였다. 앞에서 언급했듯이 아이들에게 "머즈는 기분이 좋으면 웃어요. 웃는 동물은 버섯을 좋아하지 않아요"라고 말한 뒤 "그럼 머즈는 버섯을 좋아할까요?"라고 물으면[4] 아이들은 추론을 통해 정확히 대답을 했다. 아무리 정식 교육을 받지 않았다 하더라도 어른들이 그 같은 추론을 할 수 없다는 게 도무지 이해가 가지 않았다. 그렇다면 무엇이 잘못된 것일까?

일상 경험을 토대로 생각하기

사장이 여러분에게 "다음 세 달 동안 야근을 하면 월급을 올려주겠네"라고 했다면 그 반대의 경우도 생각할 수 있다. 다시 말해 야근을 하지 않는다면 월급을 인상해주지 않을 거라는 말이다. 대부분의 경우 이처럼 반대로 해석하는 게 말한 사람의 진짜 의도인 경우가 많다. 이 같은 추론을 언어학자들은 유추추론invited inference이라고 한다. 유추추론은 논리적으로 필연적인 것은 아니지만 일상적인 대화 중에서라면 흔히 추론해볼 수 있는 해석이다.[5]

일상적인 대화에서는 반대의 경우도 사실이라고 충분히 가정할 수 있다. 하지만 논리 시험에서는 그런 가정으로 인해 함정에 빠질 수 있다. 어떤 명제의 역이 항상 참은 아니기 때문이다. 예를 들어 모든 어머니는 여성이지만 모든 여성이 어머니는 아니다. 어른들은 어떤 진술이 참일 때 그 역도 반드시 참일 거라고 가정하는 성향 때문에 논리적인 문제를 해결하려 할 때 실수를 많이 한다. 일상생활에서는 잘 적용되던 전략이 논리 문제에서는 우리를 함정에 빠뜨리는 것이다.

사실상 논리 게임은 일상생활에서 사람들의 말을 해석하는 데 도움을 주기보다는 정반대의 규칙들에 의해 지배된다. 통상적으로 우리는 자신이 듣는 말의 내용을 이해하기 위해 일반적인 세상의 지식에 의존한다. 하지만 논리 게임은 이런 일반적인 지식을 무시하고 글자 그대로의 의미만 고려해 결론을 내리도록 요구한다. 한번은 가게의 주류 코너 입구에 붙어 있는 표지판을 보면서 여덟 살짜리 아이가 말하는 것을 들은 적이 있다. 표지판에는 "맥주를 사려면 스물한 살이 돼야 합니다"라고 적혀 있었는데, 이것을 본 아이는 잠시 생각하더니 함께 온 어른에게 말했다.

"우리 중 아무도 여기서는 맥주를 살 수 없어요!"

글자 그대로 해석하다 보니 이런 농담이 되었던 것이다. 사실 그 표지판의 의미는 정확히 스물한 살이어야 한다는 게 아니라 적어도 스물한 살은 되어야 맥주를 살 수 있다는 것이다.

다음은 논리 문제를 푸는 것이 일상생활에서 제대로 추론하도록 도와주는 것과 다를 수도 있다는 예다.

> 모든 독약은 쓰다.
> 비소는 쓰지 않다.
> 따라서 비소는 독약이 아니다.

'비소는 독약이 아니다'라는 결론이 타당한지 묻는 논리 시험이 있다면 정답은 '그렇다, 독약이 아니다'일 것이다. 논리적으로 타당한 문제가 실생활에서도 항상 참은 아니다. 논리 문제에서 타당하다는 것은 처음의 두 진술로부터 도출된 논리적 결론만을 의미하는 것이다. 따라서 이와 같은 논리 문제에서는 처음의 두 진술이 옳지 않더라도 그 점은 무시한 채 두 진술로부터 필연적으로 주어진 결론이 나올 수 있는지만 확인하면 된다. 만약 그런 결론이 나온다면 논리적으로 타당한 것이다. 설사 그 결론이 실생활에서는 사실이 아닐지라도 그런 방식으로 생각해야 한다.

하지만 이처럼 진술 간의 논리적 관계에만 초점을 맞추어 추론하며 그 진술의 진위를 무시하는 것은 자연스러운 사고방식이 아니다. 이와 마찬가지로 다른 사람의 말을 이해하려고 할 때 실생활에서 우리가 알고 있는 지식을 무시한 채 글자 그대로의 의미에만 초점을 맞추는 것은 결코 자연스럽지가 않다. 이런 특성을 파악하고 나면 유치원생도 아는 논리 문제를 왜 어른들은 모르는지 이해할 수 있을 것이다.

어른과 아이 모두 '자연스러운 논리^{natural logic}' 능력이 있다. 이 용어는 인지심리학자 마틴 브레인^{Martin Braine}이 사람들의 사고방식을 묘사하기 위해 사용한 것이다.[6] 그는 문맹인 사람도 자연스럽게 자신만의 연역적 논리 능력을 사용한다고 주장한다. 하지만 논리 문제를 제기하면서 그들이 정상적으로 언어를 해석하는 방법과 거꾸로 생각해보라고 하거나 일상생활에서 정상적으로 사고하는 것과 반대로 생각해보라고 하면 사람들은 함정에 빠진다.

일상생활에서 어떤 사람이 질문을 할 경우에는 정말 대답을 모르기 때문이다. 하지만 저술가이자 발달심리학자인 마거릿 도널드슨^{Margaret Donaldson}이 지적하듯 교실에서 일어나는 상황은 다르다. 강의시간에 질문을 하는 전문가나 트레이너, 교사는 이미 정답을 알고 있고, 학생들도 그 사실을 안다.[7] 그래서 그들이 아는 답을 말하기 위한 일종의 게임을 하고 있다고 생각한다.

이런 상황은 앞에서 기술했던 연구에서 무엇이 잘못되었는지 설명해준다. 그 연구에서 연구원은 테이블 위에 놓인 상자를 가리키며 "이 상자 안에 고양이가 있으면, 사과도 있을 수 있습니다"라고 말한다. 그러고는 상자 안을 들여다본 후 "아, 고양이가 있네요!"라면서 앞에 있는 피실험자에게 "그렇다면 여기에 오렌지가 있을까요?"라고 물었다. 실험에 참여한 어른 중 절반은 아니라고 대답했다.[8] 제시된 정보를 바탕으로 논리적으로 생각해보면 그 상자 안에 오렌지가 들어 있지 말라는 법은 없다. 따라서 "이 상자에 오렌지가 있을까요?"라는 질문에 대한 가장 정확한 대답은 "모르겠군요. 열어보면 알겠죠"다.

그럼 왜 절반가량의 어른이 "모르겠군요"라고 대답하지 못했을까? 그들은 왜 그 질문의 내용을 이해하기까지 같은 문제를 여러 번 반복해야 했을까? 이 연구에서 피실험자들은 연구원이 답을 이미 알면서 질문하고 있다고 생각했다. 연구원이 "상자에 오렌지가 있을까요?"라고 물은 것은 갑자기 비타민 C가 부족해서 한 질문이 아니라는 것은 누구나 알 수 있다. 피실험자들은 연구원이 상자 안에 오렌지가 있는지 없는지 이미 알고 있는 상황에서 자신들을 시험하고 있다고 생각했다. 이들은 과거의 경험을 통해서 "모르겠군요"가 정답일 확률이 거의 없다고 생각했다. 바로 그 때문에 실험에 참여한 어른들은 "모르겠군요"라는 말이 정답일 수도 있다는 생각을 하기까지 그토록 여러 차례 같은 문제를 되풀이해야 했던 것이다.

논리 문제 해결법 배우기

논리 문제는 어떤 사람이 영리한지 알아보는 데 좋은 도구다. 이런 문제들은 게임 잡지에 실리거나 아이들의 주의를 끌기 위해 레스토랑의 식기 받침대에 적혀 있기도 한다. 여섯 살이나 일곱 살 난 똑똑한 아이들조차도 〈그림 5〉에 제시된 문제를 보면서 처음에는 당황해하며 "피터가 어디 사는지 제가 어떻게 알아요? 피터에 관해 저한테 아무것도 알려주지 않았잖아요"라고 말할 것이다. 하지만 "여기를 한 번 보렴. 조앤이 어디 사는지 한번 추측해볼까? 먼저 조앤을 그 집

조앤, 살바도르, 미란다, 데릭, 피터는 모두 같은 구역에 산다.
각각의 집에는 누가 살까? 여기에 몇 가지 단서가 있다.

• 조앤은 같은 구역에 있는 집들 중 창문이 가장 많다.
• 살바도르는 꽃 알레르기가 있어서 꽃이 있는 집 근처에서는 살지 않는다.
• 미란다는 조앤을 좋아하지 않아서 가능한 한 조앤 집에서 먼 곳으로 이사했다.
• 데릭과 살바도르의 집 앞문은 디자인이 똑같다.

그렇다면 조앤, 살바도르, 미란다, 데릭은 어디에서 살까?
피터는 어디에서 살까?

〈그림 5〉 어린이들을 위한 논리 문제 –"피터는 어디에서 살까?"

밑줄에 적어 넣고……"라는 식으로 차분하게 접근하면 아이는 문제
의 의도를 금방 파악하며 해결해가는 전략을 쉽게 배운다.

이와 마찬가지로 논리 문제를 푸는 것은 바둑판처럼 모눈을 그려
놓고 주어진 사실 간의 관계를 분명하게 파악할 수 있도록 조직화하
는 과정이다.

이런 관계가 일단 분명해지면 대답을 추론해내기는 어렵지 않다.
관계가 분명해지면 피터의 집 위치가 분명해지기 때문이다. 어떻게
하면 정보를 가장 잘 해석하느냐가 관건인 만큼 이것만 해결되면 대
답이 확실해진다.

형식 논리 수업 중에 학생들은 벤다이어그램과 오일러 원을 통해 복잡한 정보를 나타내는 방법을 배운다. 이런 방법을 이용하는 능력은 논리적 추론은 물론 다양한 전략으로 퍼즐을 풀어본 경험과도 관계가 깊다. 그런 방법에 익숙해지고 적용법을 연습하면 거의 기계적으로 그 방식에 따라 대답을 도출할 수 있다.

이런 방법을 전혀 모르고 경험한 적도 없는 사람들은 이런 종류의 논리 문제를 맞닥뜨리면 당황하게 된다. 누군가가 필요한 방법을 알려주기 전에는 대답을 도출하기까지 거쳐야 하는 단계들을 어떻게 활용하는지 모르기 때문이다. 내가 볼 때 이들은 멍청한 게 아니라 경험이 없는 것이다. 그들도 다른 사람들처럼 태어날 때부터 논리적 사고의 토대를 갖추고 있다. 다만 그들은 논리 문제를 푸는 방법을 모를 뿐이다.

일상생활에서도 관련된 정보를 적절하게 조직화하는 방법을 찾지 못하면 중요한 점을 놓칠 수 있다. 여러 사람이 공동으로 자동차 한 대를 사용하는 계획을 치밀하게 짜본 적이 있는가? 남편과 아내가 차 두 대를 아들과 함께 사용한다고 치자. 남편은 여행을 많이 하기 때문에 비행기를 자주 이용한다. 그래서 남편이 비행기를 타는 동안 다른 두 사람이 차를 이용할 수 있다. 아들은 직장에 갈 때 차가 필요하지만 시간은 유동적이다. 학교에 갈 때는 기차를 이용할 수 있지만 학교 수업이 끝나고 곧장 직장에 갈 경우에는 자동차를 이용해야 한다. 이들이 의논하는 모습을 지켜보면 아마도 이런 말이 들릴 것이다.

"잠깐만요, 전 화요일은 문제없어요. 그땐 아빠가 비행기를 타고 계실 테니까요."

이처럼 세밀하게 계획을 짜다 보면 우리는 예상했던 것보다 훨씬 더 복잡하다는 결론에 이른다. 세 사람이 비논리적이거나 멍청해서가 아니라 상황이 가변적이라 규칙적인 스케줄을 짜기 어렵기 때문이다. 이쯤에서 "잠깐만요"라고 문제를 제기하는 독자도 있을 것이다. "우리가 논리적 능력을 타고나지만 모호한 논리 문제를 해결하는 방법을 이해하지 못하거나 조직화하기에 너무 많은 정보가 주어졌기 때문에 어려움을 겪는다는 견해에 대해서는 반박할 만한 여지가 많은데요. 그런 방식으로도 설명할 수 없는 실수는 왜 저지르는 것일까요? 실생활과 관련된 추론을 할 때조차도 실수를 하지 않나요? 몇 가지 안 되는 정보를 토대로 추론할 때도 실수하는 건 어떻게 설명할 수 있죠? 별로 복잡하지도 않은 일상생활과 관련 있는 문제에서도 실수를 하는 이유는 뭔가요?"

전략
잘못된 비약을 통해 결론에 도달하는 맹점 극복법

스스로 내린 추론의 결과를 자문해보면 자신의 맹점을 극복할 수 있다. "그렇게 믿게 된 이유가 무엇일까?"라고 자문한 후 타당한 이유를 밝혀내는 경우도 많다. 하지만 우리의 사고 과정은 잘 드러나지 않는 경향 때문에 이유를 분명히 알 수 없는 경우도 있다.

논거의 보이지 않는 고리를 시각화하기

다음과 같은 질문을 해보면 도움이 될 것이다.

"나의 추론은 무엇인가?"

나는 왜 그렇게 생각했을까? 나는 그것을 어떻게 아는가? 이때 결론에 도달하게 된 자신의 생각을 다이어그램이나 차트를 만들어 기록하면 도움이 된다. '누가 그런 짓을 저질렀을까?'라는 질문에 대해 소설 속 탐정들은 의자에 앉아 자신이 수집한 정보를 이리저리 짜 맞추는 경우가 있다. 그들은 X가 범인이라거나 Y는 무죄라고 직감으로 알아채기도 한다. 이런 직감은 다양한 의문점을 추적해가는 데 도움이 된다. 자신의 직감에 대한 확신은 추론 작용을 더 활발하게 만드는 효과도 있다. 자신의 추론이 맞다는 확신이 들면 그것을 더 세밀하게 검토하고 더 많은 질문을 할 수 있기 때문이다.

예를 들어 새로운 배송 방법을 도입하자는 봅의 제안에 직장 동료와 여러분이 이야기를 나누고 있다고 상상해보자. 다음은 가상의 대화 내용이다.

로라

왜 봅의 계획에 반대하냐고 로라에게 묻자 "봅은 멍청하거든요!"라고 대답한다. 그게 로라가 봅의 의견에 반대한 이유이다. 그렇다면 이런 질문을 해보자.

"그것이 타당한 이유가 될까?"

스스로 자문해보자. "봅이 멍청하다는 사실이 이 제안과 정말 관계가 있는가?" 이 질문은 멍청이라는 말이 이 문제의 본질로부터 내 주의를 분산시키고 있지 않은지 살펴보는 데 도움이 된다. 말하자면 봅이 제안한 방법이 우리가 현재 사용하고 있는 것보다 나은지 아닌지, 그 방법을 도입할 가치가 있는지, 혹시 핵심적인 문제를 피해가고 있는 것은 아닌지 의심해보는 데 도움이 된다.

오드리

"왜 바꿔야 하죠?"라고 반문하면서 오드리는 현재의 배송 방법에서 발생하는 상당수 문제가 새로운 방법을 채택해도 계속될 것이라고 지적한다.

이 경우에는 이렇게 물어봐야 한다.

"그런 생각은 논리적인가?"

오드리의 추론에 의하면 새로운 방법을 채택하지 말아야 할 것처럼 보인다. 왜냐하면 새로운 방법 역시 완벽하지 않기 때문이다. 하지만 새로운 방법이 모든 문제를 해결해주지 못한다고 해서 반드시 그 방법에 반대해야 할까?

그 대신 제대로 된 질문, 즉 새로운 배송 방법을 도입하는 데 드는 비용을 고려했을 때 현재의 배송 방법이 충분히 개선될 수 있는지를 물어야 한다.

코지

코지는 이렇게 말한다.

"기존 방식을 유지하든가 봅의 방식으로 바꾸든가의 문제인데, 기존 방식에 문제가 많으니까 난 봅의 방식에 찬성이야."

누군가가 찬성과 반대 두 가지 중 하나를 고르라고 할 때 이렇게 자문해볼 필요가 있다.

"이유 자체가 잘못된 것은 아닌가?"

"잘못된 선택을 제시하는 것은 아닌가?"

코지의 추론 방식에는 이의를 제기할 수 있는데, 이것이나 저것 중 양자택일할 상황은 아니었기 때문이다. 두 가지 대안보다 더 많은 선택의 여지가 있지 않았을까?

트리샤

"전 봅의 제안에 찬성해요. 그는 지난 몇 개월 동안 이 계획에 대해 생각해왔거든요. 이 계획을 거부당하면 그는 좌절하고 말 거예요. 그러면 다음부턴 누가 새로운 제안을 하려 하겠어요?"

누군가가 공감을 유도하면서 자신을 설득하려 한다면 이렇게 자문해보자.

"이 건에 대해 내가 감정적으로 치우친 건 아닐까?"

트리샤는 봅의 마음을 이해하려 하면서 그의 계획을 거부하면 그가 실망할 거라고 한다. 하지만 봅의 계획을 채택하고 실행했다가 실패를 하면 그가 더욱 실망할 수도 있다고 지적하며 트리샤의 생각에 반대할 수도 있다.

동료에게 대응하는 방법

문제 있는 의견을 제시하는 사람에게는 "그래서 이렇게 생각하는 건가요?"라고 의문을 제기하며 문제점에 주목시킬 필요가 있다.

오드리에게 이렇게 말한다고 상상해보자.

"새로운 방법이 완벽하지 않아 기존 방법의 모든 문제점을 해결하지 못한다고 해서 새 방법으로 바꾸면 안 되는 건가요?"

코지에게는 이렇게 물을 수 있다.

"그렇다면 기존 방법을 그대로 사용하거나 봅의 제안을 수용하는 두 가지 방법밖에 없다는 건가요?"

한편 트리샤에게는 "봅이 제안한 방법이 나중에 실패할 수도 있는데 당장 그가 실망할까 봐 거부하지 말고 채택해야 한다는 말인가요?"라고 다시 물을 수 있다. 이런 식으로 질문하면 상대방은 한 걸음 물러나 재고해보거나 좀 더 고려해볼 만한 다른 이유를 제시할 수도 있다.

[전략 2] 흔한 오류를 단서로 지적하기

철학자들은 사람들이 자주 저지르는 추론상의 실수를 수많은 논리적 오류로 분류해왔다. 추론할 때 우리가 흔히 저지르는 실수를 식별하는 방법 중에는 그런 오류들이 무엇인지 직접 살펴보는 것이 있다. 다음은 그런 오류 중 네 가지다.

흔히 저지르는 오류

1) 상대방의 아이디어를 평가하기보다 인신공격을 한다.

   예시 | "봅은 멍청하거든!"이라고 단언하는 것이 이런 오류의 대표적인 예다.

2) 완벽하지 않다는 이유로 새로운 제안을 거부한다.

   예시 | 봅이 제안한 방법이 모든 문제를 해결할 수 없다고 반대하는 것이 이런 오류다.

3) 다양한 가능성을 찾기보다는 양자택일식으로 사고한다.

   예시 | 봅의 계획을 수용하거나 기존 방식을 유지해야 한다는 코지의 주장이 이런 오류에 속한다.

4) 지지를 받기 위해 추론보다 감정에 호소한다.

   예시 | 제안을 거부당하면 봅이 크게 실망할 거라는 트리샤의 주장이 감정에 호소하는 대표적 예다.

다섯 손가락으로 꼽을 만한 이런 오류들은 빙산의 일각에 불과하다. 철학자이자 논리학자인 에드워드 대이머Edward Damer는 저서 《논리의 오류Attacking Faulty Reasoning》에서 이런 논리적 오류들에 관해 묘사했다.[9] 대이머의 저서에는 일상 대화에서 잘못된 추론을 발견했을 경우 이를 건설적으로 반박할 수 있는 방법들이 잘 기술되어 있다.[10] 그는 상대방이 말하는 내용을 무조건 반박하기보다는 어떤 행동을 하기 전에 그 문제에 관해 다시 한 번 자신의 추론을 검토해보도록 기회를 주라고 말한다.

《도덕, 정치를 말하다: 보수와 진보의 뿌리는 무엇인가Moral Politics: How Liberals and Conservatives Think》[11]의 저자이며 심리학자이자 언어학자인 조지 레이코프George Lakoff는 자유주의자들과 보수주의자들이 서로를 비논리적이라며 비난한다고 기술했다. 예를 들어 낙태 반대 보수주의자들은 저소득층 어머니들을 위해 정부가 태아 보호법을 실행하는 데 반대한다. 자유주의자들은 이를 비논리적이라고 생각하며 "보수주의자들은 태아 보호에 관심이 많다면서 영유아 사망률을 감소시킬 수 있는 프로그램에 왜 반대하는가?"라고 반문할 것이다. 반면 보수주의자들은 자유주의자들이 미국의 꿈을 믿는다면서 왜 경제적으로 성공한 사람들에게 누진 소득세를 적용해 부를 환원해야 한다고 주장하는지 이해하지 못한다.

양쪽 입장은 서로에게 비논리적으로 보이겠지만 레이코프는 두 집단 모두 매우 논리적이라고 믿는다. 두 집단 모두 자신들이 수용하는 은유로부터 논리적 결론에 이르기 때문이다. 그렇다면 그런 은유는 무엇일까? 레이코프에 의하면 양쪽 모두 국가를 가족으로 보고, 정부를 가장으로 생각한다는 점에서는 마찬가지다. 하지만 관점의 차이 때문에 정치적으로 보수적인 개인은 정부가 '엄한 아버지'처럼 행동하는 걸 선호하지만 자유주의자들은 정부가 '자상한 부모'처럼 행동하기를 원한다. 레이코프는 외관상으로는 상반되어 보이는 양쪽의 입장이 사실상 같은 가족 모델에서 비롯되었음을 보여준다.

레이코프는 사람들 대부분이 이런 은유를 상식처럼 보기 때문에 제대로 의식하지 못한다고 말한다. 의사와 환자의 관계가 좋은 예다. 오랜 세월 동안 의사와 환자의 관계는 부모와 자녀의 관계에 비유되었다. 환자는 의사의 지식과 경험에 토를 달지 않고 받아들이고 의사의 지시에 순종해야 하는 것처럼 여겨졌다. 반면 의사와 간호사의 관계는 간호사가 몇십 년의 경험이 있다 할지라도 의사가 처방해준 대로 따라야 하는 주인과 노예의 관계에 비유되어왔다. 하지만 최근 들어 이런 은유가 부적절하다는 이의가 제기되었다. 의사와 환자, 의사와 간호사 간 관계의 은유에 깔려 있는 전제를 깨닫고 그런 은유의 타당성에 의문을 제기하는 일이야말로 새로운 관계의 패러다임을 정립하기 위한 첫걸음이 될 것이다. 일단 새로운 패러다임이 정립되어야만 의사와 환자, 간호사 간의 새로운 모델이 구체화될 수 있다.

　"이건 그냥 상식이야"라고 말할 때 그 상식이 어떤 은유에서 비롯된 것인지 다시 한 번 생각해볼 필요가 있다. 그리고 그 은유가 해당 상황에 과연 올바로 적용될 수 있을지 반문해보자. 만약 그 은유가 잘 맞지 않는다는 생각이 들면 아무리 상식적으로 보이더라도 재고해볼 필요가 있다.

[전략 4] 예리한 적을 친구로 만들기

　자신의 의견에 반대하는 사람들의 비판을 들으며 자신의 추론에 오류가 있는지 확인해볼 수 있다. 때로는 반론하는 상대방의 의견을 듣다 보면 자신의 추론이 더 명료해지기도 한다. 그러므로 여러분의 의견에 대해 "그러니까 당신이 믿는 게 무엇인지, 왜 그렇게 믿는지 나를 이해시켜보세요"라고 서슴없이 이의를 제기할 것 같은 친구를 찾아보라. 그런 상대에게 자신의 입장과 생각을 부연 설명해 이해시키다 보면 본인의 사고 과정에서 어떤 문제점이 있었는지 발견할 수 있다. 결국은 원래 자기 입장으로 되돌아가더라도 또 다른 사람에게는 훨씬 더 설득력 있게 제시할 수 있을 것이다.

[시야 넓히기] 불합리해도 성공하는 정치 선거

영리한 정치가들은 자신의 발언이 마치 상식인 것처럼 교묘한 은유를 사용해 유권자들의 판단을 흐리게 만드는 경우가 있다. 특히 선거 광고나 연설에서는 시간 제약 때문에 대체로 요점을 인상적인 표현으로 압축해야 한다. 그 때문에 정치가들은 의도적으로 상식화된 은유, 감정에 호소하기, 양자택일식 선택 방법을 이용해 이슈를 제시하고 부각하는 방법을 배운다. 정치가들이 그렇게 하는 이유는 길고 복잡한 주장을 펼치는 것보다 그런 방법이 여론을 파고드는 데 훨씬 효과적이라는 것을 알기 때문이다.

이처럼 불합리한 주장이 효과를 보는 것은 정치 분야뿐만이 아니다. 제안서를 꼼꼼히 따지고 자세히 발표해야 하며, 제안서의 장단점을 두고 실무진이 치열하게 논쟁을 벌이곤 하는 사업 분야에서도 비판적으로 사고하는 경향이 있다. 하지만 핵심 의사 결정권자에게 강력한 인상을 주어야 하는 제안서를, 촉박한 시간 내에 작성해야 하는 상황에서는 정치권의 선거에서와 비슷한 일이 벌어진다. 이런 상황에서는 이슈를 심도 있게 분석해 지원을 얻어내는 방법보다는 감정에 호소하거나 서로 모순되는 오류에 의존한 주장이 훨씬 더 설득력을 얻기도 한다.

물론 궁극적으로는 학교, 회사, 국가를 위해서는 오류 없는 추론을 바탕으로 가장 현명하고 장기적인 결정을 내려야 한다. 하지만 치밀한 사고를 당연한 규범으로 인식하고 비약적인 결론을 의심하는 분위기를 조성하는 일은 생각보다 쉽지 않다. 어떤 문제에 대해 충분한 분석을 제공하는 긴 논문이나 책, 보고서 대신 이를 간단한 두세 문장으로 압축한 요약본이 주류를 이루는 시대에 현명하고 깊이 있는 사고를 하기란 결코 쉬운 일이 아니다.

[고정관념] 논리적이면 냉정하다?

비판적 사고에 대해 강의하던 중 미리엄이라는 여성을 만난 적이 있다. 그녀는 내 강의를 들으며 연신 "아! 정말이에요. 저도 유명 대학에서 비판적 사고법을 가르치는 최고 과정을 수강했어요. 그런데 비판적인 사고를 못하는 사람이 너무 많더라고요." 그녀는 논리적 비판을 좋아하고 그 분야에 뛰어난 자신이 엄마나 직장 동료들과 대화하다가 느낀 점을 털어놓았다. 2분 정도 대화를 나누다 보니 그녀가 남들에 대해 대단한 우월감을 가지고 있으며 독선적인 면이 있음을 알게 되었다. 그 때문에 그녀는 자기 의견을 논리적으로 방어하지 못하는 사람들을 보면 참지 못한 채 멍청하다고 무시하곤 했음을 알 수 있었다.

비판적 사고나 논리적 추론에 대한 사람들의 인식이 좋지 않은 이유는 미리엄 같은 성격의 사람들과 마주쳐본 경험 때문이다. 비판적 논쟁이나 연역적 추론을 많이 경험해본 사람은 다른 사람들보다 더 뛰어난 능력을 발휘하는 경우가 자주 있다. 그 때문에 다소 독선적인 사람이 많다. 이들이 범죄 현장의 단서를 하나씩 분석하며 추론하는 셜록 홈스라면 나머지 사람들은 고작해야 왓슨처럼 힘들게 노력하는 팀의 팀원에 불과하다. 더구나 미리엄처럼 논리적인 사람은 직관을 믿지 않는 경향이 있다.

논리적인 사람들은 "그냥 나는 나니까"라거나 "그냥 그런 느낌이 들어서"라고 말하는 사람들을 단순하다고 여긴다. 하지만 그들이 무시하는 것처럼 직관은 과연 아무런 논리적 토대가 없는 것일까?

내재된 지식이 표출된 직관

대부분 자신이 확고하게 믿는 신념이나 관행을 논리적으로 명료하게 설명하기는 매우 어렵다. 이것은 추론 능력이 부족하기 때문이 아니라 지식이나 경험이 그다지 의식적으로 인식하지 못한 채 내재되어 있는 경우가 많기 때문이다. 이런 성향의 사람들은 직관적으로, 자동적으로 '육감에 의존해' 행동한다.

영문학 교수인 토리 해링-스미스Tori Haring-Smith로부터 그녀의 경력에 중대 전환점이 됐던 일화를 들은 적이 있다. 그녀는 강당에 모인 많은 학생에게 시의 의미에 관한 강의를 하고 있었다. 시가 얼마나 재미있으며 얼마나 아이러니한지 열강을 하며 한창 몰입해 있었다.

"그런데 앞줄에서 누군가가 손을 들기에 그냥 무시하려고 했어요. 하지만 치켜든 손을 좀처럼 내리지 않기에 강의를 잠시 멈추고 그 학생에게 질문을 받았죠. 그랬더니 내가 강단에 선 후 아무도 물어본 적이 없는 질문을 하는 거예요. 그 학생은 '교수님, 만약 교수님이 영문학 교수가 아니었다면 이 시가 재미있다는 것을 어떻게 알았을까요?'라고 물었어요."

정곡을 찌른 질문에 해링-스미스 교수는 뭐라고 대답할 수 없었다.

"내가 마술사처럼 굴었다는 걸 깨달았어요. 마치 모자에서 토끼를 꺼내는 마술사처럼. 시를 분석하면서 내가 얼마나 똑똑한가 보여주려 안달이 나 있었던 거예요. 하지만 어떻게 그런 분석을 하게 되었는지 전혀 단서를 제공하지 못했어요. 어떻게 하면 그런 분석을 할 수 있는지 학생들에게 가르치지 못한 거예요."

어떤 일을 솜씨 있게 잘 처리하면서도 어떻게 하는지 그 방법을 명료하게 설명하지 못하는 사람들이 있다. 베스트셀러 《블링크Blink》의 저자이자 저널리스트인 말콤 글래드웰Malcolm Gladwell은 '눈 깜빡할 사이에' 직관적으로 내리는 분석은 과정을 논리적으로 설명할 수는 없어도 공들여 도달한 분석보다 더 정확한 경우가 있다고 주장한다.[12]

따라서 다른 사람이 직관적으로 아이디어를 냈다고 무조건 무시하면 안 된다. 《생각의 탄생Sparks of Genius》 공저자인 생리학 교수 로버트 루트번스타인Robert Root-Bernstein과 학자인 그의 아내 미셸 루트번스타인Michele Root-Bernstein은 유전학 분야에서 쌓은 업적으로 노벨상을 받은 바버라 맥클린톡Barbara McClintock이 동료들에게는 수수께끼 같던 유전자 실험 결과를 어떻게 생각해냈는지 상세히 기술했다. 한 30분쯤 실험 결과를 검토하던 그녀가 외쳤다.

"알았어! 해답을 찾았어! 30퍼센트의 불임을 유발하는 원인이 뭔지 알아냈다니까."

그런데 동료들이 그 결과를 입증해보라고 하자 맥클린톡은 즉각 증명하지 못했다. 하지만 그녀는 분명 설명할 수 있다고 확신했다. 그녀가 말했다.

"해답이 불현듯 떠올랐지만 단계적으로 차근차근 작업해나갔어요. 정말 복잡하고 미묘한 과정이었죠. 어쨌든 결과는 제 머릿속에 떠올랐던 도표와 정확히 일치했어요."[13]

그 책의 저자들은 즉각적인 설명을 하지는 못했어도 예리한 통찰력을 지닌 창조적인 사람들의 예를 보여주었다. 심지어 수학자 칼 프리드리히 가우스Carl Friedrich Gauss는 수학적으로는 즉각적으로 입증할 수 없었던 아이디어를 종종 직관으로 알 수 있었다고 시인했다.

이런 사례들로 미루어볼 때 비약적인 결론을 이끌어낸 사람들이 결과적으로 그 결론이 틀렸다고 입증되면 멍청하다고 취급받았음을 기억해야 한다. 반대로 그런 비약적인 결론이 옳다고 입증되면 천재라는 평을 듣곤 했다. 그렇다고 직관이 수고해서 얻어낸 분석보다 항상 우월하다거나 모든 직관이 모두 동일하다는 의미는 아니다. 《블링크》에서 말콤 글래드웰은 직관적 판단이 예기치 않은 우연일 뿐만 아니라 재앙이 되는 경우도 기술했다. 그는 우리의 직관적인 판단이 무의식적인 것이라고 할지라도 사실상 경험의 깊은 우물에서 길어 올린 것일 때 올바를 확률이 높다고 말한다. 사람들이 "그냥 안 거야"라고 말하면서 무엇을 직관적으로 알았다고 말할 때 그런 판단을 탁월하다고 치켜세우거나 근거 없다고 그 자리에서 바로 무시하면 안된다. 직관은 존중되어야 하지만 그런 결론에 이르게 된 보이지 않는 사고의 과정을 추적해볼 필요가 있다.

감정은 논리적 사고의 적인가?

전통적으로 논리학자들은 감정이 논리적인 추론에 방해가 된다고 생각해왔다. 예를 들어 화가 나면 분명 객관적으로 사고하기 힘든 게 사실인데, 그런 상태에서 자기 입장을 극단적으로 밀고 나가면 감정은 합리적 사고의 적으로 간주된다. 이런 관점에서 보면 모든 사람이 〈스타트렉Start Trek〉의 스포크 씨가 된다면 좋을 것이다. 왜냐하면 그는 아무런 감정을 느끼지 못하고 매사를 논리에만 의존해 결정하는 인물이기 때문이다. 이런 경향은 합리적 사고가 객관적인 반면 냉담하다는 이미지를 떠올리게 만든다.

만약 감정이 논리적인 의사 결정의 적이 아닐 뿐만 아니라 오히려 논리의 친구이자 논리에 절대적이고 본질적인 요소라면 어떨까? 신경학자 안토니오 다마시오Antonio Damasio는 감정이 합리적 사고에서 필수불가결한 역할을 한다고 주장한다. 감정과 논리는 불가분의 관계이기 때문에 감정을 느낄 수 없을 정도로 뇌가 손상되어 감정 조절 능력이 훼손되면 합리적으로 사고하는 것도 불가능해진다. 다마시오 박사는 다음과 같이 자기 환자에 대한 얘기를 들려준다.

합리적 행동을 하는 데 필요한 장기들은 전혀 손상되지 않은 한 환자는 필수적인 지식과 집중력, 기억력을 갖고 있었다. 언어 능력도 그대로였고, 계산도 할 수 있었으며 추상적인 문제를 논리적으로 해결할 수도 있었다. 하지만 신경병리학적으로 그 질병은 환자의 감정 조절 능력을 엄청나게 변화시켰다. 그 결과 의사 결정을 할 수 없는 심각한 상태가 되었다. 그 때문에 그 환자는 엄청난 보고서와 자료를 뒤적이며 사무실에 몇 시간씩 무기력하게 앉아 있곤 했다. 왜냐하면 그는 즉각 처리해야 할 특정 문제에 대해 감정적인 반응을 전혀 느끼지 못하거나 두 문제 중 어느 쪽이 더 중요한지 판단을 내리지 못했기 때문이다. 정상적인 사람이라면 특정 업무를 먼저 처리해야겠다고 느꼈겠지만 그 환자는 감정 조절 기능에 손상을 입어 어떤 일을 해야 할지 결정하지 못했다.[14]

다마시오는 강렬한 감정이 때로 분명한 사고를 하는 데 방해가 된다는 점을 부인하지는 않았지만 뇌 손상을 입은 환자를 통해 감정을 느끼는 능력이 사고력과 마찬가지로 합리적 결정을 하는 데 필수적이라는 연구 결과를 발표했다.

모든 문제가 반드시 논리 문제는 아니다

스포크 씨의 이미지를 생각해보면 왜 많은 사람이 논리적 사고를 경계하는지 그 이유를 알 수 있다. 그는 핵심적인 감정이 결여되어 있기 때문에 일상의 모든 문제를 논리적인 문제로 취급한다. 하지만 인생의 모든 문제가 논리적인 문제로 귀결될 수 있을까? 영화 〈뷰티풀 마인드^{A Beautiful Mind}〉에서 노벨 경제학상 수상자인 존 내시는 사랑을 이해하려고 버둥거리는 비범한 남자로 묘사된다. 그는 논리적인 계산을 통해 결혼을 해야 할지 말아야 할지 결정하려고 한다. 이 영화는 완전무결한 논리에 입각한 직접적인 추론만이 무엇을 알 수 있는 유일한 방법은 아니라는 점을 상기시킨다. 특히 "내가 이 사람을 사랑하는가?" 또는 "이 사람과 결혼해야 하는가?" 같은 질문에는 이런 방법으로 답을 찾을 수 없다.

오늘날 문제 해결 전문가들은 논리 문제를 폐쇄형 수수께끼^{closed puzzle}와 뒤죽박죽인 문제^{messy problem}로 구분한다. 사람들이 보통 기분 전환용으로 즐기면서 푸는 논리 문제는 대부분 폐쇄형 수수께끼다. 이런 문제는 주어진 정보를 바탕으로 추론해낼 수 있고 논리적으로 오로지 단 한 개의 정답만 있는 것들이다. 하지만 실제 생활은 뒤죽박죽인 문제로 가득 차 있고, 문제를 해결하는 데 필요한 정보가 모두 있는 경우도 드물다. 문제는 완벽한 한 개의 답만 있는 게 아니다. 논리적 사고가 문제 해결에 도움을 주기는 하지만 그것만으로 적절한 대답을 항상 찾을 수는 없다.

논리적 추론으로 문제를 해결하는 법

7장에서는 왜 어린이보다 어른이 특정한 논리적 문제를 푸는 데 힘들어하는가라는 의문에 집중했다. 핵심적인 대답은 대화를 해석하고 문제를 풀 때 어른들이 일상적으로 사용하는 논리가 러시아 농부의 일화에서 보다시피 형식 논리학적인 문제를 푸는 데 요구되는 사고방식과 종종 불일치하기 때문이다.

우리가 생각하고 믿는 것 아래 전제되어 있는 추론의 실타래는 종종 눈에 보이지 않고, 따라서 자신이 저지르고 있는 실수를 보지 못하게 만들기 때문이다. 이런 맹점에 대한 해결책은 추론을 더욱 가시적인 것으로 만들어줌으로써 추론 과정을 더 신중히 살필 수 있도록 하는 것이다. 신중한 사고를 함으로써 더 나은 문제 해결로 갈 수 있다고 설득할 때 우리는 그런 의견이 종종 무시당하는 경험을 한 적이 있을 것이다. 사실상 정치에서 가장 효과적인 접근방법은 이성적이고 논리적인 전략보다는 인신공격과 감정에 호소하는 전략에 의존하는 것이다.

논리적인 사고는 상당수 사람들에게 그다지 좋은 인상을 주지 못한다. 왜냐하면 논리적인 사람들은 냉담하고 직설적으로 사고하는 것으로 연상되기 때문이다.

8장

증거 뒤에 도사린
위험한 오류의 함정

'불분명한 증거'에 빠지는 맹점

저술가인 로버트 E. 바톨로뮤Robert E. Bartholomew와 벤저민 래드퍼드Benjamin Radford는 텍사스 주 러레이도 주민 중 일부가 지역 신문에 실린 체중 135킬로그램, 몸길이 237센티미터인 괴물이 35번 주간州間 고속도로를 따라 이동하고 있다는 기사 내용을 믿었다고 했다.[1] 물론 잠시 그렇게 믿었던 주민들도 곧 그 기사가 엉터리였음을 깨달았다. 하지만 몇 명 되지는 않았지만 그런 기사를 믿는 사람이 있다는 게 놀라웠다. 바톨로뮤와 래드퍼드는 이 괴물 이야기보다는 그럴듯하지만 그래도 말이 안 되는 몇 가지 이야기를 소개했다. 이 사건의 경우 신문의 헤드라인 뉴스는 몇 개월 동안 사람들에게 지속적으로 영향을 미쳤다. 전혀 있을 법하지도 않은 사실이 보도되었음에도 왜 많은 사람이 그렇게 믿게 되었을까? 사람들이 이상한 주장에 대해 의문을 제기할 수도 있었을 텐데 왜 그런 증거를 무시했을까?[2]

어린 시절의 영향

열두 살인 신시아는 투탕카멘의 무덤을 발굴했던 사람들이 나중에 기이하게 죽었다는 기사를 찾아오라는 과제를 받았다. 몇몇 사람이 말하듯 그들은 소위 '파라오 저주의 희생자들'이었다. 숙제를 하기 전에 신시아는 다음과 같은 질문을 받았다.

면담자 저주에 관해 알고 있는 게 뭐가 있나요?

신시아 좋은 저주와 나쁜 저주가 있어요. 좋은 저주는 동화책에 나오는 마법 같은 거지만 나쁜 저주도 분명히 존재해요. 버뮤다 삼각지대 같은 것 말이에요. 미라에 관한 기사를 읽었는데 그 미라가 배에 저주를 내렸대요. 초능력을 지닌 사람은 다른 사람에게 저주를 내리는 힘이 있잖아요. 제게

초능력이 있다면 저는 그렇게 하지 않았을 거예요.

면담자 저주에 관해 모르는 것은 무엇인가요?

신시아 저주가 어떻게 작용하는지 몰라요. 부두교 사제들은 다른 사람들에게 어떻게 저주를 내리나요? 핀을 꽂은 인형이 정말 영향을 미칠까요? 실종된 배는 저주를 받은 건가요? 어떤 저주였을까요?

면담자 투탕카멘의 저주를 믿나요? (신시아는 고개를 끄덕이며 그렇다고 대답했다) 무엇 때문에 그렇게 믿게 되었죠?

신시아 전 제가 본 것만 믿어요. 본 게 아니면 존재하지 않는 거예요. 전 투탕카멘의 저주를 믿어요. 왜냐하면 책에서 그 저주에 관해 읽었고 텔레비전에서도 봤거든요.

신시아에게는 무슨 일이 있었을까?

신시아의 말은 순진하게 들릴 수도 있다. 사람들은 신시아가 어리기 때문에 그렇게 생각한다고 여긴다. 하지만 다른 연구 결과에 의하면 신시아보다 훨씬 더 어린 아이들도 신시아보다 사고방식이 더 복잡할 수 있음이 밝혀졌다. 그 연구에서는 유치원생들에게 개울가 근처에 있는 두 소년의 그림을 보여주었다. 그림 속 소년들은 이전에 한 번도 본 적이 없는 것을 방금 보았는데, 그 물체는 풀밭에 가려져 있었기 때문에 무엇인지 미처 보지 못했다. 유치원생들에게 그림 속한 소년은 "저것 봐. 저게 뭔지는 모르겠지만 분명 물에 뜰 거야"라고 말하지만, 다른 소년은 "난 저게 가라앉을 것 같아"라고 말한다고 얘기해준다.[3] 그러고는 유치원생들에게 몇 가지 질문을 했다. 두 소년의 의견이 왜 달랐을까? 누구 말이 옳을까? 누가 옳은지 확인할 수 있는 방법이 있을까? 마지막 질문을 하자 한 아이가 말했다.

"그 물건을 집어서 물에 던진 다음 뜨는지 보면 돼요."

절반이 넘는 아이들이 두 소년의 의견이 일치하지 않을 때 그 아이가 말한 것처럼 직접 던져서 확인할 거라고 대답했다.

다시 신시아의 이야기로 돌아가보자. 열두 살짜리 소녀가 자기 감각을 통해 본 것에 의존하지 않고 텔레비전에서 본 것을 믿게 된 원인은 무엇일까? 이 질문에 대답을 하다 보면 어른도 135킬로그램이나 되는 괴물이 고속도로를 따라 이동하고 있다는 대중매체의 보도를 별 의심 없이 그대로 믿는 현상을 이해하는 데 도움이 된다.

자신이 본 것을 불신하는 아이들

한 아버지가 네 살짜리 딸을 데리고 처음으로 비행기를 탄 경험을 얘기해주었다. 그 아버지는 비행기를 좋아하는 딸을 데리고 공항에 가 비행기들이 이착륙하는 모습을 보여주곤 했다. 비행기가 이륙하면 아이는 흥분하면서 하늘 높이 날아 사라지는 비행기의 모습을 끝까지 지켜보았다. 비행기가 사라진 후 아이는 아빠에게 이렇게 물었다. "아빠, 우리는 언제 저렇게 줄어들어요?"

얼마나 영리한 아이인가! 하늘로 높이 솟아올라 점점 작아지는 비행기를 지켜보며 아이는 그 안에 탄 사람들도 마찬가지로 줄어들 것이라는 상상을 한 것이다. 물론 이 아이도 다른 아이들처럼 처음 보는 대상의 겉모습에 속은 것이다. 비행기는 실제로 줄어드는 게 아니라 그렇게 보일 뿐이다. 아이는 비행기를 직접 타보고서는 자기가 본 것을 항상 그대로 믿어서는 안 된다고 깨닫는다.

아이들은 사물이 겉으로 보는 것과 실체가 항상 같지는 않다는 점을 반복적으로 경험하면서 자란다. 한 여자 아이가 친구 집에 그림물감을 두고 와서 안절부절못하자 "걱정하지 말거라"라고 할머니가 안심을 시킨다. "다음에 갈 때 가져오면 되잖니." 그런데 다음 날 아침 그 그림물감은 집에서 발견된다. 그러자 아이는 "내가 잠자는 동안 엄마가 그곳에 가서 그림물감을 되찾아왔어요"라고 우긴다. 아이는 원래 친구 집에 두고 온 것이 아니라는 사실보다 가능성이 희박한 이 주장을 확실하게 믿는다. 할머니는 곰곰이 생각하다 이렇게 말한다.

"아마 엄마가 거기 가서 물감을 가져오는 꿈을 꾼 게로구나."

이렇듯 아이는 무엇이 실제고 무엇이 꿈인지 혼란스러워하며 또 다른 경험을 하게 된다.

이쯤에서 아이들은 사물이 겉모습과 항상 일치하는 게 아니라면 어떻게 사물의 진짜 모습을 알 수 있을지 궁금해한다. 어떤 일이 사실인지 아닌지 어떻게 알 수 있을까? 직접 관찰한 결과를 믿을 수 없다면 무엇을 믿어야 할까라는 의구심이 드는 것이다.

결국 아이들은 무엇이 사실인지 알기 위해 어른들에게 의존하려 한다. 육안으로 보면 달이 우리 뒤를 따라오는 것처럼 보이지만 실제로는 그렇지 않다고 어른들은 말한다. 너무 작아 볼 수 없는 세균이 기는 하지만 그런 세균들을 떼어내려면 손을 씻어야 한다고 일러준 다. 태양이 떠오르는 게 아니라 사실은 지구가 태양 둘레를 도는 거 라고 어른들이 말하면 아이들은 그대로 믿는다. 엘리스 섬에 최초로 도착한 이주민들에게 벌어진 사건을 보여주는 다큐멘터리 필름을 수 업 시간에 보고, 추수감사절이 어떻게 시작되었는지 책으로 읽으면 서 아이들은 자신이 보고 읽은 것들을 믿게 된다. 학교에 갈 나이가 된 아이들은 보모나 교사, 책, 영화, 텔레비전 프로그램처럼 이 세상 이 어떤 곳인지 잘 알고 있다고 생각되는 상대에게 의존한다. 신시아 역시 자기가 본 텔레비전 프로그램을 통해 투탕카멘의 저주가 실제 로 존재한다고 믿게 된 것이다.

진실은 스스로 노력해서 찾아야 한다

어른들 역시 이런 아이들과 비슷한 상황에 처해 있다. 어른들도 아 이들처럼 직접 관찰할 수 없는 사건에 관해 진실을 알고 싶어 한다. 텔레비전이나 라디오, 신문, 잡지, 다큐멘터리, 책 등에 보도된 사건 을 직접 목격하거나 겪어보지 않았기 때문에 그곳에 있었던 사람들 과의 인터뷰나 보고서에 의존할 수밖에 없다. 비단 근래의 일뿐만 아 니라 우리는 먼 과거, 즉 100만 년 전 지구상에 일어난 사건에까지 호기심을 갖는다. 이처럼 먼 과거의 사건은 역사학, 인류학, 고고학, 고생물학 같은 전문 분야의 책이나 논문을 통해 접할 수 있을 뿐 직접 관찰할 수는 없다. 그 때문에 우리는 오래된 기록이나 화석, 뼈, 고대의 연장 등을 통해 전문가들이 찾아낸 단서를 참조해야 한다.

달나라에 갈 수 있는지 알아보기 위해 직접 우주선을 탈 수 있는 사람은 극소수에 불과하기 때문에 대다수는 우주비행사가 전송한 사진이나 비디오테이프 같은 증거에 의존하게 된다. 정부의 기밀문서나 주요 기업의 최고위층 비밀회의 내용을 알 수 있는 사람도 많지 않다. 이런 인간사를 넘어 육안으로 볼 수 없는 자연 현상도 무수히 많다. 우리는 열등 형질 유전자를 직접 관찰할 수도 없고, 분자들 간의 교환이나 블랙홀, 가시 영역을 넘어선 색상들, 쿼크처럼 원자보다 작은 입자들은 직접 볼 수 없다. 과학자들이 이런 입자가 남긴 흔적을 추적해 입자의 존재를 추론하듯 역사가나 고고학자, 지질학자들도 바위의 형성 과정, 뼈, 토기, 고대의 두루마리 등을 통해 과거에 일어났던 일들을 추론한다.

그런데 바로 이 지점에서 딜레마가 생긴다. 세상을 구성하는 현상 중 우리가 직접 목격할 수 있는 것은 극소수에 불과하다. 혼자만의 힘으로는 필요한 증거를 모두 수집하기가 불가능하다. 더구나 다른 전문가나 작가, 과학자, 다큐멘터리 제작자가 제시한 연구 결과들을 하나도 남김 없이 조사하는 것도 불가능하다. 심지어 어떤 사실에 대해서는 의견이 일치하면서도 그 같은 사실로부터 전혀 다른 결론을 도출해낼 수 있다는 점 또한 알고 있다. 이처럼 객관적 사실을 두고서도 다른 해석을 하는 게 얼마든지 가능한데 무엇을 믿어야 할지 어떻게 결정할 수 있겠는가? 어른들이 말하는 것을 아무런 의심 없이 믿는 아이들처럼, 어른들도 전문가나 권위자의 말을 믿게 마련이다. 하지만 전문가들마저 의견이 엇갈리는 경우에는 도대체 누구를 신뢰해야 하는가?

신뢰할 사람을 결정하는 기준

우리가 누구를 신뢰할지 결정하는 기준은 무엇인가? 대부분의 경우 우리와 가치관이나 세계관이 비슷한 개인과 조직을 신뢰하게 될 것이다. 만약 우리가 기독교인이라면 유대교나 회교도 관련 출판물이나 프로그램보다는 기독교와 관련된 것들을 더 신뢰할 것이다. 우리가 자유주의자라면 자유주의 성향을 반영한 책이나 토크쇼 진행자, 코미디언을 선호할 것이고 반대로 보수주의자라면 보수주의적 성향이 반영된 것을 선호할 것이다. 따라서 우리는 자신이 보다 받아들이기 쉽고 대체로 동의하는 가치관과 세계관을 가진 사람들이 제공한 정보를 신뢰한다. 만약 우리의 가치관이나 세계관과 일치하지 않는 사람들이 정보를 제공한다면 분명 이를 거부하거나 회의적인 시각으로 대할 것이다.

나는 투탕카멘의 무덤을 발굴한 카나본 경Lord Carnavon을 비롯한 사람들의 죽음이 저주와 관련 있다는 주장을 믿지 않는다. 내게는 저주라는 것이 터무니없는 것이어서 무시해버린 것이다. 그런데 어느 날 영국 〈선데이 타임스〉가 세 과학자의 견해를 인용해 실은 기사를 읽었다. 이 과학자들은 치명적인 박테리아나 곰팡이, 포자 등이 무덤에 오랫동안 살아남아 있다가 카나본 경 등에게 옮았을 가능성을 제기했다.[4] 그냥 저주로만 알았던 사건의 이면에 상당히 과학적인 이유가 있을지도 모른다는 점이 흥미를 자극했다.

그로 인해 객관적 사실이 바뀐 것은 전혀 없지만 내 사고방식에는 변화가 생겼다. 발굴자들의 죽음을 저주 때문이라고 설명한 방식은 수용할 수 없었지만 과학적인 새로운 가능성에 대해서는 충분히 수긍할 수 있었기 때문이다. 이처럼 어떤 증거를 수용하느냐 거부하느냐에 따라 우리의 세계관과 믿음 체계는 큰 영향을 받는다. 우리가 존중하는 특정 집단의 사람들에게 의지할 수밖에 없는 상황은 충분히 이해할 만하다. 하지만 그런 상황에서 맹점이 생긴다. 우리는 더 진지하게 고려해야 할 증거들을 맹목적으로 거부하거나, 시간을 두고 자세하고 치밀하게 검토해야 하는 증거들을 즉각적이고 맹목적으로 수용하는 우를 범하기 때문이다.

불분명한 증거의 맹점

우리의 세계관과 신념 체계로부터 '불분명한 증거 fuzzy evidence'라는 맹점이 생긴다. 《통계라는 이름의 거짓말: 대중매체, 정치가, 사회활동가들이 제시하는 엉터리 수치들 Damned Lies and Statistics: Untangling Numbers from the Media, Politicians, and Activists》의 저자이자 사회학 교수인 조엘 베스트 Joel Best는 마땅히 의심해야 할 것을 맹목적으로 받아들인 실수의 예[5]로 베스트는 1995년 한 학술 저널에 처음 게재됐던 내용을 인용했다. "1950년 이후 총기 사고로 사망한 아이들 수가 매년 두 배로 증가했다." 베스트는 이 내용이 전혀 사실 무근이라고 반박했다. 만약 1950년에 아이 한 명이 사망했다면 다음 해인 1951년에는 두 명, 1952년에는 네 명, 1953년에는 여덟 명으로 늘어났을 것이다.

"그렇다면 1960년에는 1,024명이 되고, 1965년에는 32,768명에 이르며, 1970년쯤에는 그 수가 100만 명을 넘어섰을 것이다. 1980년도에는 10억 명의 아이들이 총기 사고로 사망했다는 얘기가 된다."

해당 저널의 편집장과 논문 심사위원, 그 내용을 자신의 논문에 인용한 박사과정 학생들 모두 고등교육을 받은 사람들인데도 이 통계에 아무런 이의도 제기하지 않았다. 이들은 학생 총기 사고에 대한 우려 때문에 경종을 울릴 필요가 있다고 생각한 나머지 통계 자료의 정확성은 확인하지 않은 채 무턱대고 받아들인 것이다. 베스트가 자신의 저서에서 강조했듯이 사람들은 자신이 지지하는 대의명분과 관련된 자료는 비판 없이 맹목적으로 받아들이는 경향이 있다.

증거만으로는 해결할 수 없는 논쟁

"전 지구촌의 기후 변화가 얼마나 심각한 위협인가?"라는 이슈에 관해 의견 대립하는 사람들에게 이 문제와 관련된 객관적인 증거를 제시해도 의견 차는 해소되지 않는다. 상대편이 제시한 증거를 경시하거나 무시해버리기 때문이다. 하지만 그처럼 터무니없는 것으로 무시했던 증거가 사실로 드러나는 경우도 적지 않다. 저술가이자 미국물리학회 회장인 로버트 박^{Robert Park}은 이렇게 말한다.

> 최근 들어 미국민들은 정부가 국민들을 안심시키기 위해 제시한
> 자료를 무비판적으로 받아들여서는 안 된다는 점을 깨닫게 되었
> 다. 담배회사들은 자체적으로 실시한 '니코틴 중독과 담배연기가
> 건강에 미치는 효과'에 관한 연구 결과를 은폐했다. 핵 산업, 화학
> 제품 회사, 제약회사, 자동차 제조업체들도 이 같은 은폐 공작에
> 일조했다. 연방정부는 민간계약업체들과 공모해 핵무기 생산시설
> 주변의 방사능 오염 확산에 관한 정보를 은폐했다.[6]

앞으로도 이런 속임수가 발생할 가능성이 높기 때문에 사람들은
반대 진영의 자료나 주장을 무시해버리려고 할 것이다.

증거가 있어도 의견의 일치를 보기 어려운 이유는 우리가 알고 있
는 사실이 불완전하기 때문이다. 대개 주요한 이슈들에도 여러 가지
허점이 있다. 예를 들어 로버트 박은 지구의 기후 변화에 대해 과학
자들이 서로 다른 견해를 보이는 이유는 실험 자료와 물리학적 이론
에 관한 이견 때문이 아니라 "지구 온난화가 얼마나 심각한 위협인
가?"에 대해 대답을 해야 하기 때문이라고 주장한다. 이에 대해 대답
하려면 과거의 자료에 의존해야 하는데, 과거에 관한 우리의 지식은
온통 허점투성이기 때문에 문제가 되는 것이다. 그렇다면 그런 빈틈
을 어떻게 채울 수 있을까? 우리는 그런 빈틈을 "어머니의 무릎을 베
고 누워서 배웠던" 견해로 채우고 있다고 로버트 박은 암시한다. 그

러므로 지구촌의 기후 변화는 "과학에 관한 논쟁이라기보다는 가치관에 관한 논쟁의 성격을 띠게 된다."[7] 지구의 기후 변화에 대해 심각하게 고민해보지 않은 사람들은 이것이 중대한 문제라는 증거를 아무리 제시해봐야 소용없다. 하지만 자신과 같은 입장이던 사람들이 하나둘씩 입장을 번복해 지구 기후 변화의 심각성에 대해 언급하기 시작하면 비로소 해당 증거를 재고해보려 할 것이다.

증거와 패러다임 놓치기

우리가 해결하려고 하는 퍼즐에는 늘 잃어버린 조각이 있게 마련이다. 베스트셀러 작가이자 사회과학자인 리언 아이슬러[Riane Eisler]는 먼 과거에 일어난 일을 이해하려고 노력하는 과정을 절반 이상이 사라졌거나 손상된 퍼즐을 맞추는 것과 흡사하다고 말한다.[8] 지난주나 작년에 일어났던 일들을 재구성하는 경우처럼 사라진 조각이 많지 않아도 맞추기 힘든데, 미세한 원자들의 세계에서 일어난 볼 수 없는 과거의 일이나 다른 사람의 머릿속 생각을 알아맞히기란 더욱 힘든 일이다.

하지만 아이슬러는 "최대의 장애물은 많은 조각을 잃어버린 게 아니라 우리가 가진 지배적인 패러다임이 그런 조각들을 정확히 해석하기 어렵게 만드는 것이다"라고 지적한다.[9] 지배적 패러다임이란 우리가 수용해온 세계관이자 가치관이다. 우리가 접하는 모든 정보는 이 세계의 의미를 이해하기 위해 전체 판에 끼워 넣어야 하는 퍼즐 조각과 같다. 하지만 맹점 때문에 '세계는 어떠할 것이다'라고 미리 전제해놓은 후 전체 그림에 맞을 것 같은 조각은 무조건 끼워 넣고, 맞지 않을 것 같은 조각은 별 고민 없이 던져버린다. 우리는 이런 맹점을 어떻게 극복할 수 있을까?

불분명한 증거를 올바로 파악하는 법

우리의 세계관과 가치 체계를 절대적인 것으로 간주할 때 뒤따르는 맹점은 무엇일까? 또 그런 맹점을 어떻게 피할 수 있을까? 불분명한 증거를 더 명확히 보려면 어떻게 해야 할까?

[전략 1] 무의식적 판단 되돌아보기

우선 맹점이 작용하는 시점과 상황에 주목해야 한다. 증거를 제대로 검토하지 않은 채 성급하게 판단을 내리려고 할 때가 바로 적절한 타이밍이다. 2003년 7월 농구 선수 코비 브라이언트가 성폭행을 했다는 주장을 반박하는 편지가 한 잡지에 실렸다. 편지를 쓴 라이언 홀리웰Ryan Holeywell은 이렇게 말했다.

"나는 코비 브라이언트의 성폭행에 관한 매스컴의 보도를 볼 때마다 오싹해지는 기분이 듭니다. 증거도 없고, 배심원 선정도 안 됐고, 변호사의 변론도 아직 시작되지도 않았는데 마치 모든 사람이 이 사건과 관련해 그의 유죄 여부를 결정하려 서두르는 것 같아 보입니다."[10]

홀리웰은 '적지 않은 사람들이 브라이언트의 이미지를 실추시키려고 작심한 것처럼 보인다는 데' 주목했다. 그들은 브라이언트가 유죄라고 확신하는 것처럼 보였다. 반면 일각에서는 성폭행을 당한 여성이 아직 증언도 하지 않았는데 그녀가 브라이언트의 돈을 노리고 거짓말을 하고 있다고 단정했다. 과연 누구의 말이 진실일까? 코비 브라이언트일까, 아니면 성폭행을 당했다는 그 여자일까? 그 편지를 쓴 사람은 재판을 하기 전에는 이 질문에 대한 대답이 '불가능하거나 확신할 수 없다'는 점을 사람들에게 알리고자 했던 것이다. 어느 누구도 증거를 구경조차 한 적이 없고, 무슨 일이 일어났는지 알아볼 만한 퍼즐 조각이 한 개도 없었기 때문이다. 이처럼 증거를 보려 하지 않는 맹점을 극복하려면 먼저 "어떤 증거가 있는가? 나의 관점은 어떤 근거에 입각한 것인가?" 자문해봐야 한다.

[전략 2] 꽉 닫힌 마음의 문 열기

임상심리학자 캔 모지스Ken Moses는 지체부자유 아동들의 부모 상담을 하던 중 최근에 심각한 청각 장애 진단을 받은 세 살짜리 메리에 관한 이야기를 들려주었다. 메리의 어머니는 의사의 진단을 믿으려 하지 않으면서 아이의 등 뒤에서 이름을 속삭이면 알아듣는다고 우겼다. 의사가 한 번 보여달라고 하자 그 엄마는 아이 등 뒤로 돌아가서 큰 소리로 "메리!"라고 부르면서 나무 마룻바닥을 발로 굴렀다. 진동을 느낀 아이는 엄마에게 얼굴을 돌리며 환하게 웃었다. 그러자 메리의 엄마는 봤냐는 듯 의사를 쳐다보았다.[11]

그 의사는 딸의 청력에 문제가 없음을 증명하기 위해 엄마가 보여준 '증거'에 어이없었을 수도 있다. 그래서 그녀에게 방금 전의 청력 테스트가 적절하지 못하다고 지적하면서 자신이 실시할 테스트가 더 정확하다고 설득하고 싶었을 것이다. 그랬다면 메리 엄마의 생각이 바뀌었을 수 있다. 하지만 반대로 의사가 자신의 방법을 고집할수록 메리의 엄마 역시 자신의 입장을 고수했을 수도 있다. 그렇다면 그 의사는 어떻게 했을까?

모지스는 그 의사가 "청각 장애가 어떨 거라고 생각하시죠?"라고 질문했다고 한다. 그 의사는 "메리의 귀가 안 들린다는 것을 어머니로서 받아들이기 힘들 겁니다. 제가 평가한 방법이 조금이나마 정확했다면 그 결과에 대해 어떻게 생각하는지 말씀해주시겠어요?"라고 물었을 수도 있다. 그러면 메리의 엄마는 이렇게 대답했을 것이다.

"우리 아이는 정상적인 생활을 할 수 없을 거예요. 행복한 생활은 꿈도 못 꿀 거고요. 어린 시절을 행복하게 보낼 수 없을 테니까요."

"그렇게 생각하신다니 메리의 증상을 받아들이지 못하는 이유를 알 것 같습니다"라고 의사는 메리 엄마의 입장을 인정할 것이다. 그러면서도 이 의사는 메리 엄마에게 꼭 그녀가 생각하는 것만이 전부는 아니므로 좀 더 긍정적인 가능성의 여지도 남겨두었을 것이다.

이 사례에서 "청각 장애가 어떨 거라고 생각하시죠?"라는 질문은 중요하다. 왜냐하면 이 질문은 우려가 현실로 나타날 때 두려움 때문에 유지하려던 가치를 식별해내는 데 도움이 되기 때문이다. 증거로 인해 우리의 소중한 가치와 희망이 위협받고 있다는 점을 알면 증거로 인한 두려움을 극복하고 열린 마음으로 좀 더 용감하게 현실을 직시할 수 있을 것이다.

[전략 3] 상반된 증거 면밀하게 살펴보기

제시된 증거들을 식별해내고 열린 마음으로 검토해보면서 힘들지만 반드시 해봐야 할 질문들이 있다. 우리가 믿는 것과 상충되는 주장을 다른 사람이 할 때 반드시 다음 사항을 확인해봐야 한다.

- 나와 반대되는 이 주장에 어떤 타당성이 있을까?
- 이 주장은 조금이라도 진실일까?
- 이 주장에 사실이나 유용한 내용이 전혀 없다는 것을 어떻게 확신할 수 있을까?

우리와 같은 주장을 다른 사람이 할 때는 이렇게 자문해봐야 한다.

- 우리가 들은 말 중 근거가 불확실한 것은 없을까?
- 지금까지 사실이라고 주장했던 내용에 중요한 허점은 없을까?

- 이 증거를 그대로 믿어도 되는지 어떻게 확신할 수 있을까? 전제가 되어야 할 사항은 없을까?

"어떻게 확신할 수 있을까?"라는 질문을 곰곰이 되새겨보면 100퍼센트 자신 있는 대답을 할 수 없음을 깨닫게 된다. 재판에 참여한 배심원들처럼 근거가 있는 의문인지 꼼꼼히 따져봐야 한다. 어떤 증거를 믿기 전에 좀 더 정밀한 조사가 필요하다고 생각되면 판단을 유보해야 한다.

[전략 4] 적극적으로 반증 찾기

현장 학습에 보호자로 따라가고 있다고 상상해보자. 마지막 코스로 박물관에 들른 뒤 아이들이 줄을 서 버스에 올라탄다. 그런데 버스에 탄 아이들을 세어보니 22명뿐이다. 23명이어야 하는데 한 명이 모자라 다시 한 번 세어본다. 그러자 이번에는 23명이 맞다. 이제 마음이 놓여 버스 기사에게 출발하자고 말한다.

하지만 한 번 생각해보자. 처음에 센 것보다 나중에 센 것이 더 정확하다고 볼 만한 이유는 어디에도 없다. 자신도 모르게 첫 번째 센 것을 무시하고 두 번째 센 것만 정확한 것으로 생각한 것이다. 더구나 처음 세었을 때 23명이 맞았다면 번거롭게 다시 세어보지 않았을 것이다. 굳이 두 번에 걸쳐 확인하며 자기 기대를 저버리는 '반증 자료disconfirming data'를 찾고 싶지는 않았을 것이다.

사람들은 확신할 만한 긍정적 증거를 추구하는 경향이 있다. 이런 성향은 일상생활에서 쉽게 찾아볼 수 있다. 최근에 회사에 입사했다고 상상해보자. 출근 첫날부터 마리는 매사에 부정적인 인물이니 주의하라는 말을 듣는다. 사람들은 마리가 언제나 부정적인 인물이고, 매사를 반대로만 끌고 가려 한다고 비난한다. 확신할 만한 증거만 추구하는 성향 때문에 우리는 마리에 대한 평가를 뒤집을 만한 반증은 찾을 생각도 않고 오로지 사람들이 말하는 것과 일치하는 증거만을 보려 한다. 마리를 비난하는 사람들에게 "그녀가 정말 매사에 부정적이기만 한가요?"라고 물으면 이를 뒷받침할 만한 사례를 쉽게 들이댈 것이다. 하지만 반대로 "마리가 부정적으로 행동하지 않았던 적은 없나요?"라고 물으면 동료들도 곰곰이 생각해본 후 그런 사례를 한두 가지쯤은 떠올렸을 것이다.

　"예외가 규칙을 입증한다"는 속담이 있다. 사람들은 통상적으로 '규칙'에 따라 사고하고 행동하기 때문에 이런 예외를 접하면 그 규칙을 좀 더 정확하게 인식한다. 따라서 규칙에 맞는 행동을 할 경우보다 예외적인 행동을 할 때 상대가 어떤 사람인지 정확하게 파악할 수 있다. 비정상적인 것과 일반적 이론에 부합하지 않는 증거들을 유심히 분석하는 과학자들처럼 우리도 어떤 이슈나 사람, 사건에 대해 규칙에 따르는 통상적인 면을 넘어 비정상적이거나 예외적인 면을 파악하려고 노력함으로써 본질에 더 가까이 다가갈 수 있다.

[전략 5] 자료의 신빙성 세밀하게 조사하기

때로는 정보의 출처가 그다지 신빙성이 없어 보이는 경우가 있다. 예를 들어 어떤 회사의 관계자나 주식 보유자가 그 회사 제품을 추천하면 일단 의심하게 된다. 반면에 누군가가 반대되는 증거를 제공하고 사심 없이 중립적인 입장에서 의견을 제시하면 그의 말은 신뢰할 만하다고 생각한다. 정보의 출처가 얼마나 신빙성이 있는지는 대단히 중요하기 때문에 비판적 사고를 다루는 책들에서는 가장 객관적인 정보의 출처를 찾으라고 조언한다. 일례로 사람들은 약물의 효과에 관한 임상 실험 보고서를 배우가 선전하는 두통약 TV 광고보다 훨씬 더 신뢰한다. 하지만 임상 실험을 한 주체가 그 약품을 제조해 판매하는 제약 회사라면 경계할 필요가 있다.

자료의 신빙성을 판단하기 어려운 이유는 어떤 사람이 제품을 광고하고 사람들이 그 광고의 내용을 믿을 경우 광고한 사람이 돈을 받고 했다는 이유만으로 제품에 문제가 있다고 가정할 수 없기 때문이다. 이와 마찬가지로 어떤 과학자가 객관적으로 검토한 증거라고 제시하더라도 그것만으로는 정확한 증거라고 판단할 수 없다. 우리는 적어도 두 개 이상의 독자적인 출처에서 나온 증거와 진술이 필요하다. 과학적 조사의 장점은 같은 실험을 한 번 더 실행함으로써 보강된 증거를 찾아낸다는 점이다. 만약 많은 과학자가 조사를 반복했는데도 동일한 결과가 나올 경우 기존에 우리가 믿어왔던 것과 상반된다 하더라도 그런 증거는 더욱 신뢰를 하게 된다.

모호성 수용하기

심리학자들의 연구에 따르면 창조적인 사람들은 일반인에 비해 모호성을 훨씬 더 잘 수용한다고 한다. 하지만 우리의 세계관과 부합하지 않는 퍼즐 조각들을 버리지 않고 모두 쥔 채 이리저리 맞춰보는 것은 쉬운 일이 아니다. 증거를 이런 식으로 다루다 보면 보다 복잡한 세계로 이끌리는데, 이런 세계에서는 대답보다 질문이 더 많이 나오기도 한다. 다행인 점은 그런 세계에 창조 가능성이 더 많다는 것이다. 모호성을 기꺼이 받아들이고 우리의 기대에 부합하지 않는 퍼즐 조각들도 적극 활용함으로써 창조적인 발견으로 나아갈 수 있다. 그런 발견을 통해 우리가 살고 있는 세계를 보다 정확하고 완전하게 반영하는 새로운 세계관을 정립할 수 있을 것이다.

[시야 넓히기] 자신의 오류를 발견할 때 벌어지는 일들

2003년 9월 17일 조지 부시 대통령은 그에게 표를 주었던 70퍼센트에 가까운 미국 시민들의 믿음과는 달리 "9·11 테러에 이라크의 사담 후세인이 연루된 증거가 없다"고 공식 발표했다. 그 주 초에 국방부 장관인 도널드 럼스펠드도 국방성 기자 회견에서 그와 유사한 발언을 했다. 부시 대통령의 성명은 초기 행정부의 성명과 상충되는 것처럼 보였고, 대다수 미국 시민의 믿음과도 정반대되는 것이었다.

이처럼 급작스럽게 바뀐 정부의 입장에 대해 어떻게 반응해야 할까? 이는 사실 처음부터 어느 편을 선호했는지에 달린 문제이기도

하다. 대통령의 대이라크 전쟁을 지지했던 사람들은 테러가 이라크 정권과 깊이 연루되었을 것이라고 믿었다가 뒤통수를 맞은 표정이었다. 만약 이라크가 테러와 관련이 없다면 후세인이 줄곧 주장했듯 대량 살상 무기도 없었을 가능성이 있지 않을까? 한때 철석같이 믿었던 사람들의 정직성과 발언이 의심스러워질 때 우리의 신념은 카드로 만든 집처럼 와르르 무너질 수 있다.

카드로 만든 집이 붕괴되면 우리의 세계관 자체가 산산조각 날 수도 있다는 두려움에 휩싸이게 된다. 제시된 반증의 의미를 축소하거나 부정하지 않고 그것이 함축한 의미를 포착하려고 노력하는 사람은 대단히 용기 있는 사람이다. 보수적 성향의 한 라디오 토크쇼 진행자는 대통령의 발표에 혼란스러워했다. "확실한 증거가 있다고 하지 않았었나?"라고 그 진행자가 항의했다. 그는 방송국 자료를 모두 뒤져서라도 대통령이 테러와 이라크가 연관이 있다고 한 내용을 찾아내겠다고 선언했다. 너무 당황한 나머지 그는 이 문제의 진실이 어떻게 밝혀지든 결과를 알고 싶다고 말했다.

이 토크쇼 진행자처럼 반응할 수 있는 사람은 드물다. 이보다는 밝혀진 진실의 중요성을 부정하는 게 일반적 반응이었다. 그렇다면 왜 그런 반응을 보이는 것일까? 그 이유 중 하나는 우리가 그토록 환멸을 느꼈던 뉴스에 대해 우리와 반대되는 입장을 주장했던 사람들의 태도 때문이다. 부시 대통령의 이라크전에 반대했던 사람들은 대통령이 실수를 인정하는 모습을 보면서 분노와 환희가 뒤섞인 반응을 보였다. 그들이 분노한 것은 자신들이 반대했던 전쟁을 치르느라 미국 시민들이 정부의 잘못된 정책에 희생당했다고 믿기 때문이었다. 반면 환호한 이유는 자신들의 주장이 맞았다는 점을 반대 입장에 있는 사람들 앞에서 의기양양하게 말할 수 있기 때문이다. 그 토크쇼가 시작되자 한 사람이 전화를 걸어 이렇게 말했다.

"그것 봐요, 내가 뭐랬어요. 사실 이런 말은 하고 싶지 않지만……." 말은 그렇게 하면서도 그 사람은 자기가 옳았다는 점을 자랑하고 싶었던 것이다.

반대편의 조롱까지 받는 상황에서 우리의 세계관을 완전히 뒤흔들어놓은 정보를 제대로 이해하고 파악하기란 정말 힘들다. 그들은 우리가 얼마나 멍청한 짓을 했는지 조소하고 있다. 미 국민의 70퍼센트에 달하는 사람이 9·11 테러와 사담 후세인이 깊이 연루되어 있다고 믿었다. 하지만 그들이 멍청해서 그렇게 믿은 것은 아니었다. 그들은 자신들과 같은 가치관과 세계관을 가진 사람들이 주장한 내용을 그냥 믿었고, 자신들과 다른 반전 집단에서 제기한 반증은 거들떠보지도 않은 채 무시해버렸다. 반전 집단의 철학과 세계관이 자신들과 달랐기 때문이다. 진실이 밝혀지고 난 후 테러와 후세인의 연루설을 부인했던 사람들은 반대편 사람들의 생각을 바꾸어놓고 싶어 했다. 하지만 그들 역시 나름대로 맹점이 있었다. 이들의 조롱으로 반대편 입장에 있던 사람들이 자신들의 오래된 신념 체계를 바꾸기보다는 오히려 더욱 집착하게 만들었기 때문이다.

[고정관념] 증명할 수 없는 세계는 가치가 없다?

경험과 과학적 추론을 통해 증거를 평가하는 방법의 단점은 과학적 방법을 통해서만 답변에 도달할 수 있다고 보는 태도다. 과학적 사고 덕분에 우리는 물질세계를 이해하는 데 전대미문의 발전을 이룩했다. 과학적 사고는 모든 것을 시간문제로 간주해 시간이 지나면 모든 문제가 풀릴 것으로 믿는다.

"좀 더 시간을 투자해서 더 많이 연구하고 기술이 더 발전되면 우주가 어떻게 시작되었는지, 암의 원인이 무엇인지, 척수 세포는 어떻게 재생시키는지 알게 될 거야."

그렇다면 이런 사고방식이 왜 문제가 되는 것일까? 이런 사고를 비판하는 사람들은 세상이 과학만능주의에 빠질까 봐 우려한다. 그럴 경우 모든 관심은 물질에 집중되어 마치 우리가 주목하고 관심을 가진 채 질문해볼 세계가 물질세계뿐인 것처럼 변할 것이기 때문이다. 이런 태도는 실존적 질문을 제기하는 철학적, 종교적 세계관에는 전혀 적용할 수가 없다. 인생의 의미가 무엇인지, 왜 우리가 여기에 존재하는지, 우리가 어떻게 살아야 하는지 같은 실존적 질문에는 과학적 방법으로 대답할 수가 없다.

《종교는 왜 중요한가Why Religion Matters》의 저자이자 종교학자인 휴스턴 스미스Huston Smith는 과학을 신으로 보는 현대인들의 태도가 일종의 '좁은 시야tunnel vision'를 만들어냈다고 주장한다.[12] 이런 협소한 시각에서는 "인생의 의미는 무엇인가?" 같은 질문은 추구할 만한 가치가 없는 것으로 간주된다. 왜냐하면 우리가 찾아낸 대답을 과학적으로 입증할 수 없기 때문이다. 암의 원인을 발견하는 것과 달리 인생의 의미는 발견되기를 기다리면 되는 '저기 바깥'에 객관적으로 존재하는 것이 아니다. 사람들이 인생에 대한 정의를 어떻게 내리든 그건 각자의 생각일 뿐 평가할 수 있는 것이 아니다. 스미스는 이런 현상을 과학 만능 시대의 부작용으로 여기면서 안타까워했다.

철학적인 견해와 더불어 종교는 볼 수 없고 측정하거나 과학적으로 '입증할' 수 없는 실재를 다룬다. 이런 실재는 과학적인 방법으로는 감지할 수 없다. 스미스는 과학적으로 파악할 수 없다고 해서 초월적인 실재가 존재하지 않는 것처럼 무시하면 안 된다고 주장한다. 그는 신의 존재나 인생의 의미에 관한 생각을 아이들의 유치한 생각으로 간주하거나 죽음을 두려워하는 사람들이 위안을 구하기 위해 찾는 단순한 환상으로 취급하지 말라고 강조한다.

아인슈타인은 물질 만능 사상에 경종을 울리는 다음과 같은 말을 했다. "측정할 수 있는 것이라고 해서 전부 다 중요한 것은 아니며, 중요한 것이라고 해서 전부 다 측정할 수 있는 것도 아니다."

과학적 사유의 놀라운 능력을 맹신해 과학에 한계가 없는 것처럼 생각하거나, 과학적 방법을 통해 입증할 수 없는 신앙이나 실재에 관한 사색을 어리석다고 생각한다면 큰 오류를 범하는 것이다.

증거를 제대로 이해하고 읽어내는 법

비판적 사고를 추종하는 사람들은 자신의 믿음이 명확한 근거에 입각한 것인지 확인하려 한다. 하지만 막상 증거를 평가하려고 하면 생각보다 복잡하다. 결국 우리는 검증해야 할 증거 자체에 의존하기보다는 우리와 비슷한 입장의 사람들이 제시하는 증거는 아무 비판 없이 받아들이고, 우리와 상반되는 견해를 가진 사람들이 제시하는 증거는 무조건 거부해버리곤 한다. 이로 인해 우리는 불분명한 증거도 제대로 파악하지 못한 채 맹목적으로 받아들인다. 이런 맹점을 보완하려면 이용 가능한 증거들을 좀 더 주의 깊게 들여다볼 필요가 있다. 우리가 진실이라고 믿고 있던 것들조차 반박할 수 있는 증거를 적극적으로 찾아봄으로써 이런 맹점을 보완해나갈 수 있다. 결국 이를 통해 우리의 세계관은 더 정확하고 완전한 것으로 수정될 것이다.

9장

믿음의 욕망에서 벗어나 인과관계를 판단하는 힘

'필연과 우연을 구분 못하는' 맹점

1993년 여름 동안 폭력 범죄를 줄이기 위한 전국적 시위에 참가하려고 워싱턴 D.C. 각지에서 삼삼오오 모여든 사람이 총 5,000명에 달했다. 이들은 2개월 동안 2주 간격으로 번갈아가면서 미국의 수도 전역에서 집단 명상을 함으로써 범죄를 줄이려고 노력했다. 이 시위를 조직한 존 헤절린 John Hegelin 은 자신들의 노력으로 범죄율이 20퍼센트 감소될 것으로 예측했다. 로버트 박은 자신의 저서 《부두 과학Voodoo Science》에서 범죄율이 감소되기는커녕 "시위가 진행되던 2개월 동안 살인 사건 발생률이 전례 없이 치솟았다"고 말했다.[1] 그럼에도 불구하고 기자 회견에서 헤절린은 명상이 성공적이었으며 범죄율이 18퍼센트나 감소했다고 주장했다. 〈워싱턴 포스트〉의 기자가 '어떤 근거로' 그렇게 주장하는지 물었더니 헤절린은 시위 당시 그 도시에서 참가자들이 명상을 하지 않았더라면 일어났을지도 모를 폭력 사건과 비교해볼 때 그렇다고 대답했다. "하지만 그걸 어떻게 알 수 있죠?"라면서 그 기자는 의아해했다.

워싱턴 D.C.의 범죄율이 명상 집회를 하지 않았더라면 발생했을지도 모를 범죄율보다 어떻게 낮아질 수 있었을까? 그럴 수 있었다고 치더라도 명상 집회로 범죄를 줄일 수 있다는 주장은 믿을 만한가? 이 점을 믿는 사람은 명상 집회가 아니었더라면 폭력 범죄율이 18퍼센트 높아졌을 것이라는 주장을 실제로 믿었을 것이다. 그해 여름의 범죄율은 최고 기록을 세웠고, 아직까지도 그 기록은 깨지지 않고 있으니 말이다.

위싱턴 D.C. 명상 집회 이야기는 우리의 주관적 세계관 때문에 증거를 객관적으로 평가하기 힘들어진다는 핵심 내용을 잘 보여준다. 이 명상 집회를 주도한 혜절린이 예측한 대로라면 그 시위는 실패한 것이었다. 평균적인 여름철 범죄율과 비교해볼 때 그들은 범죄율을 20퍼센트만큼 줄이지 못했다. 오히려 그 반대로 범죄율이 급격하게 치솟았다. 그런데도 혜절린은 성공했다고 주장했다.

어른의 사고방식이 시작된
어린 시절

나는 이 장에서 명상 집회의 다른 측면에 초점을 맞춰보고자 한다. 사람들이 어떤 것의 원인을 확신하지만 틀리는 경우도 있는가? 어린 아이들이 사고하는 방식에서 실마리를 찾아볼 수 있다.

네 살인 데스먼드는 베이비시터인 클레어가 샐러드 만드는 모습을 지켜보고 있었다. 클레어가 야채 그릇에 당근을 썰어 넣는 것을 지켜보던 데스먼드는 야채 조각을 집어들려고 했다. 그 순간 클레어가 야채를 썰려고 칼을 눌렀는데 다행히 껍질을 벗기는 작은 칼이 데스먼드의 손가락을 살짝 스치고 지나갔다. 클레어가 썰어놓은 야채를 싱크대에서 씻고 있을 때 데스먼드가 잔뜩 뿌루퉁해서 항의했다. "난 그냥 당근 조각을 집으려던 거야!" 클레어는 데스먼드가 샐러드에 손을 대자 혼내주려고 칼질을 했다고 생각한다는 것을 알고는 깜짝 놀랐다.

데스먼드에게 왜 그렇게 추론하는지 이유를 설명해달라고 한다면 아마도 "내가 샐러드에 손을 댔고, 그다음에 클레어가 칼질을 했으니까 내가 손대지 못하게 하려고 그런 거야"라고 말할 것이다. 이런 형태의 직관적 추론은 서너 살짜리 아이들이 흔히 하는데, 원인이 결과에 선행한다는 논리적 가설을 반영한 것이다.

어른들도 데스먼드처럼 이런 형태의 추론을 한다. 대부분의 경우에 이런 추론이 효과적이기 때문이다. 하지만 효과적인만큼 너무 단순하다는 단점도 있다. 그렇지만 단 한 가지 원인만으로는 사건을 충분히 설명할 수 없다는 것을 우리는 잘 알고 있다. '마지막 지푸라기 하나가 낙타를 쓰러뜨린다'는 속담은 사소한 사건들이 쌓여서 거대한 사건을 일으킬 수 있다는 우리의 직관을 잘 반영한다. 마지막에 얹은 지푸라기처럼 한 가지 요인에만 초점을 맞추면 사건이 일어난 이유를 제대로 설명할 수 없다. 이런 점을 잘 알고 있으면서도 우리는 '복합 원인multiple causation'이라는 기본 개념을 잊고 일어났던 사건에 관해 한 가지 원인만을 받아들인다.

직관적 아이디어의 두 번째 한계는 두 가지 사건이 한꺼번에 일어났을 때 첫 번째 사건이 두 번째 사건의 원인이라고 간주하는 것이다. 데스먼드는 자기 손가락을 베인 게 우연한 사건이고 클레어의 감정과는 아무런 상관이 없을 수 있다는 생각을 하지 못했다. 두 가지 사건이 거의 연이어 발생한 경우 앞선 사건이 뒤이은 사건의 원인이라고 단정 짓기 전에 이 두 사건이 의미 있는 관계인지 알아볼 방법을 찾아야 한다. 두 사건이 동시에 일어났더라도 단순한 요행으로 우연의 일치coincidence일 수도 있기 때문이다.

의미 있는 패턴을 찾아내는 방법

우리의 머리는 패턴을 발견하도록 프로그래밍되어 있다. 원인과 결과의 패턴은 특히 중요하다. 특이한 사건과 마주치면 그것이 무엇과 연결될 수 있는지 파악함으로써 우리는 즉시 원인을 설명하려고 한다. 우리는 무엇이 먼저 일어났는지 살펴보는 간단한 방법을 사용해 원인을 찾는다. 복통으로 잠에서 깨어나면 전날 밤 처음 먹어본 카레 때문일 거라고 생각한다. 바로 전 사건을 다음에 일어난 일의 원인으로 생각하는 것은 자연스러운 현상이지만 그것만으로는 일어난 일을 제대로 설명할 수 없다는 생각은 좀처럼 하지 못한다. 카레가 복통과 전혀 상관이 없고 배가 아픈 건 그냥 단순한 우연이라고 생각하는 것은 자연스러운 사고가 아니다. 다른 맹점들과 마찬가지로 모든 것에서 패턴을 찾아내려고 하는 성향은 여러 가지 면에서 매우 유용하기도 하지만 딜레마의 원인이 되기도 한다. 어떤 패턴이 정말 의미 있는 것인지 어떻게 구별할 수 있을까?

예를 들어 수비학數秘學을 믿는 사람들은 다양한 숫자에서 의미를 찾아낸다. 어떤 구절에 나오는 단어의 숫자나 측량 치수 같은 데서 읽어내고 연결시키는 의미는 평범한 것이 아니다. 말하자면 숫자들 간에 비율이 맞는 것은 건축가가 특별한 형태의 호弧 모양을 디자인

하기 위해 의도적으로 그랬다는 식의 평범한 해석이 아니다. 수비학자는 일상적인 틀에서 벗어난 특정한 원인들에 감춰진 의미를 탐구한다. 일례로 어떤 사람들은 16세기 노스트라다무스의 저술을 읽고 그가 예언자이며 그의 신비한 4행시를 통해 미래를 예언할 수 있다는 결론을 내렸다. 하지만 이들이 해독해낸 숫자들 간의 관계는 의미 있는 것이었을까? 아니면 단순한 우연에 불과했을까?

《왜 사람들은 이상한 것을 믿는가Why People Believe Weird Things》에서 저자 마이클 셔머Michael Shermer는 사람들이 숫자를 의미심장하게 해석하려는 사례들을 제시했다.[2] 그중 수학자인 마틴 가드너가 재미삼아 워싱턴 기념탑의 여러 수치 간 상관성을 어떻게 분석했는지 묘사했다. 가드너는 기념탑 수치에서 숫자 5가 특이하게 많다는 점을 발견했다. 기념물의 높이는 555피트 5인치, 토대의 면적은 55제곱피트였다. 창문은 바닥으로부터 500피트 높이에 있었다. 토대의 면적에 60(60은 1년 12개월에 5를 곱한 값이다)을 곱하면 3,300이 되는데, 관석의 무게가 정확히 3,300파운드였다. 만약 관석의 무게와 토대의 면적을 곱하면 광속에 가까운 값이 된다.

특이하긴 하지만 경이감에 숨이 멎을 정도는 아니다. 그런 숫자들을 보며 기념탑을 설계한 사람의 의도가 궁금할 수는 있다. 하지만 그런 수치가 예언을 위한 것이거나 보이지 않는 어떤 힘을 상징한다고 할 수 있을까? 연관성 없는 숫자를 통해 패턴을 쉽게 찾아내는 방법을 알고 있는 가드너라면 이런 질문에 아니라고 대답했을 것이다.

감춰진 원인을 찾을 때 맹점에서 벗어나려면 두 가지 단계가 중요하다. 첫째, 우리가 식별해낸 단순한 한 가지 원인보다 훨씬 더 복잡한 원인이 있지 않을까 자문해보아야 한다. 둘째, 그런 원인들에 의문을 품어야 한다. 사건의 요소들이 의미 있는 관계일까 아니면 단순한 우연일까? 이제부터 이 점을 살펴보기로 하자.

보다 복잡한 원인을 찾아야 하는 이유

데스먼드와 마찬가지로 사람들은 대부분 한 가지 단순한 원인으로 사건의 발생을 설명한다. 아들에게 관심 있는 대학에 지원서를 내라고 잔소리를 하다가 엄마와 아들 사이에 말다툼이 벌어진다. 말다툼의 원인이 무엇일까? 엄마는 아들이 아무런 행동도 취하지 않기 때문에 더욱 잔소리를 할 수밖에 없다고 할 것이다. 하지만 아들은 이와 반대로 엄마가 잔소리를 할수록 점점 더 의욕이 떨어진다고 할 것이다. 아버지는 옆에서 아내가 잔소리를 하고 아들이 의기소침해 있는 게 모두 자신이 직장에서 곧 해고될지도 모르기 때문이라고 생각할 수도 있다. 그는 자기가 직장을 그만둘까 봐 아내가 두려워서 잔소리가 많아진 것이고, 아들은 아빠가 직장을 잃으면 대학에 갈 돈이 없을까 봐 대학에 지원하는 것을 주저하는 거라고 생각한다.

이 사례의 핵심은 사건이 서로 개연성 있게 얽혀 있기는 하지만 누구 때문에 다른 누군가가 그런 행동을 한다고 단언할 수 없다는 것이다. 모두 전혀 다른 원인에서 비롯된 것일 수 있기 때문이다. 이 가족에게 무슨 일이 일어났는가에 따라 세 가지 이유 모두 옳을 수도 있고, 이보다 더 많은 원인이 서로 엉켜서 작용한 것일 수도 있다.

설상가상으로 다양한 원인이 매우 복잡하게 얽혀 있는 경우도 있다. 이처럼 원인이 다양할 때 모든 요인이 어떤 사건의 발생에 똑같이 기여할까? 예를 들어 어떤 알코올 중독자가 3분의 1은 유전 때문에, 3분의 1은 술 권하는 문화 때문에, 3분의 1은 개인적인 스트레스 때문이라고 할 때 그는 각 요인이 알코올 중독에 똑같은 영향을 미쳤다고 주장하는 셈이다. 하지만 이런 요인들이 반드시 같은 정도로 결과에 영향을 미치지는 않는다. 예를 들어 골격이 작은 여성은 골다공증에 걸릴 확률이 높은데, 이 경우 골격이 작다는 것은 이 질병을 초래하는 다른 요인들과 똑같은 비율로 작용하는 게 아니라 지배적인 요인이 된다.

사람들은 복잡한 원인이 있다는 사실을 대체로 무시하려 들기 때문에 연구원들이 입장을 바꾸면 화를 낸다. "처음에는 달걀이 몸에 좋지 않다고 하더니 이제 와서 먹는 게 좋다고 하면 어쩌라는 거야?"라면서 투덜댈 수도 있다. 새로운 연구 결과가 기존에 믿고 있는 사실을 번복하면 기존 사실을 맹신하던 사람들 입장에서는 화가 날 수밖에 없다. 손바닥 뒤집듯 연구 결과가 그렇게 신빙성이 없다면 차라리 건강 문제를 동전을 던져 결정하는 게 낫지 않을까?

자신과 자신이 사랑하는 사람들의 건강이 위험에 처할 수도 있다는 생각이 들면 의사나 과학자들에게 비난의 화살을 돌리게 된다. 하지만 인체는 대단히 복잡한 구조로 이루어져 그 안에서 발생하는 일들을 직접 관찰하는 것은 어렵거나 불가능하다. 따라서 많은 질병의 원인은 우리가 관찰할 수 있는 것으로부터 추론해야만 한다. 그런데 그런 원인들은 복합적이고 다면적이다. 예를 들어 쿠루병은 인체 내 감염 인자가 필요충분조건이 모두 갖춰질 때 질병으로 발전하는 것처럼 보인다. 다시 말해 감염 인자가 없으면 쿠루병에 걸리지 않을 것이고, 감염 인자가 있는 사람은 모두 발병 가능성이 있다. 이와 대조적으로 레지오넬라병은 바이러스 인자와 관련이 있지만 이 바이러스만으로는 질병에 걸리지 않는다. 에어컨의 냉각수가 분출될 때 미세한 물방울이 호흡시 기도를 통해 폐로 넘어가 감염되면 고열과 기침, 호흡 곤란, 가슴 통증과 함께 맥박이 느려지며 혈압이 떨어지는 레지오넬라 폐렴에 걸린다. 그런데 레지오넬라 폐렴 바이러스에 대한 항체가 혈관에 형성돼 있는 사람들은 이 바이러스에 노출되어도 발병하지 않는 것으로 밝혀졌다. 때문에 이런 요건들이 충족되지 않으면 바이러스 침투 여부와 관계없이 발병하지 않는다.

^{전략 I}
감춰진 원인을 찾아내는 방법

[전략 1] 역사 선생님에게 질문한다

한 고등학교 역사 선생님이 복잡한 원인을 무시하려는 학생들의 태도를 고치려고 다음과 같은 상황을 제시했다. 어떤 남자가 비가 내리는 늦은 밤 자동차를 몰고 직장에서 집으로 돌아오던 중 사고로 나

무릎을 들이받았다. 선생님은 학생들에게 "이 자동차 사고가 왜 발생했을지 원인을 말해볼까?"라고 물었다. 학생들은 도로가 미끄러웠기 때문이라는 이유에서부터 남자의 부주의, 밤늦은 시간까지 일을 해서 화가 났을 수도 있다는 등 그럴듯한 여러 가지 이유를 제시했다.

그러자 그 역사 선생님은 "그렇다면 제2차 세계대전의 원인이 이 남자가 일으킨 자동차 사고의 원인들보다 좀 더 복잡하지 않을까?"라고 다시 물었다.

이런 질문을 받으면 허를 찔린 듯 잠시 주춤하게 된다. 중요한 의미를 내포하고 있기 때문이다. 머릿속에 떠오른 첫 번째 요인을 무조건 사건의 원인으로 단정하려는 성향을 극복하려면 "내가 설명하려는 사건의 원인이 자동차 사고의 원인보다 좀 더 복잡한 것은 아닐까?"라고 자문해봐야 한다. 만약 훨씬 더 복잡할 것 같으면 여러 원인들로부터 어떤 결과가 나올지 좀 더 차분히 생각해봐야 할 것이다.

[전략 2] 원인들을 분석한다

여러 가지 원인을 일단 목록으로 작성한 다음 단순한 인과관계를 넘어 훨씬 더 복잡한 방식으로 그런 원인들이 작용하고 있지는 않은지 자문해봐야 한다. 다른 인과관계에 관한 기존 지식으로부터 이렇게 물어볼 수 있을 것이다.

- 주요 원인이 있는가? 다른 것들보다 더 근본적인 원인이 있는가?

- A가 B의 원인이 아니라 B가 A의 원인일 가능성은 없는가? 혹은 A와 B가 서로 얽혀 순환적으로 서로 문제를 촉발시키고 있지는 않은가?
- A와 B 모두에 작용하는 제3의 감춰진 원인이 있는가?
- A가 확실한 원인이라고 판단될 경우 A 없이는 B가 절대로 일어날 수 없다고 할 수 있는가?
- A만으로도 B가 발생할 수 있다고 말할 수 있는가? 아니면 다른 조건들도 필요한가? 어떤 조건들이 필요한가?
- A, B, C가 동시에 발생한 건 순전히 우연인가? 이런 사건들 간에는 아무런 관련이 없는가?

여기에서는 마지막 질문이 핵심이다. 어떤 사건이 순전히 우연히 발생했는데도 우리가 생각하기에는 확실한 원인이 있어 보인다거나 그와 반대로 어떤 사건이 확실한 원인에 의해 발생했지만 우리에게는 우연한 일로 보인다면 우리가 이해하려는 사건의 실제 원인에 대해 전혀 알 수가 없다. 어떤 사건이 우연인지 아닌지 판단하는 일은 왜 이렇게 어려운 것일까?

[전략 3] 우연한 요소를 파악한다

열두 살짜리 신시아에게 면담자는 투탕카멘의 저주 기사와 관련해 다음과 같은 질문을 했다.

면담자 어떤 사람이 죽었는데 바로 그 순간 도시 전체가 정전이 됐어요. 그렇다면 이 두 가지 사건 간에는 어떤 관련이 있을까요? 만약 있다면 어떤 것인지 설명해보세요.

신시아 물론 관련이 있어요. 아니, 없을 것 같네요. 왜냐하면 뉴욕시의 정전 현상이 자기폭풍 때문이었다는 게 밝혀졌으니까요. 어떤 사람이 죽는다고 정전이 되는 경우는 드물거든요. 그건 초자연적 현상이니까요. 확인하려면 책을 많이 뒤져봐야 할 것 같아요.

면담자 그렇다면 그 사람이 죽었을 때 정전이 되고, 개가 짖었다고 가정해보죠. 이 세 사건은 서로 관련이 있을까요?

신시아 그 개가 자기 주인이 죽었다는 사실을 알았을 수도 있어요. 개들은 멀리 있는 것까지 감지하거든요. 관련이 있을 것 같아요.

(면담자는 "그런데 그 순간 개도 죽었어요"라고 덧붙인다.)

신시아 확실히 관련이 있어요. 그런 현상은 아무런 이유 없이 일어나지는 않거든요. 그러니까 분명 무슨 관련이 있을 거예요. 죽은 사람이 정전과 개에게 분명히 어떤 영향을 미쳤을 거예요.

신시아의 대답은 우연히 동시에 발생할 수도 있었던 사건과 원인이 있는 사건을 구별하려고 노력하고 있음을 보여준다. 신시아의 대답은 우리 모두가 직면하고 있는 딜레마를 단적으로 보여준 것이다. 확실한 원인이 있는지, 아니면 단순한 우연인지, 두 가지 이상의 사건

간에 과연 연관이 있는 것인지 어떻게 구별할 수 있을까?

확실한 인과관계와 단순한 우연을 구별하는 방법에 대해 과학자들도 연구 중이다. 저술가이자 통계학자인 데이비드 살스버그David Salsburg는 저서 《천재들의 주사위The Lady Tasting Tea》에서 한 가지 예를 든다. 1920년대에 케임브리지 대학 동문 모임에서 한 여자가 자기는 차에 우유를 부은 것인지 우유에 차를 부은 것인지 맛을 보면 구분할 수 있다고 주장했다.[3] 다른 사람들이 말도 안 된다며 반박하자 한 사람이 직접 시험해보자고 한다. 그는 차 한 잔을 타서 내놓은 뒤 어떻게 만든 것인지 맞혀보라고 했다. 그녀는 한 모금을 마신 뒤 차에 우유를 따른 것이라고 말했다. 그런데 그녀가 어쩌다가 우연히 답을 맞혔다고 상상해보자. 파티에 모인 사람들은 그녀가 그 차이를 구분한다고 확신할 수 있을까?

살스버그는 그녀가 실제로 맛을 구분하지 못하고 단지 추측해서 말하더라도 정답을 말할 확률은 50퍼센트라고 지적한다. 그렇다면 그녀가 첫 잔을 마신 뒤 정답을 말했다고 해서 맛의 차이를 구분한다고 단정하면 안 된다. 시험 방식을 좀 바꿔서 그녀에게 두 잔을 더 가져다준다면 어떻게 될까? 한 잔은 우유에 차를 넣은 것이고 다른 잔은 차에 우유를 넣은 것이다. 그녀가 첫 번째 정답을 맞힐 확률은 여전히 50퍼센트다. 하지만 그녀가 첫 잔을 마신 후 정답을 말한다면 두 번째 잔을 알아맞힐 확률은 100퍼센트가 된다.

살스버그가 주장하듯 이 경우 핵심적인 문제는 두 가지 다른 배합 방식일 때 얼마나 많은 잔을 시험해봐야 그 여자가 정말로 맛의 차이를 구분한다고 할 수 있는가이다. 만약 세 번 연속 맞힌다면 충분할까? 열 번을 맞힌다면? 스무 번 중 열여덟 번은 정확히 맞혔지만 두 번은 틀렸다면 어떨까? 그런 실수를 했다고 해서 그녀가 맛을 구분할 수 없다고 말할 수 있을까? 그렇다면 스물세 번을 맞히면 확실히 구분한다고 할 수 있을까? 그녀가 요행으로 답을 맞힐 확률은 얼마일까? 그녀의 주장을 사실로 받아들일 만한 지점은 어디쯤일까?

살스버그의 책에서 볼 수 있듯 이런 질문에 대답하기 위해 다양한 통계 기법과 이론이 개발되었다. 통계 실험은 특정한 연구 결과가 조사 중인 요소들로부터 도출된 결과라기보다는 우연일 확률을 판단하는 데 도움이 된다. 예를 들어 여러 출판물에 연구원들은 자신들의 연구 결과가 0.05의 오차 범위 내에서 유효하다고 할 수도 있다. 이 값의 의미는 만약 동일한 연구가 백 번 반복될 경우 같은 결과가 우연히 나올 확률은 백 번 중 겨우 다섯 번이라는 것이다. 그렇다면 백 번 실험을 할 경우 아흔다섯 번은 반드시 같은 결과가 나온다는 말이다. 유사한 연구를 실시해 유사한 결과가 나올 때 과학자들이 그 결과를 확신하는 것은 바로 이런 이유 때문이다. 여러 차례에 걸친 실험 결과가 모두 우연일 확률은 극히 적기 때문에 유사하게 나오는 결과를 더욱 신뢰하게 되는 것이다.

적지 않은 사람들이 이런 이론을 이해하기 힘들어한다. 통계 실험 과정을 상세히 기술해 이면에 깔린 이론적 개념과 함께 제시하면 대부분은 깜짝 놀란다. 실험이나 이론은 직관적으로 쉽게 파악할 수 있는 게 아니기 때문이다. 그렇기에 수많은 대학과 대학원 과정의 수업이 통계학과 확률 이론, 리서치 설계에 할애되고 있는 것이다.

사실 통계학적 추론의 이면에 깔려 있는 확률 이론이라는 수학 영역은 수학자나 과학자들에게도 쉬운 분야가 아니다. 칼럼니스트이자 저술가인 마릴린 보스 샤방Marilyn vos Savant은 독자가 자기에게 한 질문을 소개했다. 그 독자는 게임 쇼에 출전한 사람이 세 가지 문 중 하나를 선택하는 상황을 설명했다. 세 개의 문 중 하나 뒤에는 진짜 자동차가 있고, 나머지 두 개 뒤에는 장난감 자동차가 있다. 그 독자는 이렇게 질문했다.

"만약 당신이 1번 문을 고른다고 칩시다. 쇼 진행자는 각 문 뒤에 무엇이 있는지 압니다. 그런데 그 진행자가 다른 문, 즉 장난감 차가 있는 3번 문을 열면서 마음을 바꿔 2번 문을 선택하겠냐고 묻습니다. 그렇다면 처음 선택한 문을 바꾸는 것이 유리할까요?"

마릴린은 "그럼 선택을 바꿔야 합니다"라고 조언을 했다.⁴

적지 않은 사람이 여러분처럼 마릴린의 생각이 틀렸다고 생각한다. 그런 사람들 중에는 수학 박사와 노벨상을 수상한 물리학자도 있다. 마릴린의 생각에 반대하는 사람들은 일단 쇼 진행자가 3번 문을 열었으므로 차가 있는 문을 고를 확률은 50 대 50이고, 그렇다면 선택을 바꾸든 말든 차이가 없다고 주장했다.

보통 수학적 문제를 증명하려면 방정식이나 행렬 같은 다른 수학적 방법을 이용해야 한다. 이런 이론들은 궁극적으로 어떤 대답이 올바른지 보여주지만 이처럼 복잡하고 추상적인 증명은 수학자가 아닌 일반인들로서는 이해하기 힘들다. 하지만 게임 쇼 문제일 경우 마릴린의 생각이 옳은지 간단하게 판단할 수 있는 방법이 있다. 마릴린의 대답을 .실제로 시험해보는 것이다. 즉 게임 쇼 출전자가 처음 선택한 문을 바꾸지 않을 때 이길 승률과 원래의 선택을 바꾸었을 때 이길 수 있는 승률을 따져 해답을 얻는 것이다. 우리는 그 상황을 그대로 반복해 실험해보면 된다. 100회 동안 출전자가 처음 선택을 바꾸는 경우를 시험해보고, 다음 100회 동안 처음 선택을 고수하는 시험을 해보는 것이다. 마릴린과 반대 생각인 사람들의 입장이 옳다면 게임 쇼 출전자가 자신의 첫 번째 선택을 바꾸는지 여부와 관계없이 성공할 확률은 50퍼센트다. 하지만 '마릴린이 옳다면' 선택을 바꾼 사람이 차를 받을 확률이 66퍼센트인 데 반해 처음 입장을 고수할 경우 차를 탈 확률은 33퍼센트다. 이것을 컴퓨터 프로그램으로 만들어 미국 전역의 초등학생들에게 시험해본다면 마릴린의 대답을 지지할 것이다.

마릴린의 대답에 처음에는 반대했던 전문가들도 상당수 입장을 바꾸게 되었다. 이처럼 겉으로 보기에는 매우 단순해 보이는 문제를 고등교육을 받은 수학자나 과학자들도 어려워하는 것을 보면 확률 이론은 분명 쉬운 분야는 아닌 것 같다. 그러므로 어떤 사건이 인과관계가 분명한 것인지 단순한 우연인지를 확률론을 이용해 파악하는 일은 결코 쉽지 않다. 그럼에도 불구하고 우리가 그런 판단을 내리는 데 과연 어떤 면이 도움이 될까?

우연인지 아닌지 판단하는 법

어떤 사건의 원인을 파악하려고 할 때 우연인지 아닌지 알려면 다음의 두 가지를 확인해봐야 한다.

[전략 1] 완전히 우연일 확률을 따져본다

사건이 우연히 발생하는 경우도 종종 있다. 예를 들어 목공예 강좌를 듣고 있는데, 수강생 여섯 명 중 그전에는 전혀 만난 적이 없는 네명이 모두 이탈리아어를 한다는 사실을 알게 된다. 혹은 음악회에 가자고 친구에게 전화를 하려던 참인데 다음 날 직장에서 그 친구가 당신의 표까지 두 장을 예매해놓았다는 것이다. 몇 년간 못 보고 지내던 사람을 유럽 여행을 하다가 우연히 만났는데, 공교롭게도 그 사람과 당신이 함께 살던 거리의 이름과 똑같은 이름의 카페에서 마주친다. 이런 사건들은 인과관계가 있는 것일까 아니면 단순한 우연일까?

사람들은 대부분 이런 우연한 사건에 별다른 의미를 부여하려 하지 않는다. 그 대신 그런 사건들이 우연히 일어났다고 생각하거나 우연과 인연, 즉 두 사람 모두 비슷한 음악가를 좋아한다든가 하는 공통점 때문에 일어난 일이라고 생각한다. 동시에 일어난 두 가지 사건이 관련이 있다고 단정 짓기 전에 이런 질문을 해볼 필요가 있다.

"이런 우연은 미리 예정되어 있었는가?"

만약 우리가 우연을 미리 예측할 수 있다면 그것이 단순한 우연이라고 생각하지는 않을 것이다. 이런 경우를 상상해보자.

"내가 목공예 강좌를 듣는데, 수강생 중 이탈리아어를 하는 여자가 네 명 있을 것 같아."

"내일 친구가 브루스 스프링스턴 콘서트 입장권 두 장을 예매해 사무실에 나올 것 같은 예감이 들어."

"내가 유럽에 가면 그곳에서 내가 살았던 거리와 이름이 같은 카페에서 옛 친구를 만날 것만 같아."

우리가 이런 예측을 미리 할 수 있다면 대단한 일임이 분명하다. 더구나 그런 예측이 실제로 일어나면 놀라지 않을 수 없을 것이다. 하지만 예측하지 못한 채 일어난 경우에는 인과관계가 있다고 섣불리 단정 짓지 않도록 유의해야 한다. 단순한 우연일 수도 있기 때문이다.

[전략 2] 평생 발생할 우연의 확률은 얼마일지 따져본다

우리가 경험한 우연 가운데 친구가 콘서트 입장권을 구해오거나 옛 친구를 여행 중 우연히 만난다면 대다수 사람들은 이런 사건을 이상하게 생각하지 않을 것이다. 하지만 이런 우연에 다음과 같은 경험이 관련되어 있다면 어떨까?

• 두 친구가 같은 날, 같은 책을 내게 선물로 준다. 그 책은 엄마와 딸

사이에 있을 법한 상황들을 다루고 있다. 그 책 내용 중에는 내가 최근 고민하던 사항이 있었지만 내 고민을 아무에게도 말한 적은 없다.

- 기내에서 우연히 무용단원 옆에 앉았는데, 내가 앞으로 무용을 직업으로 삼아야겠다고 결심한 지 며칠 지나지 않았을 때였다.
- 여동생이 근심에 빠져 있는 꿈을 꾼다. 그런데 다음 날 여동생이 전화를 해서 그 전날 밤 자동차 사고가 났었다고 얘기한다.

이런 경우 많은 사람들은 이런 사건이 우연히 일어난 게 아니라 뭔가 인과관계가 있을 거라고 생각한다. 하지만 그런 결론을 내리기 전에 동시에 일어나는 두 가지 사건이 평생 동안 한 번이라도 발생할 확률이 얼마나 될지 자문해볼 필요가 있다. 예를 들어 칠십 평생을 사는 동안 순전히 우연한 사건이 얼마나 일어날 수 있을까? 한 가지 우연이 두 번 일어날 수 있을까? 열 번도 가능할까? 사람들이 경험하는 제각기 다른 상황으로 미루어볼 때 50~60년 동안 "세상에, 이런 우연이!"라고 감탄할 만한 사건이 몇백 번이건 가능할까? 만약 가능하다면 친구 두 명이 같은 날 같은 책을 선물하는 것이나 기내에서 마음에 둔 무용수들과 나란히 앉게 되는 일, 여동생 꿈을 꾼 바로 다음 날 교통사고 소식을 들은 일이 모두 우연일 수 있다. 이런 사건들은 평생 동안 우연히 일어날 수 있다고 생각하는 횟수인 열 번이나 스무 번, 혹은 쉰 번에 속하는 것일 수 있기 때문이다.

[고정관념] 우연은 없고 모든 것은 필연의 결과다?

우연한 사건이란 없으며 모든 것은 인과관계가 있다고 주장하는 사람들도 있다. 신세대 운동을 주도하는 사상들은 모든 것에서 의미를 추구하고, 아무런 의미 없이 우연으로 발생하는 일은 없다고 생각한다. 일례로 줄리아 캐머런 Julia Cameron은 많은 인기를 얻었던 저서 《아티스트 웨이The Artists' Way》에서 우리가 모두를 배려하는 우주에 살고 있다고 주장한다. 우리 모두에게 관심을 가져주는 우주는 언제나 우리를 향해 문을 열어두고 있다는 것이다.[5] 이런 관점에서 보면 내가 무용수가 되려고 마음먹고 있던 시기에 비행기에서 다른 무용수 옆에 앉게 된 것은 결코 우연이 아니다. 두 친구가 같은 날 같은 책을 내게 선물한 것도 마찬가지다. 이것은 분명 배려하는 우주가 내게 무엇인가를 말하려 한 것이다. 이 책을 통해 내게 해주고 싶은 메시지를 전달하려는 것과 같은 것이다.

배려하는 우주가 개입한 게 아니라 이런 사건은 우연히 발생한 것으로 보는 게 옳다고 주장하면 대부분의 학생들이 실망한다. "이런 패턴들이 어떤 의도에 의한 것이라고 인정하면 안 되나요? 우주가 우리를 보살펴주고 있다고 믿으면 해가 되나요?"라고 학생들은 반문할 것이다. 우주가 자비로운 곳이라고 믿는다고 해서 해를 입을 것은 없다. 하지만 모든 사건에는 의미가 있고, 결코 우연히 발생하지 않는다는 생각은 큰 문제가 될 수 있다. 우리의 마음이 자연스럽게 움직이는 패턴을 살펴보면 모든 것에서 패턴을 찾기는 힘들다. 우리가 탐지해낸 패턴은 우리의 마음속에 존재하는 것일 뿐 저 밖에 보이는 패턴은 사실 우리가 투사한 것일 가능성이 높다. 그런데 이런 패턴들이 항상 자비로운 것은 아니다. 결국 우연은 없으며 모든 것은 필연이라는 믿음은 긍정적이고 무해한 아이디어뿐만 아니라 부정적인 생각을 정당화하는 데 이용될 수 있다.

예를 들어 보자. 2003년 2월 컬럼비아 우주왕복선이 폭발하면서 텍사스에 잔해가 떨어졌을 때 사우디아라비아계의 한 신문은 그것이 팔레스타인이라는 마을에 떨어졌다고 대서특필했다. 보도 자체로 보면 정확한 것이지만 실제로 우주왕복선 파편은 다른 여러 곳에도 떨어졌다. 유독 한 곳에만 초점을 맞추면서 그 기사는 컬럼비아호의 참사와 팔레스타인이라는 마을 사이에 마치 무슨 관련이 있는 것처럼 발표했다. 신과 같은 전지전능한 모종의 존재가 미국이 중동의 정세에 개입해 갈등을 빚은 데 대해 응징했다는 메시지를 전달하려고 한 것 같았다.

우주왕복선의 잔해가 팔레스타인이라는 마을에 떨어진 것은 우연일 뿐이라며 기사 내용을 반박할 수도 있을 것이다. 하지만 만약 우연은 없고 모든 것이 필연이라고 고집한다면 그런 항변을 할 수 없게 된다. 만약 우연이란 없다고 주장하면 어떤 사람이 어떤 의미가 있는 해석을 하든 그에 반대할 만한 근거를 박탈해버리는 셈이다.

믿고 싶은 욕망
대다수의 사람들은 〈그림 6〉 만화에 나오는 보포 씨의 고민에 공

〈그림 6〉 보포 씨의 고민

감할 것이다. 보포 씨는 우연한 기회에 자기 개의 이름과 같은 말에게만 베팅하지 않으면 승률이 훨씬 더 높다는 점을 알게 되었다. 하지만 그는 이것이 우연이 아니라 뭔가 상관관계가 있을 거라고 의심한다. 사람들이 특이한 것을 믿는 이유는 그냥 그렇게 믿고 싶기 때문이다. 그런 믿음을 통해 사람들은 희망을 얻고, 자신의 삶을 자신이 통제할 수 있다고 느낀다.[6] 우주가 우리에게 특별한 메시지를 전해주려고 한다는 생각은 솔깃하긴 하지만 그런 믿음으로 인해 우연이 없어지고 모든 것이 필연이 되어버린다면 우리는 큰 혼란에 빠질 수 있다.

감추어진 원인을 놓치지 않고 파악하는 법

이 장은 워싱턴 D.C.에서 명상 집회를 주도한 사람의 이야기로 시작된다. 그는 그해 여름 범죄율이 사상 유례없이 최고에 달했는데도 명상 집회로 인해 워싱턴 D.C.의 범죄가 줄었다고 주장했다. 이 이야기는 감춰진 원인을 보지 못하는 맹점을 보여주는 사례다. 사람들은 사건의 인과관계에 대해 잘못된 결론을 내리는 경우가 종종 있다. 우리가 찾고 있는 원인이 잘 드러나지 않고 복잡하기 때문에 겉으로 드러난 단순한 설명에 만족해버리는 성향이 있기 때문이다. 그뿐 아니라 원인을 오해하는 경우도 있는데, 우리가 본 사건들이 우연히 발생한 것인지 어떤 연관이 있는 것인지 판단하기 힘들기 때문이다. 이런 맹점을 밝히기 위한 전략에는 보다 복잡한 세부 전략들이 포함된다. 우리는 사건들로부터 파악해낸 관계가 단순한 우연일 가능성도 늘 염두에 두어야 한다. 마지막 부분에서는 모든 것이 필연이고 우연은 없다는 믿음의 위험성에 대해 논의했다.

부분에서 전체로
시스템을 파악하는
추상적 사고력

'나무만 보고 숲을 보지 못하는' 맹점

부츠라는 고양이를 키운 적이 있는데, 부츠는 현관 쪽에 비가 내리면 뒷문 쪽에도 비가 내린다는 사실을 이해하지 못했다. 여러 차례 설명하고 보여줬지만 내 말을 전혀 알아듣지 못한 채 비 오는 날이면 측은한 표정으로 밖에 내보내달라고 야옹거렸다. 앞문 날씨와 뒷문 날씨를 별개라고 생각한 부츠는 외부 세계를 하나하나의 고립된 점들로 파악했다.

반면에 타이거라는 개는 달랐다. 토끼나 고양이가 마당에서 서쪽 끝으로 움직이다가 시야에서 사라지면 타이거는 침실 창문이나 밖이 내다보이는 곳으로 가서는 고양이가 들어오는지 감시했다. 창문으로 내다보이는 바깥 풍경이 서로 연결되어 있다는 것을 이해한 타이거는 부츠가 보지 못한 것, 즉 바깥 세계가 연결된 선이라는 사실을 파악하고 있었다.

사람들이 빅픽처를 보지 못할 경우 '나무만 보고 숲을 보지 못한다'고 한다. 내가 이 문구를 좋아하는 이유는 개별적인 구성 요소들조차 보지 못하는 맹점은 최소한 피했다는 의미로 들리기 때문이다. 어쨌든 세부적인 나무들은 볼 수 있지 않은가? 사실 각각의 나무들만 보다 보면 전체 숲을 보지 못할 수도 있다. 전체 숲을 보려면 나무들 사이의 관계를 포착하고 숲이라는 전체를 구성하는 데 어떻게 기여하는지 이해해야 한다. 우리는 가까이 있는 잘 보이는 몇 그루의 나무에만 초점을 맞추는 맹점이 있어 보다 큰 시스템 전체를 고려하지 못한다.

역동적으로 변화해
파악하기 힘든 숲

나는 겨울밤에 따뜻하게 지내는 걸 좋아하고 남편은 시원하게 지내고 싶어 했는데, 마침 이중 조절 전기담요를 발견하고는 무척 기뻤다. 처음으로 담요를 사용하는 11월 어느 날 밤, 나는 담요를 침대에 깔고는 남편 쪽의 다이얼과 내 쪽의 다이얼을 각각 맞춰놓았다. 그날 밤 너무 더워서 잠에서 깬 나는 내 쪽 다이얼을 낮춰놓고 다시 잠이 들었다. 그런데 한 시간 후 다시 잠에서 깰 수밖에 없었다. 담요가 지글지글 끓다시피 했기 때문이다. 하도 기가 막혀서 나는 내 쪽을 아예 꺼버렸다. 그런데도 아무 소용이 없어서 결국 침대에서 담요를 빼내 내던져버렸다. 다음 날 아침을 먹으며 어젯밤에 담요가 말썽이었다고 불평을 하자 남편은 자기는 얼어 죽는 줄 알았다고 투덜댔다. 다이얼을 아무리 높은 수치로 올려도 점점 더 추워졌다는 것이다.

이런 얘기를 들으면 대충 어떻게 된 일인지 짐작이 갈 것이다. 담요 밑 부분에 이중 콘센트가 들어 있는 두 개의 플러그가 있는데, 어느 쪽 조절기인지 분명치 않았다. 남편과 지난밤에 있었던 얘기를 하다가 서로의 콘센트 플러그가 바뀌었다는 걸 깨달았다. 결국 나는 남편 쪽 조절기를 돌렸고, 남편은 내 쪽 조절기를 돌렸던 것이다. 내 쪽이 더워질수록 남편 쪽 온도를 계속 낮췄고, 추워진 남편은 내 쪽 온도를 계속 올렸던 것이다.

담요의 구조가 어떻게 되어 있는지 제대로 파악하지 못해 벌어진 일이다. 우리가 포착하고자 하는 빅픽처는 대체로 정물화처럼 고정되어 있지 않다. 그러다 보니 고양이 부츠처럼 현관과 뒷문의 날씨가 어떻게 관련 있는지 파악하지 못하곤 한다. 서로에게 영향을 미치면서도 그 사실을 깨닫지 못했던 전기담요의 예처럼 말이다.

[원인] 자기 그림자에 가려 빅픽처를 못 본다

전기담요 사건 다음 날 남편과 대화를 나누며 담요를 다시 바라보자 문제의 원인을 분명하게 파악할 수 있었다. 하지만 우리는 좀처럼 이렇게 한 걸음 뒤로 물러서서 보다 큰 시스템을 보려 하지 않는다. 한 친구가 들려준 자기 동료 교수 이야기가 떠오른다. 그 교수는 방금 책에서 본 기발한 아이디어를 학생들에게 들려주려고 그날 아침 예정되어 있던 수업을 뒤로 미뤘다. 좀처럼 흥분하는 일이 없는 그 교수는 그날만은 몹시 들떠 있었다. 그는 자신이 본 그 새로운 아이디어가 자연계에 대한 우리의 태도를 완전히 바꿔놓으리라 여겼기 때문이다.

그처럼 혁신적인 개념이 무엇이었을까? 그것은 다름 아닌 생물계를 하나의 시스템으로 설명하는 개념이었다. 자연계를 바라보는 이 놀라운 사고방식을 학생들에게 들려주며 그 교수는 이를 생태학이라고 불렀다. 하지만 오늘날에는 초등학교 2학년생도 배우는 '생태학'과 '생태학적 시스템' 개념이 그다지 새로울 게 없다. 생물학적 시스템이 상호 의존적이라는 개념은 당시처럼 혁신적으로 다가오지 않는다. 그동안 익숙해진 나머지 그런 상호 의존적 관계가 존재한다는 게 너무나 명백한 사실처럼 보이기 때문이다. 하지만 이 교수처럼 당시 사람들에게는 생물들 간의 상호 의존성 개념은 놀랄 만한 것이었다. 요즘도 과학자들이 전혀 관련 없어 보이는 것들이 실제로는 밀접한 관계가 있음을 입증해 보이면 사람들은 놀라움을 금치 못한다.

그럼 생태학이라는 개념이 왜 그처럼 획기적인 돌파구가 되었을까? 알고 나면 너무도 명백해 보이는 사실을 왜 그처럼 오랜 세월이 흐른 후에야 발견한 것일까? 우리는 가장 즉각적이고 직접적인 것, 지금 당장 우리 눈앞에 있는 세부적인 것에 집중하도록 되어 있기 때문에 전체 시스템의 관점에서 바라보는 데 익숙하지 않다. 그 결과 전체 시스템이 우리가 경험하고 있는 것에 어떤 영향을 미치는지 쉽게 깨닫지 못한다.

한 대기업에서 의사소통 기술 향상 방법을 논의하던 중 진행자가 질문을 했다.

"우리 회사에서 솔직한 의사소통을 방해하는 요인이 무엇인가요?"

그런데 그의 질문에 회의실 안이 일순간 조용해졌다. 그것은 중요한 질문이기는 했지만 통상적인 질문과는 달랐기 때문이다. 사실 이 진행자처럼 시스템적 관점에서 문제를 보는 사람은 드물다. 그와 반대로 우리는 전체 시스템에 우리의 행동이 어떤 영향을 미치는지 보지 못하고 무시하기 십상이다. 커다란 전체 구도 중 작은 한 조각만을 보는 데 그치는 경우가 종종 있기 때문이다. 예를 들어 지난밤 부모의 짜증스러웠던 분위기가 며칠 동안 가족 전체의 분위기에 영향을 미친다는 사실을 잘 떠올리지 못한다. 심지어 그때 집에 있었던 사람들에게조차도 그 생각이 떠오르지 않을 수도 있다.

개별적인 '점'만 보는 사람들

몇 년 전 심리학자 K. W. 피셔Fischer와 S. L. 핍Pipp은 〈그림 7〉과 같은 다이어그램을 제시한 적이 있다. 이 그림은 보다 큰 그림에 도달하는 과정의 각기 다른 차원을 표시하는 데 유용하다.[1] 우리에게 가장 가까이 있는 것, 가장 직접적인 것만을 고려하면 우리의 경험을 마치 고립된 한 개의 점처럼 파악하는 것이다. 회사의 사장은 직원들이 평상시에 이런 고립된 점 이상을 보도록 요구한다. 상사도 부하 직원들이 코앞에 닥친 상황만 파악하는 것을 원하지는 않는다. 사장이나 상사 모두 직원과 직원, 업무와 업무가 어떻게 연결되어 있고 전체 과정과 어떤 연관이 있는지 이해하기를 바랄 것이다.

점 선=두 개의 점이 연결되어 선이 된다 면=네 개의 점이 연결되어 면이 된다

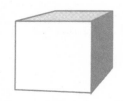

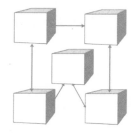

육면체=여섯 개의 면이 연결되어 육면체가 된다

상호 연결된 육면체 시스템

〈그림 7〉 '점'만 보는 사람은 전체 관계를 인식하지 못한다

피트라는 남자가 패스트푸드 레스토랑에 신입 사원으로 취직했다고 상상해보자. 그는 튀김을 기름에서 건져내 그릇에 담는 훈련을 받고 있다. 그가 우선 유의해야 할 것은 뜨거운 기름이다. 그다음으로 유의할 점은 튀김을 담아둘 바구니와 적당히 튀겨졌는지 알려주는 타이머이다. 피트는 경험이 없기 때문에 이런 일을 안전하게 하기 위해서는 세심한 주의가 필요하다. 그래서 세세한 물건들과 사건들에만 관심을 집중할 수밖에 없다.

하지만 출근 첫날이라 해도 피트는 사소한 곳에만 신경을 쓰며 일을 하지 않을 수도 있다. 그는 튀김 작업에만 초점을 맞추지 않고 전반적 운용 시스템도 관찰할 것이다.

그는 자신이 하는 일과 주문받는 사람이 하는 일, 자기 역할과 샌드위치 만드는 사람, 음료수를 따르는 사람 간의 관계를 파악한다. 시간이 지남에 따라 피트는 자기가 일하고 있는 곳에서 얼마나 많은 사람들이 서로 연관되어 있는지, 어떤 사람이 다른 사람에게 어떤 영향을 미치는지 더 명확히 파악하게 될 것이다.

사람들은 대부분 좀 더 큰 그림을 쉽게 포착할 수 있다. 개별 요소들은 익숙해지면 쉽게 관찰할 수 있기 때문이다. 피트의 경우처럼 다른 직원들이 어떤 일을 하는지 직접 볼 수 있는 상황에서는 전체를 파악하기가 비교적 쉽다. 그러므로 전체 시스템을 이해하고 자신의 역할을 효과적으로 수행하면 그는 제 몫을 다한 셈이다.

하지만 같은 패스트푸드 레스토랑일지라도 피트의 상사는 훨씬 더 많은 것을 기대할 수 있다. 피트의 직속 상사에서 매니저, 매니저에서 본사 책임자, CEO로 올라갈수록 점점 더 기대치가 커진다. 회사는 간부나 중역들에게 '빅픽처'를 보도록 요구한다. 이것은 각 직원들의 업무보다도 크고, 한 부서에서 맡은 업무 분야보다도 훨씬 더 큰 그림이다. 피트가 승진해서 더 높은 직위로 올라갈수록 그에게는 넓게 볼 수 있는 안목과 점차 더 큰 지역을 관장할 수 있는 능력이 요구된다. 피트가 매니저가 되면 전국적인 프랜차이즈 단위로 사고를 해야 한다. 그의 레스토랑이 자리 잡은 동네는 나름대로 특정한 민족적, 사회적 계급의 사람들이 모여 사는 곳이다. 따라서 무수히 많은 주변의 레스토랑과 가게, 학교, 교회, 전통에 대한 파악이 필요하다.

사무직으로 자리를 옮긴 피트는 좀 더 폭넓은 관계를 고려해야 한다. 자신의 프랜차이즈가 패스트푸드 전체 산업과 어떻게 연결되어 있는 지 볼 수 있는 능력이 필요해진다.

빅픽처를 보는 법

우리는 전체 시스템을 잘 보지 못한다. 이런 맹점을 해결하려면 전 체 시스템이 현재 집중하고 있는 더 작고 세부적인 것과 어떤 영향을 주고받는지 의도적으로 고려해봐야 한다.

[전략 1] 그래픽을 활용한 시스템 이해하기

시스템 내의 서로 다른 요소들이 어떻게 연관되어 있는지 알려면 그래픽 형태를 이용해 가시적으로 나타내보면 도움이 된다. 예를 들 어 건강보험공단에서 지급청구서가 많이 밀려 있을 때 무슨 일이 어 디까지 진행되고 있는지의 흐름을 나타내는 작업 공정도는 어느 지 점에서 업무가 정체되어 있는지, 정체된 이유가 무엇인지 밝히는 데 도움이 된다. 태양열 시스템을 이용한 조립식 장난감 팅커토이Tinkertoy 는 모형으로부터 DNA의 이중나선 구조에 이르기까지 복잡한 시스 템을 간단한 방식으로 표현할 수 있어 이해를 도와준다. 우리가 소속

된 조직에서 점, 선, 면, 육면체가 각각 무엇을 나타내는지 살펴보는 것만으로도 빅픽처를 인식할 수 있는 능력을 높일 수 있다.

[전략 2] 시스템 문제 파악하기

비즈니스계의 거물인 W. 에드워드 데밍Edwards Deming은 매니저들이 시스템 자체가 잘못됐을 수도 있다는 점은 고려하지 않고 각 직원의 생산성이나 품질 관리에서 문제점을 찾아 비난하는 경우가 자주 있다고 주장한다.[2] 저술가인 조지프 야블론스키Joseph Jablonski는 한 회사를 예로 들었다. 어떤 회사가 제품을 만들 때 과도한 원자재 낭비를 막기 위해 원자재의 양을 감시하기로 했다.[3] 이 회사의 회계부서에서는 원자재 구입 예산을 정했다. 원자재 구입에 들어가는 비용이 설정한도액을 초과하면 매니저들은 불필요하게 원자재를 낭비했다고 추궁당했다. 그런데도 원자재의 품질이 워낙 편차가 커 낭비가 발생할 수밖에 없었다. 어떤 원자재는 밀도가 기준치보다 낮아서 다른 재료를 쓰지 않는 한 불량품이 나오곤 했다. 하지만 밀도가 낮은 원자재를 구분할 방법이 없었기 때문에 담당 직원은 늘 원자재를 초과해 사용했다.

데밍의 관점에서 보면 이것은 분명 시스템의 문제였다. 어떤 업체에서 구입한 원자재는 품질이 좋았지만 다른 업체에서 구입한 원자재는 밀도가 낮았다. 무엇보다도 품질이 낮은 원자재를 구입하게 된 이유는 가능한 한 최저 비용으로 원자재를 구입하라는 지시 때문이었다. 회사 고위층에서 제시한 원자재 구매 정책 때문에 오히려 품질이 나빠진 것이다. 하지만 책임을 추궁당한 것은 작업 기사와 감독관이었다.

데밍이 강조했다시피 근본적으로 우리의 통제 범위를 벗어난 결과에 대해 비난하는 것은 매우 비도덕적인 태도다. 왜냐하면 그런 결과는 보다 큰 시스템에 의해 부과된 정책이나 제약으로 발생하기 때문이다. 게다가 고립된 외딴 점의 차원에서 시스템 문제를 해결하려 하다 보면 또 다른 문제가 발생한다. 위에서처럼 작업 기사들이 비용을 절감하기 위해 사용하는 원자재의 양을 줄임으로써 품질이 떨어졌지만 어쩔 수 없이 낮은 품질의 원자재를 사용할 수밖에 없는 상황이었던 것이다.

[전략 3] 더 큰 시스템에 눈 돌리기

몇 년 전 나는 카풀 제도가 가족 치료법의 발전에 큰 기여를 한 사례를 듣고 흥미로워했던 적이 있다. 그 사례에 따르면 직장 동료 세 사람이 직장이 있는 정신 건강 클리닉까지 카풀을 했다. 출퇴근을 하며 각자의 환자들에 관해 얘기를 나누다가 두 가지 안타까운 사실을 발견했다. 첫 번째는 치료 중인 아이들을 조금이라도 변화시키기가 극히 힘들다는 점이었다. 이들이 아이들을 변화시킨 경우는 거의 없었다. 두 번째는 가족 내 한 아이의 치료에 성공했다고 생각하는 순간 이전까지 멀쩡해 보이던 다른 아이가 증상을 드러내곤 한다는 것이다. 그 때문에 부모는 다른 자녀를 데리고 클리닉에 오곤 했다. 이런 현상에 대해 얘기를 나누던 세 사람은 이것이 아동 각자의 문제라기보다는 더 큰 시스템, 즉 가족의 문제라는 결론에 도달했다.⁴

40년 전만 하더라도 가족 치료라는 개념은 상당히 혁신적인 방법으로 여겨졌다. 당시에 아동들을 치료했던 의사들은 더 큰 차원을 보지 못했기 때문이다. 사람은 시스템의 일부로 움직인다는 사실을 깨달아야 자기가 하는 역할에 눈을 뜬다. 일례로 한 하이테크 회사의 특정 부서에서는 다른 동료들이 '엄마'라고 부르는 사람이 있었다. 사람들이 그를 엄마라고 부르는 이유는 그가 모든 사람을 잘 보살펴 주었기 때문이다. 집단의 구성원들이 서로 어떻게 상호 작용하는지는 겉으로 잘 드러나지 않기 때문에 보다 큰 관점에서 구성원들 간의 상호 작용 관계를 살펴보려고 의식적으로 노력해야 한다. 우리는 집단을 하나의 시스템으로 생각할 필요가 있으며, 사람들이 서로에게 미치는 영향을 식별하려면 예리한 관찰이 필요하다.

[전략 4] 시스템의 변화에 주목하기

현재에만 초점을 맞춤으로써 더 큰 역사적 그림을 보지 못하고 놓칠 수 있다. 교사는 학생들이 역사를 공부해서 사건을 파악하고 그런 사건을 합리적으로 설명하는 데 도움이 되는 보다 큰 틀로 역사나 시대에 의식적으로 관심을 가지기를 바란다. 그래서 교사들은 학생들을 위해 국가의 흥망성쇠, 문화의 발달 과정, 다른 사상 체계가 형성된 자취를 추적한다. 하지만 이런 노력에도 불구하고 교실을 떠나 일상생활로 이동하는 순간 우리는 역사적인 관점을 자연스럽게 유지하기 힘들어진다. 의식적으로 자극하지 않으면 대다수 사람들은 오로지 현재에만 집중하게 돼 말 그대로 근시안이 되어버린다. 일례로 현재의 정치적인 전개 과정을 이해하려면 과거를 살펴보아야 한다는 사실을 쉽게 잊어버린다.

사실 우리는 인류의 역사보다 훨씬 짧은 개인사에서 발생한 일들조차도 제대로 파악하지 못하는 경우가 많다. "언제 그런 변화가 시작되었나요?"라고 물어보았을 때 보이는 사람들의 반응에 깜짝 놀랐다. 한 번은 한 친구가 남편과의 관계가 예전 같지 않다고 불평을 했다. "언제부터 그렇게 됐나요?"라고 물었더니 그 친구는 놀라면서 변화가 시작된 분기점이 있었다는 사실을 그제야 깨달았다. 그러고는 "그러니까 남편이 새 직장을 갖고 난 뒤부터…… 함께 이스라엘에 가보기로 약속했다가 그 약속이 깨지고 난 이후부터…… 그러다가 우리 부모님 집 근처로 이사를 하고 난 이후부터……"라는 식으로 특정한 시점을 언급했다.

내가 가르치고 있는 창작 교실에서 한 학생이 "전 언제나 시를 썼어요. 고등학교와 대학 시절 수백 편의 시를 썼는데, 어느 순간부턴가 몇 년 동안 전혀 시를 쓰지 않았어요"라고 말했다. 몇 주간 수업을 하고 난 뒤에 그녀는 불현듯 "제가 마지막으로 시를 쓴 게 결혼하기 직전이었어요"라고 털어놓았다. 뒤늦게 깨닫기는 했지만 그 이전까지 그녀는 자신이 창작 활동을 중단한 중요한 사건이 다른 사건들과 뒤섞인 채 언제쯤에 발생했는지 까맣게 잊고 있었던 것이다. 만약 우리가 그처럼 갑작스러운 변화마저도 쉽사리 알아채지 못한다면 서서히 진행되는 변화는 얼마나 쉽게 놓쳐버리겠는가? 우리가 지닌 맹점 때문에 부모가 치매 증상이 있는데도 눈치 채지 못하고, 최근 들어 자신이 얼마나 과중한 업무와 스트레스에 시달리고 있는지 깨닫지 못하고, 과거 몇 년 동안 열 살짜리 자녀가 많이 성장했는데도 모른 채 자유와 책임감을 부여해줘야 한다는 사실을 감지하지 못한다.

[전략 5] 예상하지 못한 결과에 대응하기

우리는 지금 이 순간에만 집중한 나머지 미래를 망각하는 경우가 종종 있어서 결국 우리가 내린 결정이 장기적으로 어떤 결과를 초래할지 미처 생각하지 못한다. 플로리다 주 키웨스트에 있는 작은 마을의 관광 안내를 맡은 한 가이드는 예상치 못한 결과의 사례를 들려주었다. 1900년대 초 그 마을의 가게 주인들은 물건은 오로지 상점에서만 팔 수 있다는 법안을 통과시켰다. 이 법안에는 그 지역에서 유대인 노점상들이 장사를 하지 못하게 하려는 의도가 깔려 있었다. 하지만 그 법안이 통과되자 유대인 노점상들은 하나로 단결해 자금을 모아 가게를 사들이거나 세를 얻었다. 결국 유대인들이 그 마을의 상권을 장악하게 되었다. 얘기를 들려주던 가이드는 전혀 의도하지 않은 결과였다며 웃음을 띤 채 즐거워했다.

하지만 우리는 이런 예상치 못한 결과를 피해야 할 때가 있고, 우리의 행동이나 결정으로 발생할 결과에 대해 좀 더 생각해볼 필요가 있다. 다음 두 가지 질문을 자신에게 해보자.

1) 이런 행동이나 결정을 할 경우 어떤 결과가 발생할까?
2) 내가 달성하고자 했던 것과 반대 결과가 나오지는 않을까?

빅픽처를 보는 데 필요한 추상적 사고

빅픽처를 볼 때 이론은 유용한 지도 역할을 한다. 이론은 빅픽처의 각 조각이 어떻게 결합되는지, 각 요소들이 어떻게 연결되는지 보여주기 때문이다. 따라서 생태계나 공기, 토양처럼 지속적으로 다양한 변화가 발생하는 전체 시스템은 쉽게 파악하기 어렵기 때문에 반드시 이론이 필요하다.

이런 복잡한 과정으로 인해 빅픽처를 포착하기가 힘들기 때문에 때로 빅픽처를 못 보는 것이 당연할 수도 있다. 빅픽처를 보려면 필요한 것이 있다. 바로 추상적 사고다. 점에서 선으로, 선에서 면으로, 면에서 입체로 이동하는 과정에서 우리는 간단하고 직접적이며 구체적인 것으로부터 보다 복잡하고 광범위하며 추상적인 방향으로 이동하곤 한다. 예를 들어 특정 패스트푸드 레스토랑의 매니저는 자신의 레스토랑이 주변 경제에 어떤 영향을 미치고, 반대로 주변 동네가 레스토랑에 어떤 영향을 미치는지 파악하려면 구체적 대상이 아니라 지역 경제 같은 추상적 대상을 고려해야 한다. 뿐만 아니라 매니저는 레스토랑이 좀 더 포괄적이고 광범위한 시스템과 어떤 관계를 맺을 수 있을지도 고려해야 한다. 그래서 레스토랑의 윤리적 책임감처럼 겉으로 보기에는 패스트푸드 레스토랑과 아무 관계가 없어 보이는 점들도 고려의 대상이 된다.

이 매니저처럼 지역 경제권의 소규모 업체 경영자들은 직원들이 매일 수행하는 활동에만 초점을 맞추기보다는 보다 추상적으로 사업을 파악하며 자신의 회사가 담당할 윤리적 역할을 생각해야 한다. 어떤 경영자는 사회 정의 실현 같은 대의명분을 실천하는 데 지역사회에서 자기 회사가 어떤 역할을 해야 할지 자문할 수도 있을 것이다. 이처럼 보다 추상적인 개념까지 생각하지 않으면 빅픽처에 담겨 있는 광범위하고 심오한 관계를 못 볼 수도 있다.

추상적 사고의 긍정적 역할

우리가 추상적이고 폭넓게 생각하지 못하는 이유는 구체적이고 즉각적인 사고방식에 더 만족하는 성향 때문이다. 학교에서 여러 과목을 통해 추상적 사고법을 배웠으면서도 실제로는 그런 능력을 제대로 활용하지 못한다. 추상적 사고가 실생활에 그다지 유용하지 않다는 생각 때문이다. 내 강의를 듣는 린Leanne은 스물한 살짜리 의붓딸 돈Dawn의 문제에 대해 털어놓은 적이 있다.[5] 돈은 전기 공사를 대행하는 남자 친구의 아버지 사무실에서 일했는데, 남자 친구가 보는 앞에서 그의 아버지와 말다툼을 한 후 그만두기로 했다. 돈은 다른 곳에 들어가기 위해 이력서를 작성해 린에게 살펴봐달라고 했다.

돈은 전화 받기, 서류 정리, 수표 쓰기, 편지 타이핑 등 자기가 할 수 있는 일을 구체적으로 썼다. 린은 돈이 좀 더 다양한 직종에 지원하려면 업무 경험을 보다 추상적으로 기술할 필요가 있다고 생각해 돈이 그전 직장에서 했던 특이한 업무에 대해 모두 작성해보라고 했다. 유사한 기능은 한 개의 그룹으로 묶고 이름을 붙여 분류했다. 그 결과 돈은 자료 정리, 서류 정리, 정보 데이터베이스 구축 등을 하나의 그룹으로 묶은 다음 '시스템에 따라 조직화하기'라는 명칭을 붙였다. 이런 작업은 돈이 했던 일을 보다 추상적으로 정의하는 것으로, 특수한 업무를 구체적 상황과 일대일로 결부시키기보다는 자기가 하는 업무를 전체 시스템과의 상관성을 기준으로 재정의하는 것이었다.

돈은 자기가 했던 업무를 추상적인 맥락에서 파악하기 시작했으며, 자신이 지원할 일자리를 분석할 때도 같은 방식을 이용했다. 그 결과 예전에는 비서나 접수계 업무가 적합할 거라고 생각했지만 사실은 소규모 사무실 운영이 자신의 적성에 맞다는 사실을 깨달았다.

이 사례를 보며 별 어려움 없이 누구든 할 수 있는 일을 해놓고서 돈이 너무 호들갑을 떠는 것은 아닐까 생각할 수도 있다. 하지만 과연 그럴까? 《대변화 시대의 경영Managing in a Time of Great Change》에서 경영학자인 피터 드러커Peter Drucker는 미국인 중 직장을 찾기 위해 적극적으로 노력하는 사람은 극소수라고 하면서, "'당신은 무엇을 잘 하나요? 당신의 한계를 알고 계신가요?'라고 물으면 멍한 얼굴로 쳐다보거나 주관적인 관점에서 자신의 능력을 과장해 말하곤 한다"고 했다.[6] 이것은 구직자가 자신의 기술이나 지식이 지원하려는 일자리에 적합한지 여부를 몰랐기 때문이라기보다는 그 일자리와 자신의 지식, 기술 간에 어떤 연관성이 있는지 이해하지 못했기 때문이다. 다시 말해 전체 그림 속에서 자신과 일자리 간의 관계를 파악하지 못한 것이다.

물론 돈보다 훨씬 더 이론적으로 추상적 사고를 할 수 있는 사람도 많겠지만 실제로는 이런 분석을 흔히 하지 않는다. 우리가 이미 능숙하게 잘하는 것을 '시스템에 따라 조직화하기'처럼 생소한 추상적 사고방식으로 바꾸려면 많이 노력해야 한다. 추상적 사고를 하려면 각 지식이나 기술 간의 보이지 않는 관계를 파악해야 하고, 이를 공통된 하나의 추상적 개념으로 묶는 작업이 필요하다.

하지만 사람들은 거듭 이 작업에 실패하면서 심각한 결과에 직면하는 것 같다. 예를 들어보자. 1960년대에 시어도어 레빗Theodore Levitt은 철도 회사가 트럭 운송 업체와 항공사에 뒤처지게 된 것은 철도 사업을 운송 사업으로 보지 못한 편협한 시각 때문이었다고 지적한다.[7] 만약 보다 큰 전체 그림을 보았다면 운송 체계를 한 차원 높은 추상적 개념으로 재정의해 변화하는 시대에 어떻게 적응해야 할지 대안을 마련했을 것이다.

성장하며 다져지는 추상적 사고

추상적 사고 능력은 서서히 발달하기 때문에 사춘기가 되어야 비로소 기본 틀이 다져지고 초등학교 시절에는 아직 나타나지 않는다. 예를 들어 초등학교 1학년 아이들에게 〈아기 돼지 삼형제〉를 읽어준 후 "이 이야기는 무엇을 말하려는 것일까요?"라고 물으면 아기 돼지들이 한 행동이나 늑대가 한 행동, 그리고 이야기의 결말에 대해 주로 이야기한다. 그럴 때 다시 "좋아요. 그런 건 전부 이 이야기의 구체적인 내용이에요. 하지만 이 이야기가 무엇을 말하려고 하는지 한 문장으로 요약해서 말해볼까요?"라고 요구하면 아이들은 쉽게 대답하지 못할 것이다.

이 질문에 대답하려면 아이들은 이야기에 나오는 구체적 사건들을 모두 파악하고, 그런 세부적인 사건에서 주제를 찾아내야 한다. 하지만 아이들은 그렇게 많은 단어가 적힌 이야기에서 추상적인 대답을 찾지 못할 것이다. 이것은 마치 나이 든 학생들에게 행간을 읽으라고 할 때 어려워하는 것과 같다. 아이들은 이야기에 나오는 사건들의 논리적 추론을 통해 가장 중요한 의미를 주제로 도출해내야 하지만 추상적 사고력이 발달되지 않은 아이들에게 이런 과정은 거의 불가능해 보인다.[8]

또 다른 예로 초등학교 4, 5학년 학생들에게 정의正義가 무엇이냐고 물으면 게임을 정정당당하게 하는 것이라거나 선생님이 논술 과제를 평가할 때 공정하게 채점하는 일이라는 식으로 구체적 사례를 제시할 것이다. 혹은 좋은 사람과 나쁜 사람을 구별하는 것이라거나 판사와 법정, 감옥에 관한 얘기를 할 수도 있다. 하지만 사춘기가 되면 어른들처럼 정의를 추상적으로 생각하기 시작한다.

사춘기에는 좀 더 추상적인 사고가 가능하기 때문에 학생들은 더 많은 지식을 습득할 수 있다. 이 시기에는 구체적 사실뿐만 아니라 추상적 개념도 함께 습득한다. 예를 들어 물리학을 배울 때 물에 뜨는 물체와 가라앉는 물체가 어떤 것들인지 배우는 동시에 그런 물체들이 뜨거나 가라앉는 근본적 법칙까지 이해하게 된다.

위로 올라갈수록 추상화되는 사다리

추상적 사고법을 배우다 보면 여러 가지 어려움을 겪는데, 때로는 추상적 사고 자체를 이해하지 못하는 경우도 발생한다. 왜냐하면 추상적 사고라는 사다리를 타고 올라갈수록 개념 자체가 본질적으로 추상적 성향이 강해지기 때문이다. 〈아기 돼지 삼형제〉의 주제를 추측하거나 다양한 업무들 간의 상호 연관성을 파악하려 할 경우 우리는 상당히 구체적인 요소들을 살피면서 동시에 그런 요소들 사이에 숨겨진 관계를 찾아내는 방법을 배워야 한다. 우리는 여러 점들 사이의 관계에 대해 생각하고 있지만 사실 이야기 속의 사건이나 수행하는 업무 같은 점들 자체가 추상적인 것은 아니다. 그런데 점에서 한 차원 높아지면 더 이상 관찰할 수 있는 사건, 역사적 증거를 우리의 사고와 추론의 직접적 대상으로 다룰 수가 없기 때문에 구체적인 요소들을 보면서 보다 추상적인 의미의 결론에 도달하기가 힘들어진다. 오히려 추상적인 의미 자체를 추상적 사고와 추론의 대상으로 다루어야 한다. 말하자면 추상적인 의미, 그것들 간의 관계, 그리고 그런 의미의 중요성이 추상적 사고의 대상이 되는 것이다.

비근한 예로 대칭적인 대상의 한쪽 면만 보고 다른 쪽을 추측할 수 있는 능력을 들 수 있다. 우리 몸이나 눈, 콧구멍, 귀, 팔, 다리 등과 같은 대칭적인 물체를 아이들에게 보여주고 대칭인 두 면이 어떻게 비슷한지 지적해보라고 하면 구체적으로 대칭의 개념을 설명할 수 있다. 이를 통해 아이들은 대칭적인 것과 비대칭적인 물체들을 식별하는 법을 배운다. 발달심리학자 마거릿 도널드슨이 지적한 대로 아이들은 '관계 있는 물건'과 '관계 있는 사건'에 관해 올바르게 사고할 수 있게 되는 것이다. 아이들은 대칭성을 다른 물건이나 사건을 연결시키는 것으로 이해할 수도 있다. 하지만 그녀의 지적대로 아이들은 관계 그 자체를 이해하는 것이 아니다.

"자기 몸에 흥미를 느끼는 것과 대칭성의 본질에 관심을 갖는 것은 전혀 다른 문제다."[9]

그렇다면 대칭 자체에 관심을 갖는다는 게 무슨 의미일까? 우선 사고의 범위를 대칭적인 사물로만 좁히지 않는다는 의미일 수 있다. 오히려 대칭성을 띤 구체적 사례를 넘어서까지 확장해 사고할 수 있어야 한다. 대칭 자체에 관해 생각한다는 의미는 대칭의 특성을 띤 좀 더 다양한 개념들까지 포괄해 고려한다는 것이다. 일례로 상호적 관계인 물체들도 대칭적일 수 있다. 혹은 균형 잡힌, 순환적인, 심지어 상반된 관계의 사물들도 대칭적일 수 있다. 이런 방식으로 대칭을 생각하는 것이 바로 추상적 사고다. 추상적 사고를 통해 대칭의 구체적 사례뿐만 아니라 균형이나 순환성, 상반성처럼 대칭을 확장해 적용할 수 있는 개념들까지 이해할 수 있게 된다.

추상화 사다리의 꼭대기에서 사고하는 것은 쉬운 일이 아니다. 이런 사고는 마거릿 도널드슨이 '초월적 추론disembedded reasoning'이라고 부르는 유형의 사고다. 초월적 추론이란 인과관계가 뚜렷한 사건처럼 명확한 전후좌우의 맥락이 없는 상태에서 하는 추론을 의미한다.[10] 구체적 추론이 얼마나 어려운 일인지 이해한다면 구체적 사례가 추론에 얼마나 큰 도움이 되는지 알 수 있을 것이다. 그러므로 누군가 낯선 개념을 제시할 때 그런 개념을 우리에게 익숙한 개념과 연결시켜 생각하면 굉장히 유용하다. 상호 연관된 구체적 사물이나 사건보다 관계 자체에 초점을 맞추면 고도의 추상적 사고가 가능해져 삶에서 일상적으로 접하는 대상이나 사건을 훨씬 넘어선 이면의 본질에 도달하게 된다.

다시 피셔와 핍의 모델로 되돌아가 살펴보자. 점에서 면, 면에서 입체, 입체에서 시스템으로 나아갈 때 우리는 점차 더 큰 그림으로 이동할 뿐만 아니라 이런 요소들 사이의 좀 더 복잡하고 추상적인 관계로 나아가는 것이기도 하다. 이런 관계는 대단히 복잡하거나 추상적이어서 좀 더 큰 그림으로 나아가려 할수록 대상이 나타내고자 하는 본질을 파악하기가 더욱 어려워진다. 구성 요소가 추상적일수록 본질을 파악하기가 더 어려워지기 때문에 항상 추상화 사다리의 맨 꼭대기에서 생각하지 않아도 된다는 점에 안도해도 될 듯싶다.

추상적 사고력이 낮은 천재도 있을까?

노벨상 수상자들이 어떤 발견을 했다면 당연히 가장 높은 단계의 추상적 사고를 통해 이루어졌을 거라고 생각할 수 있다. 일반적으로 노벨상을 수상한 발견들의 개념은 매우 전문적이고 추상적이기 때문이다. 이런 분야의 전문가들은 자기 분야의 극소수 과학자들만이 그런 개념을 제대로 이해할 수 있다고 주장한다. 하지만 노벨상 수상자들이라고 해서 그들의 연구가 최고의 추상화 단계에서 이루어지는 것은 아니다. 오히려 다른 사람들이 자기 분야의 맹점에 굴복한 반면 이들은 맹점을 극복했기 때문에 누구도 볼 수 없는 전혀 다른 관점을 포착할 수 있었던 것이다. 서서히 전이되는 바이러스 때문에 쿠루병이 발병한다는 점을 발견한 가이듀섹 박사가 대표적인 예라고 할 수 있다. 일부 수상자들은 자기 동료들이 당연한 것으로 받아들인 현상들을 오랜 시간 동안 재고한 끝에 새로운 사실을 발견해냈다.

[시야 넓히기] 시스템의 영향력을 정확히 파악하라

고교와 대학의 특정 교과 과정에서는 시스템적 관점을 강조한다. 예를 들어 사회학 교수는 학생들에게 보다 큰 사회 세력, 즉 학생들이 태어난 나라의 경제나 사회 계층이 그들에게 미치는 영향력 같은 보다 큰 사회적 힘을 파악하도록 요구한다. 정식 연구를 통해 이런 훈련을 받은 사람들마저도 일상생활에서 시스템적으로 사고하지 못하는 경우가 많다. 이런 사람들은 신문에 실린 사건을 읽으면서 시스템적으로 파악하는 대신 각 사건을 고립된 점으로 이해하는 것처럼 보인다. 구직자들은 취업이 힘든 이유를 자기 자신의 배경 탓으로 돌리면서 보다 큰 요인, 즉 아웃소싱, 산업 구조의 변화, 수출입 동향의 변화 같은 것들과 관련지어 생각하지 못한다. 우리는 우리가 살고 있는 지역이나 대학에서 배운 전공 지식, 회사에서 각자가 담당하는 세부적 업무 같은 지엽적 차원에서 의도적으로 한 걸음 물러나서 이런 영역들이 보다 큰 시스템과 맺고 있는 관계를 고려해보아야 한다.

그렇다면 사람들은 자신들의 삶에 일어난 일이나 일어나지 않은 일에 대해 시스템이 어느 정도까지 책임을 져야 한다고 보는가? 다음의 두 가지 시나리오를 살펴보자.

시나리오 1 한 중년 남성은 자신이 일하는 페인트 공장의 인부들이 안전 수칙을 편법으로 지키고 있기 때문에 페인트 제조 과정에서 새어나온 연기로 인해 화재나 폭발 위험이 있다고 고백했다. 그는 이런 상황을 개선할 능력이 없다고 안타까워했다.

"저 나름대로 노력했습니다. 인부들에게 얘기도 해봤고요. 그런데 인부들은 편법을 쓰지 않으면 결코 마감 시간에 작업을 마칠 수가 없다고 합니다. 그래서 사장에게도 이야기했지만 사장은 생산 라인 직원들에게 압력을 가하면서까지 마감을 변경시킬 수는 없다고 하더군요. 사장은 진퇴양난에 빠졌습니다. 그러니 제가 뭘 할 수 있었겠습니까? 제가 시스템 전체를 바꿀 수는 없잖습니까? 그러니 이런 경우 그냥 최선을 다하는 수밖에 없어요. 그리고 행운을 비는 수밖에요."

시나리오 2 한 중년 여성은 자신의 소규모 사업체 운영에 충분한 시간을 할애하지 못해 안타까워했다. 그녀는 다른 사람들을 위해 시간을 너무 많이 쓰는 게 자신의 문제라고 생각했다.

"집에 있을 때면 가족 모두 제가 자신들을 위해 시간을 내야 한다고 생각해요."

그녀는 다른 사람의 부탁을 거절하고 자기 일부터 챙기는 성격이 못 된다고 설명한다.

"여자들은 다른 사람들에게 '친절해야 한다'고 교육을 받으며 성장하잖아요."

그때 다른 여성 기업가가 그녀의 말에 이렇게 대꾸했다.

"글쎄요. 저도 그렇게 교육을 받으며 자랐어요. 하지만 이제 제 나이가 쉰다섯이니 자라면서 받은 교육은 지금쯤 극복할 때도 됐다고 보는데요."

시스템적 접근 방식을 취하면 우리는 시스템이 개인의 생활에 지대한 영향을 미친다는 점을 인정하게 된다. 그렇다면 우리는 어느 정도까지 시스템에 책임을 전가할 수 있을까? 두 가지로 생각해볼 수 있다. 전자는 극단적인 사례로, 시스템이 너무 막강해서 개인은 자신의 행동, 신념, 느낌에 대해 책임을 질 수 없다고 보는 입장이다. 페인트 공장의 그 남자는 안전 수칙을 어길 수밖에 없게 만드는 시스템을 변화시킬 방법이 없다고 한다. 후자의 경우 다른 방식으로 행동하고 살아가려면 어린 시절 여성으로서 교육받은 방식에 저항할 수 있어야 하는데 문제의 여성은 적절한 방법을 찾지 못했다.

이 여성과는 전혀 상반된 태도를 두 번째 여성의 태도에서 찾아볼 수 있다. 두 번째 여성은 시스템을 변명거리로 이용하는 것을 참지 못하고 동기만 충분하다면 시스템에 의해 강요된 어떤 장애도 극복할 수 있다고 믿는다. 두 번째 여성은 한 사회가 구성원의 민족, 인종, 종교, 성별 때문에 개성을 발휘할 기회를 억압한다면 스스로의 힘으로 그런 난관을 극복해야 한다고 주장한다.

물론 우리가 태어나서 일상생활을 영위하고 있는 사회 시스템의 막강한 영향력은 부정할 수 없다. 어느 누구도 자신이 속한 사회 계급, 성별, 인종, 민족성의 영향으로부터 자유로울 수 없다. 뿐만 아니라 우리가 일하고 살아가는 사회의 아주 사소한 시스템에 의해서도 영향을 받는다. 그러면서 자신에게 발생하는 일이 자의든 타의든 시스템 탓으로만 돌릴 수 없기 때문에 어느 정도 스스로 책임을 져야 한다고 믿는다. 우리가 마주한 사회의 구속과 제약이 무엇이든 간에 우리는 각자 어느 정도 자유를 누려왔고 스스로 가능한 선택을 해왔다. 그렇다면 우리는 각자 자신의 선택에 책임을 져야 한다. 우리의 개인사가 보다 큰 사회 시스템과 어떻게 연결되어 있는지 파악하면 독자적 선택의 여지는 훨씬 더 커질 것이다.

사실 특정한 시스템이 우리에게 미치는 영향을 인정하고 개인적으로 빅픽처를 포착하지 못한 이유를 이해하면 뭔가 조치를 취할 가능성이 생긴다. 시스템을 바꾸거나 시스템이 우리에게 미치는 부정적인 영향에 대항할 수도 있을 것이다. 어떤 경우든 가장 중요한 것은 우리의 맹점을 인정함으로써 시스템이 우리 인생에 지대한 영향을 미친다는 사실을 깨닫는 것이다.

시스템적 관점으로 빅픽처를 보는 법

현관 앞에 비가 내리면 뒷문 쪽에도 비가 내린다. 이런 연관성을 파악하지 못한 고양이 이야기는 상호 연관성을 파악하지 못해 빅픽처를 볼 수 없었던 예다. 우리는 종종 고립된 점만을 바라보며 직접적인 인과관계와 눈앞의 현상에만 집중한다. 이처럼 나무는 보면서 숲을 보지 못하는 맹점을 보완하려면 의도적으로 시스템적 관점을 취해야 한다. 때로는 모든 요소들 간의 관계를 도표로 나타낼 필요도 있다. 보다 높은 곳에서 좀 더 큰 시스템을 파악하기 위해서는 추상적으로 사고해야 한다. 그렇지 않으면 종종 빅픽처를 놓친다. 그리고 시스템이 각 구성 요소에 미치는 영향을 인정한다면 사회 시스템의 힘이 사람들에게 영향을 미치고 그들의 현재 모습을 변화시킨다는 점도 인정하게 된다. 이 점을 인식할 때 비로소 개인들은 자신의 행동과 결정에 대해 사회 시스템 안에서 어느 정도 책임을 져야 하는지 알 수 있게 될 것이다.

•

너와 나
모두를 위한 심리학

다양성을 주창하며 이를 보장하라는 사람들을 볼 때마다 나는 종종 그들의 근거가 몹시 빈약하다고 생각한다. 이런 주장을 하는 사람들은 서로 다른 문화권이 제공하는 풍요로움을 예로 들면서 한국 식당과 타파스 플레이스, 프렌치 비스트로 중에서 골라서 갈 수 있기 때문에 정말 멋지다고 말한다. 하지만 다양한 문화를 통해 얻을 수 있는 것은 음식 메뉴 말고도 훨씬 더 풍부할 것이다. 또 다른 다양성 옹호론자들은 "우리는 모두 상호 의존적이다"라고 주장한다. 하지만 이 말은 좋은 의미라기보다는 일종의 경고로 들린다. 우리가 자기 문화 중심의 편협한 시각만을 고수할 경우 혹독한 대가를 치르게 될 거라고도 경고한다. 나도 이 말에는 동의하지만 다양성의 진정한 가치는 늘어난 요리의 가짓수보다 훨씬 더 심오하고, 편협한 사람들의 보복을 피하는 것보다 훨씬 더 긍정적인 것이다.

우리가 어떤 조직, 사업, 인종, 정당, 국가에 속해 있든 각자의 맹점을 좀 더 분명하게 의식할 때에만 당면한 이슈를 깊게 이해하고 해결책을 찾을 수 있다. 우리의 맹점을 발견할 수 있는 가장 좋은 방법은 의도적으로 다른 사람의 관점에서 보려고 노력하는 것이다. 이것은 우리에게 타인이 절대적으로 필요하다는 의미다. 우리와 다른 타인은 우리 자신이 보지 못하는 것을 인식할 수 있도록 도와준다.

물론 다른 사람들도 나름대로의 맹점이 있긴 하지만 그들의 새로운 관점은 우리에게 소중한 것을 많이 제공해준다. 바꿔 말하면 우리에게도 맹점이 있지만 우리 역시 다른 사람들에게 기여할 만한 점이 있다는 것이다. 사람들은 누구나 서로에게 도움이 될 수 있다. 이 말을 다르게 해석하면 사물을 바라보는 우리의 방식이 반드시 최고이거나 유일한 것이 아니라는 결론에 이른다. 따라서 우리는 자신이 속한 국가나 문화, 종교, 정당, 계급, 인종, 성별이 다른 것들에 비해 우월하다는 편견을 버려야 한다. 그렇지 않을 경우 자민족 중심주의에 빠질 수도 있다.

강사이자 학자인 짐 케니^{Jim Kenny}는 자민족 중심주의를 '근본적인 맹점'으로 간주한다. 그는 이로 인해 오래된 가치와 가정, 사고방식 등이 유린당하고 전쟁이 만연한다고 생각한다. 자민족 중심주의의 근본적 맹점을 극복하거나 보완하려면 전혀 다른 세상을 꿈꾸어야 할 것이다.[1]

케니는 세계가 이미 이런 방향으로 변해가고 있다고 믿는다. 그는 자민족 중심주의라는 오래된 물결, 즉 증오와 불의로 가득 찬 낡은 물결이 새로운 물결의 도전을 받고 있다고 강조한다. 이 새로운 물

저자 후기

결이란 세계 중심적인 시각을 일컫는다. 케니는 이런 변화의 증거로 여성의 지위 향상과 생태론에 대한 긍정적 시각을 꼽는다. "자민족 중심주의에 대해 우리가 반발하는 것만 보아도 문화적 혁명이 꾸준히 진전되고 있음을 확인할 수 있다"고 주장하며, 다음과 같이 말한다. "변명도 하지 않는 뻔뻔한 인종차별주의자, 성차별주의자, 동성애 혐오자, 생태계 파괴자, 호전주의적 매파, 문화적 약탈자들은 다른 사람들로부터 점점 더 비정상적인 부류로 취급받게 되면서 당혹스러워한다."[2]

그렇다면 희망은 있는 것일까? 케니는 자신의 낙관주의를 설명하기 위해 두 가지 비유를 든다. "한 물결은 강력하지만 결국은 가라앉는 것이고, 다른 하나는 이제 막 힘을 모으는 중이어서 아직 차오르지 않은 것"[3]이다. 그는 이 두 물결이 거의 같은 힘으로 충돌하는 것을 상상해보라고 말한다. 과연 무슨 일이 일어날까? 혼란스러운 충돌 속에서 어느 물결이 부상하고 어느 것이 사라질지 예측하기란 불가능하다. 케니는 이런 모습이 우리 시대를 은유적으로 보여주는 형상이라고 주장한다. 우리는 두 물결이 합류하려고 하면서 어떤 물결이 부상하고 어떤 물결이 사그라질지 예측하기 힘든 역사적 시점에 살고 있기 때문에 냉소적인 태도를 취하기 쉽다. 새로운 물결은 아직 기회를 잡지 못했고 분명 존재한다고는 하지만 증거가 미미해 그저 하찮은 잔물결 정도라고 믿기 쉽다. 회의주의자들은 인종차별주의, 증오, 여성 혐오, 인구 증가, 호전성 등 낡은 가치가 아직도 집요하게 유지되고 있다고 주장한다.

하지만 케니는 오래된 물결이 건재하다는 데 대해 전혀 놀라지 않는다. 지금은 두 물결이 거의 대등한 힘으로 맞서고 있다고 보기 때문이다. 오래된 물결이 운동에너지를 상당량 잃어버리기는 했지만 아직까지는 여력이 남아 있다. 케니가 강조하는 점은 새로운 물결이 부상하고 있다는 것이다. 그는 사람들이 점차 다음과 같은 이슈에 공감하고 있다고 지적한다. 기본적인 인권이 존재하며 모든 사람에 의해 그런 인권이 마땅히 존중받아야 한다는 점, 공기와 물을 보호하기 위해 전 세계인들이 공동으로 노력해야 한다는 점, 우리의 갈등을 해소할 전쟁 이외의 다른 대안을 찾아야 한다는 점 등이 바로 그것이다. 케니에게 이런 변화는 하찮은 잔물결이 아니라 언젠가 지배적인 힘으로 확고하게 자리 잡을 수 있는 새로운 물결이 힘을 모으고 있다는 신호다.

우리의 맹점이었던 편협한 관점으로부터 해방될 수 있다는 생각이 나에게는 또 다른 희망의 빛으로 보인다. 자민족 중심주의라는 '근본적인 맹점'을 비롯해 우리의 다른 맹점들도 파악하게 된다면 좀 더 협조적이고 평화로운 지구촌 커뮤니티를 만들어낼 수 있지 않을까? 우리와 의견이 일치하지 않는 사람들을 멍청하거나 나쁘다고 비난하지 않는다면 전혀 다른 세계를 건설하는 데 필요한 근본적 논의를 보다 효과적으로 할 수 있지 않을까?

새로운 물결이 주도적인 흐름으로 부상할 즈음이면 이미 나는 이 세상에 없을 것이다. 그러므로 보다 새로운 물결이 이 세계를 완전히 포용할 수 있는 시기까지 존재하는 것은 나의 몫이 아니다. 하지만

저자 후기

이 책이 그런 변화에 이바지해 새로운 물결이 상승하는 데 보탬이 되었으면 한다. 다른 사람들이 그들만의 맹점에서 벗어나지 못하고 있을 때 우리가 그들의 관점에 좀 더 공감하고, 그 사람들을 있는 그대로 소중하게 인정하며, 낡은 물결에 몸을 맡기고 있는 그들을 바라보는 우리의 오만한 태도를 감지해낼 수만 있다면 아무리 산더미 같은 두 물결이 부딪칠 수밖에 없다 하더라도 최소한 충격만은 완화할 수 있을 것이다. 그렇게 되면 앞으로 나아가려는 새로운 물결과 반발하는 낡은 물결의 충돌 시기가 단축될 것이고, 낡은 물결의 장점을 잘 보존한다면 희망의 부표를 잡고 새로운 물결 위로 힘차게 떠오를 수 있을 것이다.

매들린 L. 반 헤케

·

맹점을
통찰의 계기로 만드는 책

사실 우리는 자기 얼굴조차 보지 못한다. 자기 뒷모습은 말할 필요조차 없다. 흔히 어떤 사람의 진실한 마음을 알려면 그 사람의 뒷모습을 보라고 한다. 쓸쓸한 뒷모습은 감추기 힘들기 때문이다. 우리는 180도 이상을 보지 못한다. 나를 온전히 다 볼 수 있는 사람은 타인이다. 그런 만큼 우리의 존재는 타인의 시선에 의존하지 않을 수 없다. 타인이라는 거울에 비친 자신의 모습이 곧 '나'라고 믿는 환상 속에서 살 수밖에 없는 것이다. 이런 존재론적 한계 때문에 남들은 다 보는 것을 정작 자신은 보지 못한다. 인정하고 싶지 않더라도 그것이 우리 모두가 안고 있는 맹점이다.

그러므로 맹점은 단지 무엇을 보지 못한다는 의미에서 무식한 정도에 그치는 것이 아니다. 그런데도 맹점을 단순한 무지처럼 간주하면서 바보 취급을 하는 경향이 있다. 특히 많은 사람이 다 알고 있는 것을 모르면 더더욱 무시한다. TV 시트콤 〈거침없이 하이킥〉에서 유미가 미국의 수도를 "L.A.인가, 로스앤젤레스인가"라고 헷갈려 할 때, 그 장면을 본 사람이라면 혀를 차거나 비웃었을 것이다. 그것이 타인의 맹점과 무식을 조롱하면서 웃음을 유발하는 한 방식이기도 하다.

요즘 한국에는 갑자기 와인 바람이 불고 있다. 그래서 과거 같았더라면 듣도 보도 못했던 소믈리에 같은 직업도 생겼다. 와인과 관련하여 '블라인드 테이스팅blind tasting'을 한다고들 한다. 처음에 나는 그게 '블라인드 테스팅blind testing'인 줄 알았다. 그래서 눈을 가리고 포도주를 시음하는 것이라고 생각했다. 그야말로 내가 드러낸 '블라인드 스팟(맹점)'이다. 모르면 묻기나 할 것이지. 이 책의 저자가 주장하다시피, 자신이 뭘 모르는지 모른다는 게 문제다. 그것이 또 다른 맹점이다.

맹점은 한 개인의 어리석음이나 멍청함이라기보다는 오히려 인간이 안고 있는 필연적인 시스템의 문제라는 점을 이해한다면 세상 사람들이 서로에게 훨씬 관대해지지 않을까? 이 책은 우리가 가지고 있는 맹점을 이해하면, 남들을 비난하고 조롱하고 판단하는 대신 관대하고 조화롭게 이해하는 방향으로 나아가게 될 것이라고 낙관한다. 그것이 저자의 희망 사항이기도 하다. 이 말은 어떻게 들으면 매사 좋은 게 좋은 것이며, 서로의 문제를 눈감아주자는 소리로 들릴 수도 있다. 이 책의 저자에 의하면 우리는 시스템상 맹점이 있을 수밖에 없으며, 그 사실을 제대로 인정하는 것이 맹점에서 벗어나는 첫 단계라는 것이다.

〈사이드웨이Sideways〉라는 영화를 보고 나오면, 두 시간 만에 온갖 와인의 맛을 섬세하게 구분하는 엄청난 취향의 소유자가 된 것 같은 기분이 든다. 하지만 두 시간 동안 와인에 관한 영화를 봤다고 해서 소믈리에가 될 수 있을 것이라고 믿는 사람은 아마도 없을 것이다. 그와 마찬가지로 이 책을 읽었다고 당장 맹점에서 벗어날 수 있는 것은 아니다. 소믈리에가 오랜 세월에 걸친 각고의 노력 끝에 와인의 섬세한 맛과 향을 구분할 수 있듯이, 맹점에서 벗어나려면 오랜 실천과 지적인 훈련이 필요하다. 사실 우리가 맹점에서 벗어나기가 힘들더라도 바로 그 맹점을 통찰의 계기로 만들어나가자는 것이 저자의 제안이다. 이 책이 캄캄한 맹점의 순간을 눈부신 통찰의 계기로 바꿀 수 있는 발판을 마련해준다면, 그로부터 도약을 하는 것은 독자의 몫이 아닐까.

임옥희

옮긴이의 글

· 본문의 주 ·

들어가며 I 왜 똑똑한 사람들이 바보짓을 하는가?

1 Wendy Northcutt, *The Darwin Awards* (New York: Dutton, 2000).

2 http://www.darwinawards.com

3 J. Evans, *The Psychology of Deductive Reasoning* (London: Routledge & Kegan Paul, 1982).

4 B. Rumain, J. Connell, and M. D. Braine, "Conversational Comprehension Processes Are Responsible for Reasoning Fallacies in Children as Well as Adults: If Is Not the Biconditional," *Developmental Psychology* 19 (1983): 471 – 81.

5 J. Hawkins, R. D. Pea, J. Glick, and S. Scribner, "Merds That Laugh Don't Like Mushrooms: Evidence for Deductive Reasoning by Preschoolers," *Developmental Psychology* 20 (1984): 584 – 94.

6 David Moshman, "The Development of Metalogical Understanding," in *Reasoning, Necessity, and Logic: Developmental Perspectives*, ed. Willis F. Overton, 205 – 25 (Hillsdale, NJ: Erlbaum Associates, 1990), p. 207.

7 Matt Davis, "Aoccdrnig to a rscheearch at Cmabrige," http://www.mrc-cbu.cam.ac.uk/~mattd/Cmabrigde/index.html (accessed May 5, 2006).

8 John Kass, "Moral of This Election: Don't Dismiss Values," *Chicago Tribune*, November 7, 2004.

9 From a 2004 TV commercial reviling onetime Democratic presidential candidate Howard Dean, sponsored by the conservative Club for Growth, cited in Thomas Frank, *What's the Matter with Kansas?* (New York: Metropolitan Books, 2004), p. 17.

10 Don Wycliff, "2004 Campaign May Qualify as the Most Divisive," *Chicago Tribune*, October 28, 2004, final edition.

11 *Daily Mirror*, front-page headline, November 4, 2004.

12 Barbara Pachter, *The Power of Positive Confrontation* (New York: Marlowe, 2000), p. 10.

13 Martha Nussbaum, *Upheavals of Thought: The Intelligence of Emotions* (Cambridge: Cambridge University Press, 2001), p. 215.

14 Ibid., p. 217.

1장 | '생각'의 렌즈를 잃어버려 저지르는 멍청한 실수들

1　D. N. Perkins and S. Tishman, "Dispositional Aspects of Intelligence" (unpublished paper, 1998), 1-45. See also D. N. Perkins, E. Jay, and S. Tishman, "Beyond Abilities: A Dispositional Theory of Thinking," *Merrill-Palmer Quarterly* 39, no. 1 (1993): 1-21.

2　D. N. Perkins, R. Allen, and J. Hafner, "Difficulties in Everyday Reasoning," in *Thinking: The Frontier Expands*, ed. W. Maxwell, 177-89 (Hillsdale, NJ: Erlbaum Associates, 1983).

3　Lisa Callahan, "The Role of Sensitivity and Ability in the Intellectual Performance of Business Professionals" (master's thesis, North Central College, 2004), p. 2.

4　Robert Kegan develops the whole notion of needing to step back from what we are embedded if we are to reach higher "levels of consciousness" in two different works: *The Evolving Self: Problem and Process in Human Development* (Cambridge, MA: Harvard University Press, 1982), and *In over Our Heads: The Mental Demands of Modern Life* (Cambridge, MA: Harvard University Press, 1996).

5　Richard Dawkins, *Unweaving the Rainbow* (Boston: Houghton Mifflin, 1998).

6　L. Thomas, *The Medusa and the Snail* (Harmondsworth, Middlesex: Penguin, 1981), p. 17.

2장 I 사고의 오류를 깨닫지 못하는 인간 심리의 비밀

1 June Goodfield, *The Quest for the Killers* (Boston: Birkhauser Press, 1985).

2 For an updated account of research on kuru and related diseases, including mad cow disease, see Robert Klitzman, *The Trembling Mountain: A Personal Account of Kuru, Cannibals, and Mad Cow Disease* (New York: Plenum, 1998).

3 Roger von Oech, *A Whack on the Side of the Head*, rev. ed. (New York: Warner, 1990).

4 J. C. Bean and J. D. Ramage, *Form and Surprise in Composition* (New York: Macmillan, 1986), p. 155.

5 Mary Field Belenky et al., *Women's Ways of Knowing* (New York: Basic Books, 1986), p. 24.

6 Howard Gardner, *Intelligence Reframed: Multiple Intelligences for the 21st Century* (New York: Basic Books, 1999).

7 Daniel Goleman, *Emotional Intelligence* (NewYork: Bantam Books, 1995).

3장 I 너무 익숙하면 오히려 보이지 않는다

1 Frank W. Abagnale and Stan Redding, *Catch Me If You Can: The Story of a Real Fake* (New York: Random House/Broadway Books, 2003).

2 Vera John-Steiner, *Notebooks of the Mind* (New York: Oxford University Press, 1997).

3 Lewis Wolpert and Alison Richards, *A Passion for Science* (New York: Oxford University Press, 1988), p. 27.

4 John H. Flavell, Frances L. Green, and Eleanor R. Flavell, "Young Children's Knowledge about Thinking," *Monographs of the Society for Research in Child Development* 60 (1995): 1 - 96.

5 Sam Keen, "What You Ask Is Who You Are," *Spirituality and Health*, Spring 2000, p. 30.

6 Gordon Pask, "Styles and Strategies of Learning," *British Journal of Educational Psychology* 46 (1976): 128 – 48.

7 John-Steiner, *Notebooks of the Mind*.

8 Richard Bandler and John Grinder, *The Structure of Magic* (New York: Science and Behavior Books, 1990)

4장 | 모든 인간에게 내재된 최악의 맹점에서 풀려나기

1 John M. Darley and C. Daniel Batson, "'From Jerusalem to Jericho': A Study of Situational and Dispositional Variables in Helping Behavior," *Journal of Personality and Social Psychology* 27 (1973): 100 – 108.

2 Ibid., p. 107.

3 Thanks to "Cathy," a student in my critical-thinking class who wished to remain anonymous, for her reflections.

4 Eric Maisel, *Fearless Creating: A Step-by-Step Guide to Starting and Completing Your Work of Art* (New York: Putnam, 1995).

5 Martin Seligman, *Learned Optimism: How to Change Your Mind and Your Life* (New York: Simon and Schuster, 1998).

6 Robert Kegan and Lisa Lahey, *How the Way We Talk Can Change the Way We Work* (San Francisco: Jossey-Bass, 2001), p. 85.

7 Robert Kegan, *In over Our Heads: The Mental Demands of Modern Life* (Cambridge, MA: Harvard University Press, 1996), p. 163.

8 Arian Campo-Flores and Evan Thomas, "Rehabbing Rush," *Newsweek*, May 8, 2006, p. 28.

5장 | '주관적인 편견'의 강력한 늪에서 빠져나오기

1 John Flavell, *Cognitive Development*, 2nd ed. (Englewood Cliffs, NJ:

Prentice-Hall, 1985).

2 Patricia King and Karen Strohm Kitchener, *Developing Reflective Judgment* (San Francisco: Jossey-Bass, 1995).

3 D. Perkins and S. Tishman, "Dispositional Aspects of Intelligence" (unpublished paper, 1998), pp. 1 – 45.

4 David Levy, *Tools of Critical Thinking: Metathoughts for Psychologists* (Boston: Allyn and Bacon, 1997), p. 4.

5 Alexander Solzhenitsyn, *Cancer Ward* (New York: Modern Library, 1983), pp. 449 – 50.

6 Tony Hillerman, *Coyote Waits* (New York: Harper, 1992), p. 149. 17. Nel Noddings, *Caring: A Feminine Approach to Ethics and Moral Education* (Berkeley: University of California Press, 1984), p. 15.

8 Brian Friel, *Molly Sweeney* (Old Castle, CO: Gallery Books, 1995).

9 Franz Kafka, *The Metamorphosis and Other Stories* (New York: Penguin, 1992).

10 Jim Wallis, *God's Politics: Why the Right Gets It Wrong and the Left Doesn't Get It* (HarperSanFrancisco, 2005).

11 Louis Sachar, *Holes* (New York: Farrar, Straus and Giroux, 1998).

12 Martin L. Hoffman, "Developmental Synthesis of Affect and Cognition and Its Implications for Altruistic Motivation," in *Social and Personality Development: Essays on the Growth of the Child*, ed. William Damon, 258 – 77 (New York: Norton, 1983).

13 Deborah Tannen, *You Just Don't Understand!* (New York: Harper, 2001).

14 B. Clinchy and C. Zimmerman, "Epistemology and Agency in the Development of UndergraduateWomen," in *The Undergraduate Woman: Issues in Educational Equity*, ed. P. Perun, 161 – 81 (Boston: D. C. Heath, 1981), p. 167.

15 William Perry, *Forms of Intellectual and Ethical Development in the Col-*

lege Years: A Scheme (New York: Holt, Rinehart, and Winston, 1970).

16 "Courage to Refuse—Combatant's Letter," http://www.seruv.org.il/de-faulteng.asp (accessed April 25, 2006).

17 Michael Basseches, *Dialectical Thinking and Adult Development* (Norwood, NJ: Ablex, 1984).

6장 I 패턴 안의 갇힌 사고, 패턴 밖의 열린 사고

1 Ellen Langer, *Mindfulness* (New York: Perseus Books, 1989).

2 Charles Panati, *Panati's Extraordinary Origins of Everyday Things* (New York: Harper and Row, 1987), pp. 380 – 81.

3 Alison Gopnik, Andrew Meltzoff, and Patricia Kuhl, *The Scientist in the Crib* (New York: HarperCollins, 2001), p. 82.

4 June Goodfield, *The Quest for the Killers* (Boston: Birkhauser Press, 1985).

5 Mary Catherine Bateson, *Peripheral Visions* (New York: HarperCollins, 1994).

6 Lewis Wolpert and Alison Richards, *A Passion for Science* (New York: Oxford University Press, 1988), p. 27.

7 Amin Maalouf, *In the Name of Identity: Violence and the Need to Belong* (New York: Arcade, 2001), pp. 20 – 22.

8 Ibid., pp. 1 – 2.

9 Ibid., p. 2.

10 Ibid., p. 29.

11 Harlon Dalton, *Racial Healing: Confronting the Fear between Blacks and Whites* (New York: Doubleday Anchor Books, 1995), p. 47.

12 Ibid., p. 73.

7장 I 보이지 않은 고리를 찾는 추론의 사다리 타기

1 A. R. Luria, *The Making of Mind* (Cambridge, MA: Harvard University

Press, 1979), pp. 77 – 78.

2   Ibid., p. 79.

3   Frank B. Murray, "The Conversion of Truth into Necessity," in *Reasoning, Necessity, and Logic: Developmental Perspectives*, ed. Willis F. Overton, 183 – 203 (Hillsdale, NJ: Erlbaum Associates, 1990).

4   J. Hawkins, R. D. Pea, J. Glick, and S. Scribner, "Merds That Laugh Don't Like Mushrooms: Evidence for Deductive Reasoning by Preschoolers," *Developmental Psychology* 20 (1984): 584 – 94.

5   M. Geis and A. M. Zwicky, "On Invited Inferences," *Linguistic Inquiry* 2 (1971): 561 – 66.

6   Martin Braine, "The 'Natural Logic' Approach to Reasoning," in *Reasoning, Necessity, and Logic: Developmental Perspectives*, ed. Willis F. Overton, 133 – 57 (Hillsdale, NJ: Erlbaum Associates, 1990).

7   Margaret Donaldson, *Children's Minds* (London: Croom Helm, 1978).

8   B. Rumain, J. Connell, and M. D. Braine, "Conversational Comprehension Processes Are Responsible for Reasoning Fallacies in Children as Well as Adults: If Is Not the Biconditional," *Developmental Psychology* 19 (1983): 471 – 81.

9   T. Edward Damer, *Attacking Faulty Reasoning*, 3rd ed. (Belmont, CA: Wadsworth, 1995).

10 M. Neil Browne and Stuart Keeley, *Asking the Right Questions*, 6th ed. (Englewood Cliffs, NJ: Prentice-Hall, 2001).

11 George Lakoff, *Moral Politics: How Liberals and Conservatives Think* (Chicago: University of Chicago Press, 2002).

12 Malcolm Gladwell, *Blink: The Power of Thinking without Thinking* (Boston: Little, Brown, 2005).

13 Robert and Michele Root-Bernstein, *Sparks of Genius* (New York: Houghton Mifflin, 1999), p. 2.

14 A. R. Damasio, *Descartes' Error: Emotion, Reason, and the Human Brain* (New York: Avon, 1994), p. xii.

8장 | 증거 뒤에 도사린 위험한 오류의 함정

1 Robert E. Bartholomew and Benjamin Radford, *Hoaxes, Myths, and Manias* (Amherst, NY: Prometheus Books, 2003).

2 Michael Shermer, *Why People Believe Weird Things: Pseudoscience, Superstition, and Other Confusions of Our Time* (New York: Freeman/Owl Books, 2002).

3 Annick Mansfield and Blythe Clinchy, "The Early Growth of Multiplism in the Child" (paper presented at the Fifteenth Annual Symposium of the Jean Piaget Society, Philadelphia, PA, June 1985).

4 Steve Farrar, "Fatal Steps," *Sunday Times* (UK), August 23, 1998. See also Australian Skeptics, "King Tut's Curse 'A Killer Bug,'" http://www.skeptics.com.au/features/weird/media/mw-tutbug.htm (accessed October 11, 2003).

5 Joel Best, *Damned Lies and Statistics: Untangling Numbers from the Media, Politicians, and Activists* (Berkeley: University of California Press, 2001).

6 Robert Park, *Voodoo Science* (New York: Oxford University Press, 2000), p. 146.

7 Ibid., p. 34.

8 Riane Eisler, *The Chalice and the Blade* (New York: HarperCollins, 1987), p. 29.

9 Ibid.

10 Ryan Holeywell, "Don't Judge Him Yet," *USA Today*, letter to the editor, July 28, 2003.

11 Kenneth Moses and Madeleine Van Hecke-Wulatin, "A Counseling Mod-

본문의 주

el re: The Socio-emotional Impact of Infant Deafness," in *Early Management of Hearing Loss*, ed. G. T. Mencher and S. E. Gerber, 243-78 (New York: Grune and Stratton, 1981).

12 Huston Smith, *Why Religion Matters* (San Francisco: HarperCollins, 2001).

9장 ㅣ 믿음의 욕망에서 벗어나 인과관계를 판단하는 힘

1 Robert Park, *Voodoo Science* (New York: Oxford University Press, 2000), p. 30.

2 Michael Shermer, *Why People Believe Weird Things* (New York: Freeman/Owl Book, 2002).

3 David Salsburg, *The Lady Tasting Tea: How Statistics Revolutionized Science in the Twentieth Century* (New York: Freeman, 2001).

4 Marilyn vos Savant, *The Power of Logical Thinking* (New York: St. Martin's Press, 1996), p. 6.

5 Julia Cameron, *The Artist's Way* (New York: Putnam, 1992).

6 Shermer, *Why People Believe Weird Things*, pp. 301-302.

10장 ㅣ 부분에서 전체로 시스템을 파악하는 추상적 사고력

1 K.W. Fischer and S. L. Pipp, "Processes of Cognitive Development: Optimal Level and Skill Acquisition," in *Mechanisms of Cognitive Development*, ed. R. J. Sternberg, 45-80 (NewYork: Freeman, 1984). I have modified Fisher and Pipp's original graphic to add a fifth component, the constellation of systems.

2 W. Edwards Deming, *Out of the Crisis* (Cambridge, MA: Massachusetts Institute of Technology, 1986).

3 Joseph R. Jablonski, *Implementing TQM*, 2nd ed. (Hoboken, NJ: Pfeiffer Wiley, 1993).

4 Salvador Minuchin, *Families and Family Therapy* (Cambridge, MA: Harvard University Press, 1974).

5 Thanks to Leanne Schau, who gave me this lucid example when she was a graduate student in my critical-thinking class.

6 Peter F. Drucker, *Managing in a Time of Great Change* (New York: Truman Talley Books/Dutton, 1995), pp. 5 – 6.

7 Theodore Levitt, "Marketing Myopia," *Harvard Business Review* 38, no. 4 (1960): 45 – 56.

8 Richard Frey, *How to Write a Damn Good Novel* (NewYork: St. Martin's Press, 1994).

9 Margaret Donaldson, *Human Minds: An Exploration* (New York: Penguin, 1993), p. 127.

10 Ibid., p. 75.

저자 후기 | 너와 나 모두를 위한 심리학

1 Jim Kenney, "The Coming Giant Wave of Change," *Conscious Choice*, August 2003, p. 26.

2 Ibid.

3 Ibid., pp. 26 – 27.

· 참고문헌 ·

Abagnale, Frank W., and Stan Redding. *Catch Me If You Can: The Story of a Real Fake.* New York: Random House/Broadway Books, 2003.

Bandler, Richard, and John Grinder. *The Structure of Magic.* New York: Science and Behavior Books, 1990.

Bartholomew, Robert E., and Benjamin Radford. *Hoaxes, Myths, and Manias: Why We Need Critical Thinking.* Amherst, NY: Prometheus Books, 2003.

Basseches, Michael. *Dialectical Thinking and Adult Development.* Norwood, NJ: Ablex, 1984.

Bateson, Mary Catherine. *Peripheral Visions.* New York: HarperCollins, 1994.

Bean, J. C., and J. D. Ramage. *Form and Surprise in Composition.* New York: Macmillan, 1986.

Belenky, Mary Field, Blythe McVicker Clinchy, Nancy Rule Goldberger, and Jill Mattuck Tarule. *Women's Ways of Knowing: The Development of Self, Voice, and Mind.* New York: Basic Books, 1986.

Best, Joel. Damned Lies and Statistics: *Untangling Numbers from the Media, Politicians, and Activists.* Berkeley: University of California Press, 2001.

Braine, Martin. "The 'Natural Logic' Approach to Reasoning." In *Reasoning, Necessity, and Logic: Developmental Perspectives,* edited by Willis E. Overton, 133–57. Hillsdale, NJ: Erlbaum Associates, 1990.

Browne, M. Neil, and Stuart Keeley. *Asking the Right Questions.* Englewood Cliffs, NJ: Prentice-Hall, 2001.

Callahan, Lisa. "The Role of Sensitivity and Ability in the Intellectual Performance of Business Professionals." Master's thesis, North Central College,

2004.

Cameron, Julia. *The Artist's Way*. New York: Jeremy P. Tarcher/Putnam, 1992.

Campo-Flores, Arian, and Evan Thomas. "Rehabbing Rush." *Newsweek*, May 8, 2006.

Chaffee, John. *The Thinker's Way*. New York: Little, Brown, 1998.

Clinchy, B., and C. Zimmerman. "Epistemology and Agency in the Development of Undergraduate Women." In *The Undergraduate Woman: Issues in Educational Equity*, edited by P. Perun, 161–81. Boston: D. C. Heath, 1981.

"Courage to Refuse—Combatant's Letter." http://www.seruv.org.il/default-eng.asp (accessed April 25, 2006).

Cowley, Geoffrey, and Karen Springen. "The End of the Age of Estrogen." *Newsweek*, July 22, 2002, pp. 38–45.

Dalton, Harlon. *Racial Healing: Confronting the Fear between Blacks and Whites*. New York: Doubleday Anchor Books, 1995.

Damasio, A. R. *Descartes' Error*. New York: Avon, 1994.

Damer, T. Edward. *Attacking Faulty Reasoning*. 3rd ed. Belmont, CA: Wadsworth, 1995.

Darley, John M., and C. Daniel Batson. "'From Jerusalem To Jericho': A Study of Situational and Dispositional Variables in Helping Behavior." *Journal of Personality and Social Psychology* 27 (1973): 100–108.

Davis,Matt, "Aoccdrnig to a rscheearch at Cmabrige." http://www.mrc-cbu.cam.ac.uk/~mattd/Cmabrigde/index.html (accessed May 5, 2006).

Dawkins, Richard. *Unweaving the Rainbow*. Boston: Houghton Mifflin, 1998.

Deming, W. Edwards. *Out of the Crisis*. Cambridge, MA: Massachusetts Institute of Technology, 1986.

Dewey, John. *How We Think*. Chicago: Henry Regnery, 1933.

Donaldson, Margaret. *Human Minds*. New York: Penguin, 1993.

_____. *Children's Minds*. London: Croom Helm, 1978.

Drucker, Peter F. *Managing in a Time of Great Change*. New York: Truman Talley Books/Dutton, 1995.

Eisler, Riane. *The Chalice and the Blade*. New York: HarperCollins, 1987.

Evans, J. *The Psychology of Deductive Reasoning*. London: Routledge & Kegan Paul, 1982.

Farrar, Steve. "Fatal Steps." *Sunday Times* (UK), August 23, 1998.

Fischer, K. W., and S. L. Pipp. "Processes of Cognitive Development: Optimal Level and Skill Acquisition." In *Mechanisms of Cognitive Development*, edited by R. J. Sternberg, 45 – 80. New York: Freeman, 1984.

Flavell, John. *Cognitive Development*. Englewood Cliffs, NJ: Prentice–Hall, 1985.

Flavell, John H., Frances L. Green, and Eleanor R. Flavell. "Young Children's Knowledge about Thinking." *Monographs of the Society for Research in Child Development* 60 (1995): 1 – 96.

Frank, Thomas. *What's the Matter with Kansas?* New York: Metropolitan Books, 2004.

Frey, Richard. *How to Write a Damn Good Novel*. New York: St. Martin's Press, 1994.

Friel, Brian. *Molly Sweeney*. Old Castle, CO: Gallery Books, 1995.

Gardner, Howard. *Intelligence Reframed: Multiple Intelligences for the 21st Century*. New York: Basic Books, 1999.

Geis, M., and A. M. Zwicky. "On Invited Inferences." *Linguistic Inquiry* 2 (1971): 561 – 66.

Gladwell, Malcolm. *Blink: The Power of Thinking without Thinking*. New York: Little, Brown, 2005.

Goleman, Daniel. *Emotional Intelligence*. New York: Bantam Books, 1995.

Goodfield, June. *The Quest for the Killers*. Boston: Birkhauser Press, 1985.

Gopnik, Alison, Andrew Meltzoff, and Patricia Kuhl. *The Scientist in the Crib*. New York: HarperCollins, 2001.

Hawkins, J., R. D. Pea, J. Glick, and S. Scribner. "Merds That Laugh Don't Like Mushrooms: Evidence for Deductive Reasoning by Preschoolers." *Developmental Psychology* 20 (1984): 584 – 94.

Henig, Robin Marantz. *The Monk in the Garden*. New York: Houghton Mifflin, 2000.

Hillerman, Tony. *Coyote Waits*. New York: FirstHarperPaperbacks, 1992.

Hoffman, Martin L. "Developmental Synthesis of Affect and Cognition and Its Implications for Altruistic Motivation." In *Social and Personality Development: Essays on the Growth of the Child*, edited by William Damon, 258 – 77. New York: Norton, 1983.

Holeywell, Ryan. "Don't Judge Him Yet." *USA Today*, July 28, 2003, 12A. "How Can 59,054,087 People Be So Dumb?" *Daily Mirror* (London), November 4, 2004, front-page headline.

Jablonski, Joseph R. *Implementing TQM*. Hoboken, NJ: Pfeiffer Wiley, 1993.

John-Steiner, Vera. *Notebooks of the Mind*. New York: Oxford University Press, 1997.

Kafka, Franz. *The Metamorphosis and Other Stories*. New York: Penguin, 1992.

Kass, John. "Moral of This Election: Don't Dismiss Values." *Chicago Tribune*, November 7, 2004.

Keen, Sam. "What You Ask Is Who You Are." *Spirituality and Health* 3, no. 2 (2000): 30.

Kegan, Robert. *The Evolving Self: Problem and Process in Human Development*. Cambridge, MA: Harvard University Press, 1982.

_____. *In over Our Heads: The Mental Demands of Modern Life*. Cambridge, MA: Harvard University Press, 1996.

Kegan, Robert, and Lahey, Lisa. *How the Way We Talk Can Change the Way We Work*. San Francisco: Jossey-Bass, 2001.

Kenney, Jim. "The Coming Giant Wave of Change." *Conscious Choice*, August 2003.

King, Patricia, and Karen Strohm Kitchener. *Developing Reflective Judgment*. San Francisco: Jossey-Bass, 1995.

Klitzman, Robert. *The Trembling Mountain: A Personal Account of Kuru, Cannibals, and Mad Cow Disease*. New York: Plenum Trade, 1998.

Lakoff, George. *Moral Politics: How Liberals and Conservatives Think*. Chicago: University of Chicago Press, 2002.

Langer, Ellen. *Mindfulness*. Reading, MA: Addison-Wesley, 1989.

Levitt, Theodore. "Marketing Myopia." *Harvard Business Review* 38 (1960): 45 – 56.

Levy, David. *Tools of Critical Thinking: Metathoughts for Psychologists*. Boston: Allyn and Bacon, 1997.

Luria, A. R. *The Making of Mind*. Cambridge, MA: Harvard University Press, 1979.

Maalouf, Amin. *In the Name of Identity*. New York: Arcade, 2001.

Maisel, Eric. *Fearless Creating*. New York: Jeremy P. Tarcher/Putnam, 1995.

Mansfield, Annick, and Blythe Clinchy. "The Early Growth of Multiplism in the Child." Paper presented at the Fifteenth Annual Symposium of the Jean Piaget Society, Philadelphia, PA, June 1985.

Minuchin, Salvador. *Families and Family Therapy*. Cambridge, MA: Harvard University Press, 1974.

Moses, Kenneth, and Madeleine Van Hecke-Wulatin. "A Counseling Model re: The Socio-emotional Impact of Infant Deafness." In *Early Manage-*

ment of *Hearing Loss*, edited by G. T. Mencher and S. E. Gerber, 243 – 78. New York: Grune and Stratton, 1981.

Moshman, David. "The Development of Metalogical Understanding." In *Reasoning, Necessity, and Logic: Developmental Perspectives*, edited by Willis E. Overton, 205 – 25. Hillside, NJ: Erlbaum Associates, 1990.

Murray, Frank B. "The Conversion of Truth into Necessity." In *Reasoning, Necessity, and Logic: Developmental Perspectives*, edited by Willis E. Overton, 183 – 203. Hillside, NJ: Erlbaum Associates, 1990.

Newman, Katherine S. *No Shame in My Game: The Working Poor in the Inner City*. New York: Knopf, 1999.

Noddings, Nel. *Caring: A Feminine Approach to Ethics and Moral Education*. Berkeley: University of California Press, 1984.

Northcutt, Wendy. *The Darwin Awards*. New York: Dutton, 2000.

Nussbaum, Martha. *Upheavals of Thought: The Intelligence of Emotions*. Cambridge: Cambridge University Press, 2001.

Pachter, Barbara. *The Power of Positive Confrontation*. New York: Marlowe, 2000.

Panati, Charles. *Panati's Extraordinary Origins of Everyday Things*. New York: Harper and Row, 1987.

Park, Robert. *Voodoo Science*. New York: Oxford University Press, 2000.

Pask, Gordon. "Styles and Strategies of Learning." *British Journal of Educational Psychology* 46 (1976): 128 – 48.

Perkins, D., N. E. Jay, and S. Tishman. "Beyond Abilities: A Dispositional Theory of Thinking." *Merrill-Palmer Quarterly* 39 (1993): 1 – 21.

Perkins, D., and S. Tishman. "Dispositional Aspects of Intelligence." Unpublished paper, 1998, 1 – 45.

Perkins, D. N., R.Allen, and J. Hafner, "Difficulties in Everyday Reasoning." *In Thinking: The Frontier Expands*, edited by W. Maxwell, 177 – 89.

Hillsdale, NJ: Erlbaum Associates, 1983.

Perry,William G. *Forms of Intellectual and Ethical Development in the College Years: A Scheme*. New York: Holt, Rinehart, and Winston, 1970.

Root–Bernstein, Robert, and Michele Root–Bernstein. *Sparks of Genius*. New York: Houghton Mifflin, 1999.

Rumain, B., J. Connell, and M. D. Braine. "Conversational Comprehension Processes Are Responsible for Reasoning Fallacies in Children as Well as Adults: If Is Not the Biconditional." *Developmental Psychology* 19 (1983): 471 – 81.

Sachar, Louis. *Holes*. New York: Farrar, Straus and Giroux, 1998.

Salsburg, David. *The Lady Tasting Tea: How Statistics Revolutionized Science in the Twentieth Century*. New York: Freeman, 2001.

Seligman, Martin. *Learned Optimism: How to Change Your Mind and Your Life*. New York: Simon and Schuster, 1998.

Shermer, Michael. *Why People Believe Weird Things*. New York: Freeman/ Owl Books, 2002.

Smith, Huston. *Why Religion Matters*. San Francisco: HarperSanFrancisco, 2001.

Solzhenitsyn, Alexander. *Cancer Ward*. New York: Modern Library, 1983.

Somerville, S. C., B. A. Hadkinson, and C. Greenberg. "Two Levels of Inferential Behavior in Young Children." *Child Development* 50 (1979): 119 – 31.

Sternberg, Robert J., ed. *Why Smart People Can Be So Stupid*. New Haven, CT: Yale University Press, 2002.

Tannen, Deborah. *You Just Don't Understand!* New York: Harper, 2001.

Thomas, L. *The Medusa and the Snail*. Harmondsworth, Middlesex: Penguin, 1981.

von Oech, Roger. *A Whack on the Side of the Head: How You Can Be More*

Creative. New York: Warner, 1990.

vos Savant, Marilyn. *The Power of Logical Thinking*. New York: St. Martin's Press, 1996.

Wallis, Jim. *God's Politics: Why the Right Gets It Wrong and the Left Doesn't Get It*. HarperSanFrancisco, 2005.

Wolpert, Lewis, and Alison Richards. *A Passion for Science*. New York: Oxford University Press, 1988.

Wycliff, Don. "2004 Campaign May Qualify As the Most Divisive." *Chicago Tribune*, October 28, 2004.

'생각의 사각지대'를 벗어나는
10가지 실천 심리학

나는 왜 자꾸
바보짓을 할까?

초판 1쇄 발행 2007년 11월 16일
개정판 1쇄 인쇄 2017년 2월 27일
개정판 1쇄 발행 2017년 3월 6일

지은이 매들린 L. 반 헤케
옮긴이 임옥희
펴낸이 김선식

경영총괄 김은영
책임편집 최세정 **디자인** 유미란 **책임마케터** 양정길, 최혜진
콘텐츠개발5팀장 최세정 **콘텐츠개발5팀** 이수정, 유미란, 김대한, 이한경
전략기획팀 김상윤
마케팅본부 이주화, 정명찬, 최혜령, 양정길, 최혜진, 박진아, 김선욱, 이승민, 이수인, 김은지
경영관리팀 허대우, 윤이경, 임해랑, 권송이, 김재경

펴낸곳 다산북스 **출판등록** 2005년 12월 23일 제313-2005-00277호
주소 경기도 파주시 회동길 357 2, 3층
전화 02-702-1724(기획편집) 02-6217-1726(마케팅) 02-704-1724(경영지원)
팩스 02-703-2219 **이메일** dasanbooks@dasanbooks.com
홈페이지 www.dasanbooks.com **블로그** blog.naver.com/dasan_books
종이 한솔피앤에스 **인쇄 · 제본** 갑우문화사

ISBN 979-11-306-1150-1 (03180)

• 이 책은 2007년 출간된 『블라인드 스팟』의 개정판입니다.
• 책값은 뒤표지에 있습니다.
• 파본은 구입하신 서점에서 교환해 드립니다.
• 이 책은 저작권법에 의하여 보호를 받는 저작물이므로 무단 전재와 복제를 금합니다.
• 이 도서의 국립중앙도서관 출판예정도서목록(CIP)은 서지정보유통지원시스템 홈페이지(http://seoji.nl.go.kr)와
   국가자료공동목록시스템(http://www.nl.go.kr/kolisnet)에서 이용하실 수 있습니다.(CIP제어번호: CIP2017004190)

다산북스(DASANBOOKS)는 독자 여러분의 책에 관한 아이디어와 원고 투고를 기쁜 마음으로 기다리고 있습니다.
책 출간을 원하는 아이디어가 있으신 분은 이메일 dasanbooks@dasanbooks.com 또는 다산북스 홈페이지 '투고원고'란으로
간단한 개요와 취지, 연락처 등을 보내주세요. 머뭇거리지 말고 문을 두드리세요.